U0649903

上海史志人物风俗丛稿

顾炳权上海史志文献编著

近现代上海历史文献研究出版中心 上海市浦东新区地方志办公室

上海书店出版社
SHANGHAI BOOKSTORE PUBLISHING HOUSE

目 录

浦东学派

地方志书

浦东开发

风俗艺文

师友书信

浦 东 学 派

试论浦东学派

1940年6月间，著名教育家黄炎培先生为纪念秦锡田的逝世，以"述百年来浦东学派"为题，写了一首长诗，起首即谓："歇浦一衣带，中外寰瀛通。其左蔚人文，百年学有宗。"诗中对自十九世纪四十年代上海开埠以后，至二十世纪三十年代近百年间的浦东学派的渊源流变、所作贡献，及其代表人物，通过诗的讴咏和文字注解，作了周详的揭示。浦东学派由张文虎开创于前，秦氏父子奠定基石，黄炎培、穆藕初等殿军其后，前后经三四代人的努力，火播薪传，逐渐发展而最后孕成。

浦东学派作出的贡献

一，经学和史学方面

一、经史校勘和编辑整理

浦东学派在经史典籍校勘和史料的编辑整理方面有重要贡献，首先是对经史的补苴校考和丛书的编辑整理。张文虎在这方面的成就尤为突出。张文虎（1808—1885），号啸山，南汇周浦人。《清史列传》称："嗜古博览，不求闻达，于名物、训诂、六书、音韵、乐律、中西算术，靡不洞察，尤深校勘之学。"他曾入曾国藩幕，为初开之金陵书局主校席十三年。曾国藩对之十分赞赏，叹为"大江南北，唯此一人"。张文虎又曾侨寓西湖，日假文澜阁四库书，前后两月，校书八十余种，抄四百三十三卷。他的经史杂著有《史记札记》八卷、《舒艺斋随笔》及《续笔》、《余笔》，共十卷。他曾佐金山钱熙祚辑《守山阁丛书》，复为其弟熙辅校《续艺海珠尘》壬、癸两集，以及《小万卷楼丛书》。在这方面有大贡献的另一人，是与张文虎同里的于鬯。于鬯（1862—1919），一意治经，不屑为举子业，遍读周、秦、汉、魏诸古书，刊正脱讹，稽核同异，成《香草校书》六十卷，手自刊行，著有《战国策注》三十三卷、《史记散笔》二卷。鬯之甥潘和鼎，校《战国策》亦极精核。唐令狐德棻（583—666）等所撰《晋书》由于对当时晋史史料未及充分利用与考订，取材颇涉怪异，记事诸多流漏，诸志多较简略。陈行秦荣光（1841—1904）有鉴于此，"穷年治乙部[1]，鲁鱼去弥缝"。父子薪传，对《晋书》花费了大量校正工夫，撰述很多，秦荣光有《补晋书艺文志》四卷、《补晋书学校志》一卷、《补晋书水利志》一卷，子锡田（1861—1940）有《晋书王侯表》一卷、《僭国年表》一卷，以及《晋书补注》。锡田弟锡圭（1864—1929）所补有《晋书执政表》《晋书方镇表》各一卷。此外还有《宣景文之王年表》等。

晚近以来，学者有新体裁之通史和专史之作。黄炎培认为"廿

---

[1] 乙部：即史部，四部书之一。

四史虽浩如烟海，但只是廿四姓的家乘而已"，而于"文化之进退，民气之开塞，实业之衰旺，概乎弗之道"。他乃于清光绪二十八年（1902）与张伯初、邵力子，根据日人所著《支那史》，删其芜、补其缺、正其误，编译成为《支那四千年开化史》一书，为中学之教科书。1930年，黄炎培应王云五"万有文库"写《中国教育史要》。黄炎培还写过《中国教育失败史》等。1924年曾约集同志创办了人文社，专门搜集史料，加以编辑。1929年筹办人文图书馆，后得到实业家叶鸿英资助，改名鸿英图书馆[1]，以收藏近代史及其史料为特色。

二、地方志编辑和对方志学的贡献

地方志编纂，是浦东学派另一重要成就。近现代包括奉贤、南汇、川沙三县在内的浦东地方以及上海县的地方志，大多是浦东学派中几个主要人物张文虎、秦锡田、黄炎培编纂的，现罗列如下：

（光绪）重修华亭县志二十四卷，卷首、卷末各一卷，张文虎纂，清光绪四年（1878）纂成。

（光绪）南汇县志二十二卷，卷首、卷末各一卷，张文虎纂，清光绪五年（1879）纂成。

（光绪）奉贤县志二十卷，卷首、卷末各一卷，张文虎纂，清光绪四年（1878）纂成。

（民国）南汇县续志二十二卷，卷首一卷，秦锡田纂，1929

---

[1] 鸿英图书馆至1946年有日报136种、杂志3604种、图书5万余册，1955年与新闻图书馆合并为报刊图书馆；1958年又与其他馆同并入上海图书馆。

年纂成。

（民国）上海县志二十卷，秦锡田等纂，1935年纂成。

（民国）川沙县志二十四卷，卷首一卷，黄炎培等纂。

秦荣光撰有备志、补志两种：一，（同治）《上海县志札记》六卷，光绪二十八年（1902）上海秦氏铅印本，二，（光绪）《南汇县志札记》二卷。

以上成于浦东学派诸学者之手的地方志，较之同时之作，其成就无疑都要高出一筹，对于浦东学派对于方志之主张，作全面分析，尚须时间，兹就浏览所及，对名家之修例作些简要引述：

1. 张文虎之修例

（1）改革旧志体例。张文虎主张在方志中取消"分野"，以为："分野之说，昔人已疑之，徵之西学，尤见其谬。"对于人物志的分类，他以为旧志独于入仕者为列传，误效《史记》，儒林以下诸传，多与题不称；独行、杂传二目又误效《后汉书》及《五代史》。故采取按入志人物之行事，分别改题，删"列传"之名，而分为政绩、儒林、文苑、忠义、孝友、行谊、隐逸、艺术、流寓九目，统称"人物志"。张文虎以旧志以"风俗"附于杂志为非，他说风俗是"郡邑之急务，为官斯土者因势利导，矫枉正俗之本"，因之主张单独立志，而"详其利弊"。

（2）关于记载之详略。张文虎主张"事主详而不欲滥，文主简而不敢漏"。《南汇县志·凡例》中主张详载有特色者，他说"松郡七邑凡物，大略相同，惟奉、上、南三邑多莳吉贝，女红以织为主，故载之较详"。奉贤濒海产盐，而旧志于盐法甚略，即据嘉庆《府志》及浙江新修《盐法志》增补加详。又主张有功用者须详。水道通塞，随时更变，非纸上空谈所能为，张文虎在修纂《奉贤县志》时，备舟舆亲历遍访，务得其实，详载水道之所历图分、河身长短及顶浚各图之具有成案者，由是以避免开浚时可能产生的纷纷聚讼，使工程得以顺利推行，又以为有裨及教者宜详。他以为"志中例采前人诗文，然必有裨于当地"，及掌故、古迹，可考见一地之盛衰，有补于采风问俗、推知民隐，即当载入。至于流连光景，一时兴到之作，并又不关本地者，概不采入。

（3）载笔不徇私情。张文虎据钱大昕之言，说近代士大夫，一入志局，"必欲使其祖父党族，一一厕名卷中"，以至"儒林"、"文苑"，车载斗量，徒为后人覆瓿之用。因之他在《南汇县志·凡例》中，自律律人，郑重其言地谓："凡载笔之事，必不先私于己，而后能不私于人，一有偏徇，反唇立至。"他在《复金茗人大令书》中也说："人人皆欲私其祖父、其姻娅，往往备存意丛善于己，刻责于人，傅以吹毛，或致淹讼。又况经费出自捐资，有挟而求，不恤大体。"为了克服此种弊端，他主张一方面要选择"名位兼隆者，笔削大纲"，以予镇定，持平局面；另一方面采取回避之法，主张地方绅士，在修志事务中，只任采访或参与校订，不任秉笔之权。

2. 秦锡田之修例

（1）修志之难点在采访。他在《南汇县续志序》中谓修志之难，不在纂辑，而在于采访。说采访不得人，则可能舍精华而拾糟粕。他在主纂《南汇县续志》采访伊始，即求谙悉志例、兼擅史才、勤于咨询、熟于掌故的人。

（2）竭一人之力、成一家之言。秦锡田推崇宋范成大之著《吴郡志》，竭一人之心思、才力，而成一家之言，使全志脉络贯通、意义周匝，论者推为方志之善本。他说修志一班人，学问有深浅，识解有精疏，文艺有高下，"人各人殊，不能齐一，而一节之玷，累及全书"，这是非竭一人才力、分门各纂流弊所致。

（3）续善补缺续修原则。秦锡田续修南汇县志，仿《松江府续志》例卷后皆有"补遗考证"，一以补旧志之缺略，一以正旧志之疏舛。这也是秉承方志学家章学诚的方志学观点："修志当续前人之记载，不当毁前人之成书"，"前者无憾，但当续其所有；前志有缺，但当补其所无。"

3. 黄炎培之修例

黄炎培主纂的《川沙县志》，与余绍宋《龙游县志》同是民国年间方志之翘楚。黄志的特点：

（1）大事年表之创设。在方志中设"大事年表"，附国内外大事，以广参考，是《川沙县志》特例。黄炎培在是书的"导言"中说："一方之治乱盛衰，往往根于国运，苟地位特殊，或且进而随世界大局以为转变，治方志者，仅仅限于所在一隅，而不驰神全国乃至全世界，则所窥见之因果关系，必失之偏隘而莫能真确。"他又说："此盖百年前主张方志革命之章学诚所未抉发者。"

（2）仿章学诚"序例"而设"概述"。"概述"之设，其作用主要在于说明本志内容之大要，而不尽如章学诚之"序例"仅阐明义例。使人在读"概述"之后，进而浏览全文。用志不纷，推阐有得，或意不及读全文而大致了然。

（3）说"赘录"。《川沙县志》断限既定于1926年，下距脱稿八九年，此间又积成许多重要材料，弃之可惜，戛然中止，又为叙事所不许，故仿唐杜佑《通典》，止于天宝末年，而亦因便叙及天宝以后事，即以此为先例，将1926年以后事，"命名赘录，赘于每事之末，亦使续修者省检查档案之烦焉"。（《导言》）

（4）"奋我直笔"史法。黄炎培以为志乘取材，非可向壁，史实需通过周密的调查，检阅大量的文献资料，奋我直笔，绝无丝毫之掩饰，方志始可成为一方之信史。

秦荣光著《上海县志札记》仿陆庆循《上海县志修例》之对嘉庆《上海县志》之批评、补正，对同治间俞樾、冯桂芬诸人所纂之《上海县志》的补校，主要包括三个方面的材料：订正同治志之误、参引各志不同著录文字、补同治志之遗漏。计考引各志不同著录文字194条、补正211条。叶昌炽序《札记》时，对前志之失，有客观分析，"作者非一年，成立非一时，本非一家一人之学，山川道里之远近，田赋□埌之高下，建置形势之大略，职官氏族之旧闻，关于民生之利病，礼经之举坠，差以毫厘，谬以千里。前贤草创之，后贤讨论而润色之，又从而缺者补之，讹者订之，庶几文献者征而可以传信于将来"。

三、牒谱之收集与研究

国有史，地方有志，家有牒，俱属史载。"国无史，何以彰善而瘅恶；家无谍，何以承先与启后。"（秦锡田《钱塘沈氏家乘序》）浦东学派对牒谱的收集与研究，为其成就之又一重要方面，其中以秦翰才对牒谱的收集之夥，当世无二。翰才（1895—1968），名之衔，字文元，以字行。浦东陈行人，父锡藏。荣光第四子。翰才治学勤奋，喜读西学图书，译著甚多。继承秦氏家学，留意地方人物掌故。精研文史，时人称为"左癖""谱癖"。搜求历代人物年谱，不惜财力，共搜集得千种之多，自署"千谱斋主"，解放后经整理，共2090种，为国内有数的年谱收藏家（现庋藏上海图书馆）。黄炎培主纂《川沙县志》，也重视牒谱的作用，陆炳麟在序文中说："修谱者，子孙之责也。谱久不修，木本水源，茫无稽考，咎莫大焉。"陆著有《川沙族谱一斑》，载入县志，引言谓："本邑虽滨海一隅，明清二代，不乏旧家著姓。惜几经兵燹，文献凋零，搜集邑中家乘，仅十有余种，遗憾滋多，特虑数十年后，并此断简残编，久而湮没，用将现存各谱撮其要略，以示来兹。"浦东学派在他们的著述中，有许多关于谱牒的序跋文等，其中有不少真知灼见：

1. 关于谱学历史的研究。秦锡田《邢氏家谱序》中说："夫谱学盛于魏晋，华峤之《华氏谱》，杜预之《杜氏宗谱》，晋宗宝谯王无忌之《司马氏世本》最著盛名，其他如嵇氏、孙氏等谱，见于《三国志注》者八种，周氏、王氏等谱，见于《世说注》者，多至四十余种。盖当时九品中正，国家的门第取士，故谱若是其重也。晋太元中，河东贾弼集十八州一百十六郡郡族簿状撰《姓氏簿状》七百十二卷，藏在秘阁，副在左户。至唐则《元和姓纂》，流传至今。夹漈《通志》有'氏族略'。庐陵欧阳氏《唐书》有宗室、世系两表，而欧阳氏别著谱例，后世奉为圭臬。有宋南渡，继以胡主中原，文献荡焉无存，谱学因之失坠。浦东僻陋，有谱之家，十不得一。"

2．关于牒谱的作用。秦锡田《赵氏家谱序》："夫作谱之宗旨，惟上不忘其本，下不率其序耳。然支派之荣悴，人才之盛衰，年齿之寿夭，皆可于谱微知之，如其家各有谱，谱简略，则全国人口之增减，人种之优劣，开卷了然，减则使其增，劣者使之优，改进之方法，即可按谱以求。"黄炎培《川沙县志》户口志概述中说："调查谱牒有两种价值：一以照民族之迁流，一以供优生学之考证。"也指出从谱牒考察优生学的缺陷："一般族谱，仅载父系而不及母系，故无论如何详确，其价值之最高度，不能过百分之五十。"

3．关于作谱之法。秦锡田《川沙赵氏家谱序》："实斋章氏独谓例循义起，故旧例不必拘，而论谱之方式则曰：谱谍宜划分世数，宜上推排行，宜一律，以其法，今人多行之。依此主义，全谱可分为四类：曰表、曰谍、曰传、曰图。表者，横行斜上，以明统系，便检阅，故仅书其名；谍则载其行字、职业、事迹，与其生卒葬配子女；至于有功于宗族，有善于社会，或硕德高义，为世师表，或丰功伟绩，为国栋梁，皆立传以表彰之。惟弗为谀墓之文以自诬其先祖。图则首列遗像，用近今摄影之法以存其真。次列坟墓，实地丈绘，注明墓之大小、高下及余地之广狭，接壤之界址。至于皇家诰敕，戚友赠言，录存谱后，名曰外编，无则缺焉。"

4．方志宜设立氏族志。在方志中设"氏族志"，可考查一邑人士之世系源流。1924年，南汇县修续志，秦锡田因之得考查南汇一邑人士之世系源流，大多中原旧族，迭遭宋元兵乱，避居海滨因著籍，如鹤沙之瞿氏、王氏，施家行之施氏，杜家行之杜氏，鹤坡里之谈氏，以及浦东之李，南城之顾，丰庄之陆，烟霞阁之黄，世泽最长，宗友最盛。简里叶氏，来自莫厘，崛起明季，等等。

二，诗学方面

肇自宋代，浦东多能诗者。澧溪（今南汇周浦镇）为诗人储泳、储游兄弟故里，"流风余韵，亘古常新"。自元末，王逢由江阴乌龙江避地上海乌泥泾。诗人朱仲云亦由苏之乌鹊桥罹张士诚乱而迁居上海华漕，其孙木，再迁浦东新场，其后累世能诗，著述不绝。明初顾彧，学诗王逢，由明经官户部侍郎，作《上海竹枝词》十二首，内容多有涉及浦东者。彧殁后，墓葬南跄（在今浦东东沟至庆宁寺一带）。清初黄之隽（1668—1748），综览浩博、才华富赡。其诗别开生面，然不失正轨，有"浦东诗人"之目。周浦朱岵思弃官养母，与弟拂锺，迭相唱和，世号"二难"，其后李楷园、孔厓秋、赵哲人、朱戢山辈，皆以能诗著名。又有蔡竹涛，少游燕晋，名动公卿，其诗杰出流辈。雍乾之际，周浦冯墨香提倡风雅，主持月旦，文采风流，上攀渔洋，下希随园。乾隆间，沈德潜选七子诗，浦东选中者有赵文哲、黄文莲二人。迨至嘉道间，芗荚学博才宏，名冠场屋。于是里中李恒轩、姚泰莽、丁书圃、汪桂山，各以博雅清隽之才，为之师友，互相倡酬，其诗汪洋恣肆，不事雕琢，卓然成家。以上是浦东诗坛递变的大略。浦东学派诸人，一承余绪而发扬广大。张文虎以一代通才，诗歌为余事，他诙笑常闻，啸歌不废，下笔成章，诗出为史。有《诗存》七卷，论者谓，"浏然以清，夏然以长"。"气弥亘于宙合，意牢笼乎区方"。黄炎培一生作诗四千余首，其诗李白之飘逸与少陵之沉郁兼而有之。而其诗名为其教育事业所掩，江问渔论其诗思力沉厚，趣味隽永，音调铿锵，"写景能体物入微，剪裁精妙；抒情能一唱三叹，气味深长；用思则神识超越，一空拘滞；用笔则流转爽利，左右逢源，且对有奇句警语，令人读之神移心动。其为古诗长篇，则浑涵汪洋，千汇万状。律诗绝句，更是笔势遒峭，不落恒蹊，殆真能取唐宋诸家之长，而自成一种新制者"。（《苞桑集序》）

综观浦东学派诗作及论诗，约有数端：

一、作诗要天然自成，不事雕琢。秦锡田谓："诗，天籁也，乡间之谚语，童叟之歌谣，思妇之讴吟，不假修饰，自然越妙。故无意为诗者，诗未必能传而必有可传之句。"（《西河草堂遗诗库》）反对矫揉造作之为"巧"，主张自然真率之"拙"，"且今之所谓巧者，工趋避，善逢迎，喜瞻徇，惮进取。其言嗫嚅，其行趑趄，胸中无一定之主宰"。"拙者有果敢之心，有坚忍之质"。"不雕不琢，亲切有味，羞也拙之效也"。（《潘书绅拙斋存稿序》）但诗之自然，仍要求有功底，黄炎培自谓："十四岁时，秦介侯师竭圭指示我，学诗须从整饬凝练入手，到后来工夫纯熟，转入自然。若舍难图易，清空变为浮滑，病将无法矫正。"

二、诗要通俗。黄炎培在他的诗集《苞桑集自序》中说：诗有两个名贵的条件，一是可以唱，二是诗的辞句必须通俗，使一般人都能了解。黄炎培自己写的诗，便是这一观点的体现。但通俗，也不是平淡如一般的家常话，其用语必须洗炼而隽永有味，还说诗必须富有情感，他的《并门草》《辽东草》《黄河环游记》《之东》《五六镜》《断肠集》《蜀道》《空江集》各书中的纪游诗，并不是客观地摄取景物，而是触景生情、情景交融之作；他的许多记述自己生世的诗作，更有丰富的感触，他说："到后来，走了奇艰极险的世路，家国的忧危，身世的悲哀，越积越丰富，越激烈，情感涌发，无所宣泄，一齐写入诗里来。我天性爱好旅行，其中十之二三被迫逃亡，其余七八，自动地考察游览，任何动机，耳所听到，目所见到，心所想到，大多写入诗里。"（《苞桑集自序》）

三、作诗必须有抱负。秦锡田《见斋遗移序》谓："若夫呫哔小儒，饾饤之学，剽家之功，达因无益于人，穷亦不传于后，即或寻章摘句，弄月吟风，靦然自附于作者之门，而其格卑，其骨弱，其气衰靡而不振，其必不能含芬吟秀焜耀千秋者，又事理之必然矣。唯其抱用世之才，抱用世之志，遭逢不偶，叹老伤贫，甚至贬谪窜逐，奔走流离，求死不能，思归不得，于是吐其胸中之蕴蓄，与夫听所闻，目所见，发为诗歌，作为传记，缠绵悱恻之旨，悉变为苍凉沉郁之音，如楚灵均、汉贾傅、唐柳渊者，可胜道哉？"

四、旧体诗必须改革。黄炎培说："我从六十岁那年起，试写一般民众能读的诗，一时意兴，有所触发，试为解放体。"但这种尝试，在实践中发生困难。他说："凡学过格律的，回头学解放体，反而为难，难在既要白话，又要有诗味。"还说："白话诗没有诗味，丑陋完全暴露，简直会使人读不下去。"其实黄炎培碰到的问题，是普遍性的问题，还没有找到旧体诗的真正出路。

浦东学派在诗歌实践方面，写下了不少"竹枝""棹歌"等反映地方风俗的通俗作品。秦荣光有《上海县竹枝诗》，作于光绪二十九年秋冬间。原作706首，先后次序，略依（同治）《上海县志》篇目，所记多同光间上海事，为《上海县续志》多所取材。后人推为上海一地之诗史，信不诬。于邕序谓："先生于书，别无所择，但能得之，必能读之，以是能使学浩博，细大共赏，而又非徒泛滥也。凡实事、实地、实年月、实品物典制，靡不一一经心，于桑梓掌故，尤极探讨。"此作与秦氏别著（同治）《上海县志札记》可相发明。

秦锡田著有《周浦塘棹歌》。周浦塘长十八里，为黄浦之分支。别名澧溪、杜浦的，横贯于浦东地区的南汇县北境。周浦镇居中。塘东起祝桥镇，经陈竹镇、塘口入黄浦江。周浦镇为作者舅家，经常往来此一带，故能熟知其掌故，仿棹歌之体，记述此塘之源流、水利、津梁及周浦一带之时事、风俗、时令、物产、古迹、人物等。诗凡247首，每首均有自注。周浦是浦东的集镇，《棹歌》所记咏的内容，在浦东有代表性，可视作浦东风俗之书。

黄炎培仿"竹枝"体作《蜀游百绝句》。作者自1936年2月中旬起至5月初返回上海，蜀游三月，返沪后陆续作文，报导旅游见闻，分载于《国讯》杂志上，其后复编成《蜀道》一书，百绝句，收在此书中，自序："旅蜀三月，南北东西，辄停游躅，凡夫民生之疾苦，天产之丰美，山川之雄秀，人物之瑰奇，见见而来，闻闻而去，每不绝于竹吟。恶恶从短善善从长，要无伤于忠厚。"

浦东学派在搜集上海地方诗文方面也有不少贡献。1915年，江苏通志馆征诗，明年，晚晴簃选清诗，秦锡田受命采访，因之广征黄浦东西两岸名人著述。未成刊本的，则抄录副本归其家，计征得五十家诗，家集十种，秦锡田从征得诗作，撷其精华，汇为六帙。对所征得之诗，细加稽考，各赋一章，而作者之仕履事，亦著于篇，作《怀旧吟》五十章，自谓："因诗家之别调，亦阐幽发潜之微意。"搜集上海民谚、风俗诗，用力最勤的是胡祖德。祖德（1860—1939），字云翘，晚号向俗翁。幼从秦荣光学，补县博士弟子员。民国初年，辑成《胡氏杂钞编》。收入其中的有竹枝词、风俗诗、纪事诗以及有关上海及浦东地方的掌故资料。其自序："余自幼喜抄书，恐其随得随失也，兹利杂钞，以供同好。今民国初建，百废维新，旧时之考试月课、戒烟、村馆、除夕诸作，虽多游戏笔墨，恐数十年后无人提起当时有此情事，故附及之。惟文无体例，又因仓猝付印，未及一挨先后，不免为识者笑耳。"序中谓尚有续编之作[1]。胡祖德一生从事教育及善业，以"造就我爱国之大国民为宗旨，积极投身平民教育，提倡平民文化，将多年搜集的资料，辑成《沪谚》一书，这是研究清末民初上海风土人情的极好资料。是书刊行于1922年，次年，又有《沪谚外编》之辑，收录了上海的山歌、竹枝、五更调、俗语对联、格言联璧等，计分十二类，还有《卖妹成亲》等唱本，实是一本民间文学集。此书之价值，不亚前书"。

三，教育方面

上海是近代科学最先传入的地方。"同治中叶，大乱初平，但当道注意教育，主讲席者，皆当代硕儒，士风丕变，咸知求有用之学，不沾沾于贴括，当时以广方言馆、龙门书院为盛。"（《上海县续志·风俗》）

---

[1]　续编今未见。上海师大徐恭时先生编《上海地方志资料考录》一书时，尝访问当时在世的秦翰才，他也见过。秦胡两家有亲故，过从甚密，秦说当可信。

上海于乾隆十三年（1748）始有申江书院，二十五年（1760），改名敬业，主持者有通学大儒陆锡熊等，但所课不过制艺、帖括而已。至咸丰间，吴县冯桂芬主敬业，始开实学之风。同治二年（1863），在书院两偏创设广方言馆，冯氏总习其事。上海新学，肇始于此。同治中，巡道应宝时，延嘉善钟文丞主持敬业，倒行逆施，鄙实学为杂体，月课必以制艺，鼓励举业。但有一点好处，在科第中重视朴学，亦为钟氏之功。浦东学派兴起于西学渐入上海之时，得先风气，日遂为新学的提倡和改革，先后不断努力，在教育的理论和实践方面，作出贡献。

一、主张教育的目的为造就人材

同治三四年间，丁日昌膺上海道，创龙门书院，应宝时继任踵成，礼聘名儒，以宋五子书为主，兼及经解、史论。张文虎对此十分赞赏，认为龙门书院之设，用意深厚。他在《谢应宝敏廉访》书中说："宋时书院，本不为科举设，近世专重制艺，失其本意，此举诚为复古，使继任诸公能力持其源，勿奉应故事，当必有真材真品出乎其中。此执事为之倡也。方令陈枭金吴恢弘治化，请以此例，推之各郡，或专设，或兼行，俾肆业诸生，务为有用之学，其于造就人材，为功甚巨。"

二、重视教育的救国作用

清代之末，我国饱受列强欺凌，当政者不思卧薪尝胆，自强救国，一味"清歌漏舟之中，痛饮焚屋之下"。秦荣光等痛切清政府之腐败无能，"既绝望于上之有以保全我，不得不亟自谋保全于下"，他认为，谋保全，务在自强。自强之道，在于开学堂、习武备、课工艺，就是提倡教育，加强防卫，发展经济。这里所提倡教育，就是提倡新学，他说："悟旧学之所习非所用，不得不采新法为救时良药。"开埠后的上海，西方殖民者纷纷开辟租界，逐渐扩展到浦东一侧。秦锡田在《新建三林、陈行、杨思乡立第二国民小学校舍记》中说："吾民囿于小利，歆其重价，举浦江环抱可工可商之要地掷于外人，不知爱惜而泄泄沓沓，不知求学以自奋，识见日益陋，志趣日益卑，而生龄日益繁，埌地日益蹙，收益日益减。"这种局面继续下去，如"不冻饿流离而死，即奴隶牛马而生"。这里秦锡田清楚表明，造成这种局面的一个重要原因是，"不知求学以自奋"，他还郑重其言，教育不发达，将招来亡国灭种之祸，秦锡田在上文中又说："盖二十世纪之世纪，以工战，以商战，实则无不以学战。有学者存，无学者亡；学盛者强，学衰者弱。优胜劣败，固天演之公理，亦自然之趋势欤？"

三、职业教育的思想

浦东学派对于教育的贡献，集中的体现者是黄炎培，他一生以提倡职业教育著名。黄炎培也是近代著名的爱国主义者，他以为报国之道很多，而教育实为之本，故倾注其全力在教育和文化方面。黄炎培早年就学南洋公学，受知于蔡元培。黄炎培晚年所著自传体的《八十年来》一书中，回忆蔡元培对他们的教导："中国国民遭到极度痛苦而不知痛苦的由来，没有能站立起来，结合起来，用自力来解除痛苦，你们出校，必须办学校来唤醒民众。"这几句话成为黄炎培的座右铭。他从清末到民国初年，在推行新学方面有丰富的实践，并在国内作大量考察的基础上，提出和逐渐完善职业教育思想。1916年，他在回答有关职业教育之界说与内容时说："自广义言之，凡教育者，皆含有职业之意味，盖皆以授人以学识、技能，使之能生存于社会目的；若以狭义言，则以讲求实用之知识为限，亦犹实业教育也。但实业教育，兼含研究学说之意味，而职业教育，则专注实用，纯为生活起见也。"1917年5月，他与蔡元培、马相伯、张元济等创办"中华职业教育社"于上海，在其《宣言》和《章程》中，揭示中华职教社的目的在于："推广职业教育；改良职业教育；改良普通教育，俾为适应生活之准备。"1921年7月，他在上海商务印书馆所办国语讲习所的演讲中说："根据世界教育趋势，杜威的意见及我国的情况，职业教育为自救救国之道。"中华职教社成立后八年，由于战乱频仍，社会经济贫困，职业教育的状况，与最初的设想相距甚远。现实使黄炎培产生了新想法，他认为人之努力，不能仅限于教育方面，须分一部精力去参加社会活动，并要以最高的热情去参与一切，有最大的度量，去容纳一切。此种方针，就是"大职业教育主义"。1925年8月，他在太原作《职业教育之原则及方式》讲演，针对当时一般人，一受教育，即只能做官，不肯从事农、工、商职业的状况，认为"教育不发达，因宜提倡职业教育；教育发达，更宜提倡职业教育"。提出职业教育，"宜从平民社会入手"，建议在职业教育中加入平民教育一项，为实施平民教育张本，即在昆山、无锡、上海三地入手进行。1931年，他根据多年经验，写成《怎样办职业教育》一文，强调必须做到：实地做；先试办有成效的，而后授人；必须了解职业的环境。至此，他的职业教育思想告成。由于国内外形势变化，他在此后，主要精力从事于抗日救亡以及其他社会活动，而对于中华职业教育社的寄托和关注，始终未曾间断。

四，经济方面

同光之际，内政窳败，外力乘虚侵入。于是，朝野士大夫鳌为两派，一派保守，一派激进，前者皆老师宿儒，后者多新进。新进者倡改革。浦东秦荣光，望重一乡，眼光不拘拘于陈编，不规规于流俗，尽破新旧之成见，以明通正确之理解，判别是非，领导潮流。黄炎培在民国八年序秦荣光《养真堂文钞》中，对秦荣光所作的贡献有很高的评价："三十年来，无一日不在新旧两思潮之冲突中，而其所蒙之影响有祸有福，其改进也有迟有速。皆其地一二人为之也；温毅先生非其人欤？试读其文，凡所为罢科举、兴学校、禁鸦片、戒缠足、筑路、开矿、裁釐金、兴银行、改金币、务农重工，在今日皆为是非已定之问题，读者须知，此为二三十年以前之文，作者为当时高年硕德之乡先生也。"

浦东学派在兴利除弊、发展上海和浦东地方经济方面，作出了重要贡献，在一些重大问题上显示出远见卓识：

关于作为农业经济命脉的水利方面，上海地区本为水乡，其利在水，害也在水。沿海筑塘，以防海溢；泖澱之滨筑圩，以防泛滥；于黄浦两岸，轮浚港汊，防内河淤塞。黄浦江灌溉万家，养育上海人民。上海水利较内地有不少优越之处。1931年黄炎培在起草的《浦东旅沪同乡会宣言》中说："试观吾乡百里间，每距一二里，南北必有一沟矣，东西必有一港矣，田间水利于是乎通，旱于是乎蒿，水于是乎泄，乡先辈之兼地方公事等，必以经理开河当第一要务。"但接着又说："天然之美不济以人工，则大利且变为大患。"故水利问题为士绅阶级代表的浦东学派所重。秦荣光著有《松江水利说》，精辟地论述了水利的核要，谓，上海专木棉之利二百余载，由于外地产棉日多，上海所产愈滞、价愈贱，而米价倍涨，"必有拥棉抱布而饿死者，此诚地方之大忧已"。秦荣光为此提出对策，是改棉田为稻田："使棉田变稻者，救郡民之缺米，此诚救时急方，富民本计。"但由于通潮的黄浦夹带大量泥沙，使沿浦港汊日益淤塞、仅存一线细流，竟或化成平陆，"黄浦两岸田多中高四低，俗号坍冈，不能种稻，止可植棉"。自来官办，但浚干河罕及水田，这是因为干河承役者多，既易筹款，且工程浩大，并可叙功。而干河的疏浚，由于滩阔，不便戽水，仅通航便商，无益农田。秦荣光一针见血地提出，水利之要在流浚支港，并在港口建木闸或土坝，隔断干河不令浑潮日进。唯遇内地旱潦时，放使吐纳。秦荣光"为其乡兴利除害者匪一端，而其最究心，厥唯水利"。（黄炎培《养真堂文钞序》）秦锡田秉承父志，为水利工作不遗余力。1915年，江南水利局议浚吴淞、浏河等江，他被聘为顾问。随后设立的省水利协会以及江浙水利联合会，他俱被选为研究员。1920年，水利局总办沈期仲聘秦锡田及上海姚子馲修《江南水利志》，是年10月成书。1922年，他又被举为吴淞江水利协会议事员、太湖流域防灾会议事员等。

浦东学派重视发展地方实业。自来中国士大夫重农抑商，浦东学派却很重视发展商品经济。秦锡田谓："盖商业者，公益之田地。公益之施展，商业为之本原也。"对于在商业方面作出成绩等，大加赞扬。上海自五口通商以后，洋布盛行，纱厂遍设而贩运之利绝，侨商进入内地，专收土货，而贩之利亦绝，浦东商人陈悦周，集合同志，合办恒源花厂，新花上市，以公道之价格，收购乡人棉花，陆运以车，水运以舟，转输四方，利市三倍。恒源之商标，焜耀市场，使贩商之外国侨商绝迹于黄浦东西，"先生衣大布，食脱粟，胼手胝足，劳身焦思，以换回乡邦之权利，其操守紧，其精神国，故其资望深，年齿高，绵绵延延，常为棉业界之山斗"。（秦锡田《陈悦周先生七十寿序》）相反，对于工于诈伪，巧于趋逊，惮于改革，无团结之力，无坚忍之心，无远大之识、无活泼之精神，无强国高亢的性质的腐败商业作风，大加笞伐："耗有限之资财，以饰宫室服御之外观、侈酬酢宴饮之交际，自欺欺人，驯至一败涂地，前覆后蹈，全国一辙。元气大伤，利权主义丧失殆尽，奴婢牛马，万劫不复。"（秦锡田《汤蕴斋商董六十寿序》）

浦东学派的特征

一，与时俱进的进步性

一、提倡科学，讲求实用之学

处于封建末世的浦东学派，他们以为欲救危亡的中国，出路只有讲求实用之学，他们中的许多人，身怀绝技，欲报效国家、社会。张文虎精天算术，英国艾约瑟·伟烈亚力曾造庐与之质疑，叹为非其国专家所能及。贾步纬（1840—1903），字心九，浦东周浦镇人，尝师事海宁李善兰，复从伟烈亚力游，研究微分、积分、椭圆、地动、代数、对数之术。南海冯焌光总办江南制造局，延之译《航海通书》，岁出一编，以应南、北洋各兵舰测量之用，并任广方言馆总教习。其子文浩（字志鸣），能世其学，尝应张之洞聘，主讲两湖书院，任天放总教习。朱紫绶，曾中光绪九年（1883）进士，改官刑部主事，未半载弃官，购书积十万卷。尝谓："学问文章必从经史出，方有实用。"与于邨同课邑中子弟以实学，又筹款中西书数万卷，使有志之士皆趋实学，凡此等等，以及秦荣光的以教育改用新法，为救时良药，秦锡田的以"切实致用"为其兴学宗旨，直至黄炎培的职业教育，莫不都是进步的主张。

二、行为士则，维持风教

江浙赋额甲于各直省，而苏、松、常、镇、太赋额，尤甲于江南，同治初虽有酌减，但京、通各仓，仰给东南者，乃推上述四府一州所入为大宗。江南之民因繁重的赋额而生活困苦。加以风俗窳败，江南之民，更有雪上加霜之苦。秦荣光在《贺陆春江观察由广东惠灏嘉道迁江苏督粮道书》中描述说："当今最苦民者，唯釐卡，数里而遥、半日之程，一再抽查，例外课税，而又留难阻滞，坐失潮候。甚者，诬为偷漏，罚辄十百倍。虽强吏防弊綦严，然卡司作弊弥巧。"又说："又盐捕营之设，以缉私也。乃光蜑大帮过，非畏避之，即卖放之，而遇良懦，反托光蜑而肆掠焉，光蜑复冒官巡而强劫焉。"由于吏治腐败，"阘茸之徒，既安于无能，不自奋拔，一二贪猾者流，更谓廉吏不可为，但博督抚之欢心，便晏然久居民上，命盗巨案，且置不闻，更安理词讼乎。"秦荣光恳切陈讨要求地方官"实心办事""挽回废驰之机"，在《致奉贤朱昂若孝廉书》中举例说，昔程明道以学者先读《西铭》，范文正做秀才，便以天下为己任，"我辈忝为一方表率，便当致力于义务"。

三、爱国爱乡，共赴急难

清末实行地方自治，秦荣光等为振兴地方，兴利除弊，不稍悔
怠。他在《致奉贤朱昂若孝廉书》中说："开学堂、习武备、课工艺
三者，教养之资，富强之本也，而广议蒙学、劝戒洋烟、收课流氓，
尤属开办三者当务之急。"出生浦东高桥的李平书（1854—1927），
他善于"审察情势以为进止"，在外地和上海任地方官时俱以爱国主
义思想行为称著于众，清光绪十九至二十五年（1893—1899）间，曾
先后署广东陆丰、新宁、遂溪等地知县，所至之处，致力创教育、清
厘卡、杜械斗、禁赌禁娼、改良社会风气。在遂宁时，支持民众反
对法国殖民主义在侵占广州湾的斗争，为湖广总督张之洞所激赏，
延之入幕，多所建树。二十九年（1903），任江南机器制造局提调。
三十一年（1905），任上海城厢内外总工程局总董，开展上海地方自
治。是年，他创建了浦东同人会（后改为浦东同乡会），作为奉、
南、川、宝、上五县人士之团体机关，他有鉴于浦西的租界成为殖民
主义"国中之国"，在浦东力争主权，"着眼于外力之抵御，禁止浦
东地转洋商道契"（《浦东同乡会宣言》），创办《浦东报》，为启
发民智，广造舆论。著名教育家黄炎培，他的一生，充满爱国业绩，
光绪二十九年（1903），当时尚是年轻人，与张伯初等应邀在南汇新
场演说，痛陈国家危亡、政府昏聩之状，为南汇知县逮捕。两江总督
电令就地正法，幸被杨斯盛急恳美总牧师步惠廉保释，亡命日本。
这就是与"苏报案"同时发生上海的两大党狱案。在日本，黄炎培
在革命思潮推动下，决心走推翻清王朝腐朽统治的道路。是年九

月，在日本江户寓楼两座，与刘三、顾次英联吟，爱国豪情溢于言表，其中有句："春雷需醒群呓喧，笔砚焚尽书饱蟫。""间关杖策走趑趄，男儿气节慎勿婬。""君不闻黄龙之酒味醇醇。"黄炎培献身的教育事业，是"教育救国"思想的体现。"九一八"事变后，为了国事，以一人联络各界，以一身当万分繁难的事务，他无一时、无一刻忘却和停止救国行动。有时发为诗歌，于极度悲愤沈郁中，寓发扬蹈厉之气。遍印《救国通讯》（后改《国讯》）以通各方声气。抗战初期，他还积极进行救济工作。后至武汉、成都等地，任国防参议会参议员、国民参政会参政员。1924年，浦东同人会经改选，黄炎培任董事长，步武李平书，力争浦东利权，在他起草的《浦东旅沪同乡会宣言》中大声疾呼："请看黄浦江中，林立之帆樯所悬者何国之国徽乎？浦东沿岸撑天之大厦，经营工商业者，何国之国人乎？洋商购地遍于沿浦矣。""吾浦东者，本不欲为浦东之浦东以自划，奈何求为中国人之浦东而几乎不可得也。"这就是黄炎培等为什么主张集合团体的和地方的力量开发浦东的原因，在国事蜩螗、经济落后的旧中国，他尽心竭力，千方百计，终于启动了浦东近代化的步伐。

二，学以致用的实践性

处于中国近现代激烈变革时期的浦东学派，提出的种种主张，莫不与时代脉搏息息相关，并努力期以实现。秦荣光总结其一生经验时说："学贵实践，不尚空言。"秦锡田在《浦东中学校杂志序》中说："近世士大夫高谈性命，弋取功名，甚者侈称四万万同胞，而兄弟手足视为陌路，见小利且下石焉。呜呼，大言不惭之也难，空言曷足贵！"他们作为地方绅士，面对当时政治腐败，无回天之力，而从清末所发布的关于地方自治的法令入手，致力于地方的各项改革。蒙古喀喇沁亲王《秦温毅先生事略》中评论秦荣光时说："沈毅多远略，不获大施，则思小试于一乡。"秦锡田也说："且夫士君子之行事也，大则为天下计，小亦为一乡计，而不可为一身一家之私计，远则为千百世计，近亦为数十百年计，而不当为一时之短计。"（《徐文定公论》）浦东学派的社会实践，除上述已提到的主持地方水利等方面，还有若干方面：

一、教育方面

这方面的实践，主要是对传统的旧教育制度和内容的改革。这方面最早开拓者，是南汇的顾忠宣。顾忠宣（1851—1928），字旬侯，清光绪十一年（1885）副贡。初在大团镇筹办新学，将芸香草堂[1]改为新学堂。光绪二十八年（1902），又将南汇城内设在文昌宫的私塾，改为肇兴实用学堂。之后又筹惠南师范学堂等。他"生当逊清之末造，为科学之先知，自少至老，无日不以作人自任，秉铎五十载，著籍三千人，人之被其泽者，子又传子，孙又传孙，绵绵延延，薪火不绝"（秦锡田《重泮唱和集序》）。秦荣光的创导教育，被乡里推为大师。光绪二十二年，他与邑人周希濂、汤学钊等捐赀，在三林镇东市文昌阁开设书院。二十三年（1897）建屋十间于阁之西北偏，

---

[1] 芸香义塾，咸丰八年知县冯树勋捐置，本设于今文昌宫正殿西次间，现仍其旧为东门义塾。（光绪《南汇县志》）

二十八年（1902）改为三林学堂，课规仿敬业例，惟师课分经学、史论、掌故、算学、舆地、时务六门，使学生讲求根柢之学。二十九年（1903），遣孔祥里等赴日留学。学校自二十八年教授英文、法文二科。二十一年（1905）增设日文（三十二年裁法文，增农业科及农业、蚕业实践）。学校于三十年添置仪器，教授理化，增辟操场并附设体育部，教练三林、杨思、陈行三乡绅商子弟。三十一年添设中学班，是年冬办理商约大臣吕海寰汇案，奏请传旨嘉奖，三十二年奉准。三十四年，拟改中等农学堂。宣统元年（1909）开办农业预课。二年，因风气未开，复行改组，就高中课程中增农业一科，兼课农作物，并分设初等小学七所。黄炎培早年在南洋公学受知于教育家蔡元培，学校被迫解散后，蔡元培教导他们去办新学。1903年冬，黄炎培与张伯初回到川沙家乡，十分机智地绕过当地政府保守官员的阻拦，呈准将川沙城内观澜书院改为小学堂，成为黄炎培一生从事教育事业的发轫。浦东学派教育实践中，毁家兴学的杨斯盛，其事迹彪炳青史。杨斯盛（1851—1908），字锦春，川沙人。出身泥工，以经营有术，成上海建筑家领袖，自怅早年失学，热心办学，使乡人子弟有入学机会。光绪三十年（1904）设广明小学于沪寓。三十二年（1906）改高等小学，并设广明师范传习所。并于三十一年（1905）时，在浦东六里桥，购地三十余亩建立浦东中学，阅二年而校舍成。延请上海李平书、秦锡田，南汇顾次英，川沙黄炎培、陆家骥、张伯初、孟迺钊为校董，黄兼监督，张兼任教务长，三十四年学校扩建，本金俱为杨斯任所捐。"……君顾屏虚名，求实际，取一人一家之私财，悉以供公众之用而无所吝举。一人一家之私事，悉以待公众之维持而无所顾虑，卓识远年，热诚伟力，破除我中国二千年肥身家、长子孙之旧习，岂非特立独行之豪杰哉。"（秦锡田《哭杨锦春文》）还有杨保恒（1871—1913），字月如，浦东洋泾社庄庙人。弱冠补附生，长于小学。光绪季年，与邑人贾丰臻等东渡日本，毕业于弘文学校，又筹设速成师范及单级教授所等，一时学者云集，社会知名之士，皆出其门。民国元年任省立第一师范校长，擘画周详，被推为教育先进。对于本乡教育，励精竭虑，不惮烦劳，洋泾各乡学校，多于此时成立。1915年，应教育部聘编教科书，车覆受伤，殁于京邸。

二、社会改革方面

二十世纪初，清政府中改革派，仿行宪政，实行地方自治为其内容之一。清光绪三十一年（1905）李平书任上海城乡内外总工程局总董。对于推动上海城内近代化建设，不遗余力。川沙的地方自治，在黄炎培、张伯初领导下，成绩优于江苏全省。宣统元年，川沙厅设自治公所，黄炎培任所长，张伯初副之。次年，川沙厅议事会成立，至年底，共提出有关开河、筑路、施医给药、办识字学塾等共45起，并有革除胥吏敲诈、议禁抽风节规陋习等，以致引起痞棍勾结官府中保守势力，酿成公所、学校等被捣毁反对地方自治的事件，许久始得平息。

1911年11月初，上海起义成功，浦东各县积极响应。11月5日，上海起义成功的第三天，奉、南、川绅士分别要求上海军政府拨兵光复各镇。11月7日，上海军政府派遣商团及民军赴南汇城中，城内巡警，立即树起白旗，绅商各界推定城自治公所董事顾忠宣为民政长。当上海军政府欲派兵川沙时，黄炎培走谒陈其美说，川沙厅已转向革命，仅要求给新枪40支以资保卫。11月6日，张伯初从上海警务长穆湘瑶借武装20人开赴川沙。7日，川沙厅在四处张贴安民告示，白旗招展。

自民国初至抗战前，浦东学派社会改革实践，主要通过浦东同乡会、中华职业教育社等团体力量，在力所能及的职权和地域范围内实施，主要方式有二十世纪二十年代、三十年代几乎遍及全国的"农村改进"运动。由于政府腐败无能、战乱、灾荒等原因，类此改良主义的方法，少所成效。现实生活，使他们逐步觉察到，必须革除腐败政治。1927年2月，黄炎培发表《革他们的命》的评论文章，主张对发横财、拥遗产、领干薪等不事生产的特权阶级实行革命，他说："全人类的生命，就是靠卖力的人相互支持的，卖力气讨生活的人多，社会富，蠹虫多，社会穷，蠹虫普及，人类灭绝。"

三、提倡实业，推进近代化

浦东学派为上海和浦东的近代化，前赴后继，不断提倡和振兴地方实业出现了不少著名人物。"海通以来，兴新政、倡新学，则有名手创招商局的朱云甫。"朱云甫（？—1878），名其昂，浦东高桥人，他是推进我国和上海近代化的先驱者。咸同间承办海运，李鸿章创轮船招商局，邀其任总办。收买美金亨敦码头，改名金利源。与英国怡和、太古两公司订立三公司合同。同治十三年（1874），又购法新金山、日本长崎等处码头，备商轮停泊。光绪四年（1878），朱其昂逝世，其弟其诒（字翼甫），继办招商，又有从弟其懿（字督彝）帮办。朱氏兄弟又曾在河北、天津、江苏、湖南等地创办机器制面、矿务、电报等。朱其懿又继承其诒，历办淞沪铁路等。高桥李平书在主持上海地方自治期间，成立救火联合会，创建中国品物陈列所、南市上海医院；有鉴于上海租界市政建设之日新月异，辛亥光复后，拆除旧城，筑电车轨道，成立南市电车公司，使上海城厢地区的市政面貌，有很大的改观。

在浦东，除沿浦一带外，大部分为农田，农业以棉稻为主，需改良种植，办试验农场，浦东穆氏兄弟联合浦东朱日宣等，在这方面有很大作为。穆湘瑶（1874—1937），字恕斋（或杼再），生浦东杨思镇。清光绪举人。光绪二十七、二十八年（1901—1902）间，与黄炎培共读南洋公学。曾任江苏谘议局议员，上海辛亥光复，任上海沪军都督府警察厅厅长。后以实业效用社会。穆藕初（1876—1943），原名湘玥，以字行。湘瑶弟。黄炎培曾称他们兄弟二人"各以无产而跻于有产，且皆厚自殖，皆善自散，一以其经验，一以其学理，虽二君各负其自立之本，而以互助故，俾其成功也捷，其植荃之大，此友于之根也。"朱日宣（1863—1928），浦东张桥乡人，名福田。曾任上海浦东塘工善后局董事，为开辟浦东交通，卓著劳绩。他们三人为代表，是浦东学派中的实干家。1917年10月，奉部令在高行乡琵琶湾建苗圃，由朱日宣筹办，圃址三十余亩，植林木、果树及花树，并在西偏开鱼池、菱塘，植红白荷渠。1919年，上海奉省令筹设县立农场。照省颁办法，共创试验场五，推农学硕士穆藕初为主任，在三林乡南积寺设三林农场，占地四十亩。从试种美棉入手。1920年，在杨思乡设立农场。1921年，场与东南大学农科合办育种场三十亩。与此在杨思乡五图沿杨淄溇，设东大蔬菜农场，租地二百余亩，依西法专种自外国引进之蔬菜瓜果，收获独早，为市上时鲜之最，租界菜果之需，有以赖之。

开辟交通，为发展经济之首要条件。清宣统元年（1909），浦东同人会首领李平书，筹划在浦东建筑沪金铁路，计划中的这条铁路由浦东杨家渡起，沿浦东抵近东海的川沙钦公塘，再沿塘向南入南汇境，折入奉贤县境，止于金山之白沙湾。建筑这条铁路的目的是："保运输之权利，图沿海实业之振兴。"（黄扨廷《南沙杂识·沪金铁路》）限于当时地方财力，此举未成。1913年，朱日宣领导开设浦江轮渡。在黄浦东岸设立码头，自东沟经庆宁寺、西渡，至上海外滩，为沟通黄浦两岸、利用近代化交通工具之首创。1921年，穆湘瑶与南汇朱祥绂合组上南交通事务局，修筑上南县道，自浦东周家渡浦滩起，南经杨思桥、三林塘，达周浦为第一段；由周浦向南至航头折东至新场为第二段；由新场至大团为第三段。次年6月，至周浦段工竣，9月行车。1914年冬，改用铁道称上南铁路。次年春，与浦江轮渡相衔接。在兴筑上南铁道同时，1921年，黄炎培等邀同上海浦东塘工善后局董朱日宣筑上川县道。次年2月开工，后仿"上南"例改敷铁轨。1925年10月，庆宁寺至龚家路一段先竣通车。次年展至川沙，又次年展至南汇祝桥，全长33.5公里，这两条交通铁路，是当时浦东地区交通大动脉，为沟通城乡物资，发展浦东地方经济，发挥了极为重要的作用。

三，以门生乡谊联络的地域性

浦东学派百年间，没有统一的结社，他们锲而不舍进行学术和社会活动集会的因素，或因宗亲，或因师友，或因乡谊。其活动的地域，因时而变但又具有相对的固定性，主要集中在南汇周浦、上海陈行、川沙城厢镇这几个浦东的人文荟萃之处。

　　周浦镇位于南汇县西北部、上海市区东南近郊的周浦塘和咸塘港两条干河的交汇处。历来是盐运、漕运的中心，镇市繁荣，素有"浦东小上海"之称。周浦早在宋代，诗人储游、储泳居于此。此后名人接迹，尤以清代为盛，著名文人有吴省兰、吴省钦、冯墨香等。吴省钦（1730—1809），乾隆进士，授编修，擢侍读学士，累官吏部右侍郎，卒年七十五。起家词赋，古文坚卓奇峭。王昶谓其诗"意必坚凝，词归清峻"。著有《白华前后诗文稿》。吴省兰，吴省钦弟，乾隆进士，历官工部侍郎等。视学湖南，以持正见称。性强记，与兄省钦齐名，著有《奏御存稿》，编辑有丛书《艺海珠尘》等。冯墨香，原名金伯，字冶堂、冶亭。墨香其号，贡生，官句容训导。学优品饬，性耽风雅。乾隆五十八年（1793）主修邑志。工诗，善书画，收辑《海曲诗钞》，为乡邦地方诗。著《国朝画识》《墨香居画识》《词苑萃稿》等。浦东学派开山祖张文虎，以及于鬯、贾步纬等俱系周浦人。文虎幼从同里姚炜琛游。家赤贫，几废学，姚氏曲成之，终成大器。姚炜琛，字宝南，号守潜。岁贡生。敦品绩学，学宗宋儒，不问外事，闭户课徒，口讲手划，循循不倦，多所造就。兼精舆地、歧黄之术，著有《疆垣一览》《黄河溯源竟委图考》二卷，《前明治河图考》二卷、《分省地理图说》《地理雪心赋注》《贞节闻见录》等。于鬯，幼聪慧，读书多奇语，成童入邑庠，治经后不屑为科举业，以教授、著述终其一生。

　　朱雨苍亦周浦人。附贡生。工诗词，尤长于碑版文字，曾客授侍郎谢墉家，得尽读其藏书，故为文见地独高。光绪初，张文虎主纂邑志，延请驻局分纂，其之任编纂，皆授事直书，不少假借。邑志实赖以总成。上海毛对山著《墨余录》属为润色，详加批注，书遂成行。"西奚与东顾，相尚拾残丛。"（黄炎培《述百年浦东学派》诗中句）西奚，周浦西名家楼奚氏。顾氏，周浦东黑桥顾氏。黑桥顾氏，多治朴学。顾秉源，同光间人。深探经史，藏精刻书万卷，闭户耽研，有《禹贡稽疑》、《石鼓考》、《词桃》、《曲麈》、《水香渡吟稿》等。子麟，字祥甫，幼慧，长而刻苦向学，与娄县张来、同邑丁宜福、华孟玉相唱和，张文虎评其诗近芙蓉山馆，词近玉田梦窗[1]。顾淇，字缘天。秦锡田姑丈，居牛桥。喜读书，治舆地、算学。芸香草堂讲师。诗学剑南（宋陆游），工于咏物。喜竹，有《竹窗吟稿》一卷。顾秋岩（1834—1902），讳蒿，字高羽。县学生员。受业张文虎。同治元年（1862）教授邑中。七年（1868）馆奚氏，诱掖后进。邑人择师必曰"秋岩"。从学者数百人，门下士多掇巍科，为教脱去塾师饾饤之习，教泽入人，至深且广。从学顾冰一（约1877—1941），早年提倡科学，光绪二十九年（1903）系"南汇党狱案"，与黄炎培等亡命日本。

回国后，与黄炎培等协助杨斯盛兴学，创立浦东中学。后去东北，在吉林主《远东》《吉林》等日报笔政。参省幕，与日俄交涉，

---

[1] 杨芳灿（1753—1815），字才叔，江苏金匮人，工诗文。诗学杜甫，官至户部员外郎。有《芙蓉山馆诗词稿》。
张炎（1248—1320），南宋临安（今浙江杭州）人，字叔夏，号玉田。工词。词风流丽清畅，讲究韵律，追求典雅，有《山中白云词》《词源》。
吴文英（约1200—约1260），南宋四明（今浙江宁波）人，号梦窗，工词，知音律，能自度曲，造语奇丽，有《梦窗词》。

折冲樽俎，曾不稍屈。日人视为"劲敌"，屡欲加害，"九一八"事变后，见国事日非，化装南下，蛰居沪上，不预外事。

召楼在周浦西，奚氏为望族。奚世荣，字子欣。诸生。不喜举子业。博学好古，家富收藏，殚精校雠。嗜书画，善古篆籀，尤精铁笔。著《读碑校史录》《两汉乡亭考》四卷、《铸古盦印谱》。与顾秋岩、顾趾麟相唱和，有《铸古盦诗词》各一卷。奚世干，号挺筠。于邠之甥。光绪间，创书楼于周浦，倡新学。黄协埙（1852—1924），字式权，号梦畹生，浦东高行镇人，游寓南汇。幼即能诗，从张文虎游，诗文益进。入上海县学。英人美查，聘之任《申报》主笔政，凡二十年，以每日著论，报之销路大增。光绪三十二年（1906），就职震旦学校校监。宣统二年（1910），改就南汇第三公学（在周浦）校长。南汇续修县志，任分纂员。著有《淞南梦影录》《粉墨丛谈》《锄经书舍笔诗》《癸甲记游诗》，辑有《海曲诗钞》续集十二卷、《同声集》二卷。朱太忙（1895—1939），字益略。周浦人。任大东书局及大达图书公司编辑，潜心收求乡邦文献，力谋出版。辑有《海曲丛剩》等书。

陈行镇为浦东学派又一荟萃之所。镇位于周浦塘北岸，离浦江口不到三公里。陈行北区早在三国时"居人渐多"，相传此处有晋陆机、陆云放鹤的鹤坡塘，吴主孙权狩猎时憩息的"射猎庙"。此一带，以植棉纺织著，所产"宋家兴"、"洋装稀"以及名谓"南京布"的柴布花，远近驰名。陈行于清初成镇，地多望族，被封为上海县城隍的秦裕伯，元时由扬州迁至今镇东之长寿里。秦氏本宋诗人秦观（有《淮海集》）之后。"吾宋肇溏海，源远流派长。绵绵八百载，家学衍青箱"。（秦锡田《敬题曾大父赞堂府君长日读书图》）自秦荣光，锡田、锡圭兄弟，而翰才三代人，实为百年浦东学派之中坚。秦荣光以光绪十四年（1888）岁贡，就职训导，博学能文，留意世务。董地方公益凡四十年，于本乡利弊，多所献替。以兴学功，清廷传旨嘉奖。秦锡田早年一度宦游，甲辰（1904）以丁父忧不复出，致力地方学务及公益事业，几近十四年。"一官非所志，斗米腰折慵。父作子述之，鹿首回五茸。世尊秦氏学，非徒文采中。"（黄炎培诗《述百年浦东学派》）

胡氏也是陈行著姓，其先由安徽迁来，以米业起家，子孙繁衍。以收搜上海及浦东民俗文化及善业之胡祖德，与秦氏有通家之谊。

杨思与陈行、三林毗连。杨思穆氏，其先由苏州洞庭迁来，以经营棉业世家。浦东学派关于推行近代化的种种措施，多以此三乡为基地，如办教育、兴水利、设试验农场、建交通等。穆氏为提倡国货，于杨思创办德大纱厂，又相继与陈悦周等合作筹办恒大纱厂于杨思镇之南街。

川沙城厢镇，明代称八团镇，多盐商，自清嘉庆十五年（1810）设川沙抚民厅，及1912年改厅为县，城厢镇均为治所。道光年间同知何士祁说："五步之内，必生芝草，不敢谓海滨一隅，文教可缓。"创办观澜书院培育人材。曾不多时，即英才辈出，尤以沈氏父子为著。黄炎培曾说："问川沙近百年文化中心，必推我姑丈沈肖韵先生家。"沈肖韵的父亲沈树镛（1832—1873），字韵初。咸丰九年（1859）由优廪中举，官内阁中书，博学能文，精鉴赏，为清季杰出的碑版学家。酷嗜秘籍、书画、金石，尤以碑帖为最，收藏极丰，有"富甲东南"之誉。沈肖韵（1867—1902），六岁父殁，母吴太夫人延师授课，致力于书。潜研许氏《说文》，濡染家学，精于鉴别。工诗，与陈行秦氏兄弟结为文社，以朴学相切劘。能大篆，摹其舅吴大澂体，几可乱真。尝出榆关，佐吴大澂戎幕。尤功而返，绝意进取。时洋布盛行，四乡土布滞销，纺工之利被夺。光绪二十六年（1900）于城中本宅开设经记毛巾厂，招收女工，传授技艺。驰名半个多世纪的"川沙毛巾"，沈氏实为首创。

黄炎培与沈家的关系十分密切，他在《八十年来》一书中写道："沈树镛和我父亲的母亲胞姊弟，又和我母亲的母亲是胞兄妹；沈肖韵是我的姑丈，又是我父亲一手教导出来的学生。""他家藏书最多，我一进城经常在他书斋里泛览群书。"黄炎培学问之广，根柢之深，与自幼在沈家读了不少书是分不开的。他二十四岁考入南洋公学特班，之前的青少年时代，大致俱在川沙城中度过。"长而驰驱海内外，不自度墨，辄思于国于群，稍稍有以自效，对我乡川沙，虽尝数度眼劳，类皆月计有余，年计不足。此外，仅岁时归省，供里老咨询。"（《川沙县志·导言》）黄炎培是浦东学派后期代表，从一个旧民主主义者，转到新民主主义者立场，一直到新中国成立后的社会主义，是浦东学派中杰出典范。川沙城内，与黄炎培先后同时的师友，有陆炳麟、陆家骥、张伯初等。陆炳麟父问梅（1834—1896）号雪香，幼承庭训，嗜读能文。其学远规庐陵，近法桐城。从学者"游庠食饩，易如拾芥，执贽门墙者，羔雁成群"，是一个有名的教育家。炳麟（1857—1938），字蘅汀。同治十二年（1874）入府学。一生从事教育及地方公益。熟悉地方掌故，黄炎培谓之"川沙之活字典"。善诗古文，著《片石山房诗文稿》《铁沙寿芹录》《锡百集》等，子培荣、培亮，皆世其学。培荣（1884—1961）庠生。民国时，曾任上海学务委员，长期从事教育，工书善诗。书法何子贞。著《樵翁诗存》，建国后受聘为上海文史馆馆员。培亮（1888—1969）字叔昂，龙门师范毕业，给奖师范科员，加训导。1912年，任川沙县视学，次年秋任川沙县立高等小学校校长。后随黄炎培、江问渔从事职业教育及农村改进会工作。著《川沙县教育状况》《民国六年上海三区教育概况》《徐公桥乡村改进会情况》《川沙乡土志》。陆家骥（1863—1939）字逸如，与黄炎培、张伯初在川沙共创新学，劝乡人杨斯盛斥资办浦东中学。光绪三十四年（1908），任川沙厅自治筹备公司。民国初年在钦公塘东设农业试验场。张伯初（1879—1963），原名志鹤，又名舫梅。光绪二十九年（1903）与黄炎培陷南汇县党狱案，一度亡命日本。宣统二年（1911），任川沙抚民视学员，兼劝学所总董。民国初年，在江苏省行政公署任教育行政。回川沙后任劝学所长、教育局长等职，主持川沙教育十四年，为扩充教育经费、集资建造学校，尽心竭力。川沙教育事业之创始，大半出其手，长期任浦东同乡会理事、会务主任等。黄炎培概其一生，谓："以清正廉介者。"著有《我生七十自白》《续自白》《劫余录》等。六十岁后始作诗，结其集名《晚嘤集》。

简短的结论

浦东在我国辽阔的疆域中，是一块比较年轻的土地，唐代以前，人文未兴，尚无著名人物。宋元以后，这块枕江濒海的丰饶土地上，盐业、植棉业、纺织业相继隆盛，遂渐成为我国东南沿海富庶之区。至于近代，隔浦以西，成为世界商埠，浦东农村经济，也端赖有所发展。随着浦东经济的日渐发展，文化事业亦步亦趋。宋元战乱，由于黄浦之为屏障，各地文人避兵至浦东的，往往而是，此地逐渐成为一方人文渊薮，浦东学派由此胎动。关于浦东的人才，黄炎培先生在《浦东同乡会宣言》中有集中的表述："请更言浦左之人才，将军故垒，名士园林，里乘所书，不可问已。请言近百年来，或以学术，或以事功，有大贡献吾国家、吾社会者，学者如张啸山（文虎，南汇），经学、小学、史学、校勘学，乃至词曲、音律无所不通，为清季一方朴学大师。算学如顾尚之（观光，金山），天文如贾步纬（南汇），经学如于香草（鬯，南汇），金石如沈韵初、肖韵父子（树镛、毓庆，川沙），皆其荦荦大者，余不胜举。海通以来，兴新政、倡新学，则有名手创招商局之朱云甫（其昂，宝山），浦东最先兴学之顾旬侯（忠宣，南汇），毁家创建浦东中学之杨锦春（斯盛，川沙），而负有一方重望，凡于国家、于地方有重大兴革无不身为之倡，至不能以事名，人仰之如泰山，归之如流水，则若秦温毅（荣光，上海）、李通敏（钟珏，上海），而李通敏尤于辛亥革命有奇功，其德深入人心而不可没。此皆为我浦左先贤，昭示后人，自立立人之矩范者也。"以上浦东的人物，在黄炎培《述百年浦东学派》长诗中，大都被提到，这段文字，可以视作为对浦东学派历史功绩的简要评述。

时至目前，浦东学派绝少为人所知，其中原因，是见怪不怪的。《中庸》说："君子之道，暗然而日章。"南明王船山、朱舜水，在当时本地也无影响，而几百年后，竟成为有世界影响的人物。浦东学派的学术和实践活动，前后足足一百年。在这百年之中，并无有人对此作过总结。直到1941年6月20日，黄炎培先生为纪念秦锡田逝世所写的长诗中，最早提出浦东学派。这首长诗，有很长的诗题："述百年来浦东学派悼秦文砚畦（锡田）兼示顾冰一（次英）、奚挺筠（世干）、张伯初（志鹤）、沈湘之（锜）、秦翰才、姚惠泉、顾向文诸子及济业家兄（洪培）、孟超佺。"早在黄炎培之先，清代学者缪荃孙等对学派的主要人物，有极高的评价。他在《州判衔候选训导张先生墓志铭》中谓张文虎："东南诸老，首推潜研；先生继之，名满垓埏。"把张文虎与乾嘉学派史学大家钱大昕相提并论。缪荃孙在《于香草墓志铭》中，认为于邔的成就，是同时之人很难相比的："世有通人，当无河汉。"至于秦氏父子的成就，黄炎培在长诗中说："世尊秦氏学，非徒文采丰，周心泽邦国，经济罗心胸。"至于黄炎培本人的经济学问，当其年轻之时，已使江苏提学使毛庆藩惊讶不已。他一生最为杰出的贡献，是在我国创导职业教育的理论与其实践活动。他能诗善文，勤于笔耕，著作等身，一生中写下了近百种书，在浦东学派中，他的成就是最高的。顾尚之，贾步纬等著名科学家，在天文历算方面有突出的成就。浦东学派中有成就的不下几十人，留下的著作有几百种之多，梁启超在《中国近三百年学术史》中，将为他称道的"乾嘉学派"，归纳为十三个方面的成就：一经书笺释，二史料搜补鉴别，三辨伪书，四辑佚书，五校勘，六文字训诂，七音韵，八教学，九地理，十金石，十一方志编纂，十二类书编纂，十三丛书之校刻。试以浦东学派诸人撰作和所辑所编加以比较，几乎无一缺漏，或有过之，功也不在其下。

　　浦东学派诸人在为地方兴利除弊，提倡实业，发展经济方面作出了各种努力，早在二十世纪初，就已启动了浦东走向近代化的步伐。他们的思想和活动，无疑是早期浦东开发的发行者，由此更加雄辩地证明，当前国家决定开放、开发浦东，是英明的决策和历史的必然选择。当前研究浦东学派的理论和实践，可以从中吸取必要的历史经验，从而使开发浦东、开放浦东的步子，迈得更加矫健，道路更加开广。

百年来的浦东学者

"歇浦一衣带，中外寰瀛通。其左蔚人文，百年学有宗"。1940年6月，著名教育家黄炎培先生为纪念浦东乡先辈秦锡田的逝世，以"述百年来浦东学派"为题，写了一首长诗。诗中对自十九世纪四十年代上海开埠后，至二十世纪三十年代近百年的浦东学派的渊源流变、所作贡献，及其代表人物，通过诗的讴咏和文字注解，作了周详揭示。浦东学派由周浦张文虎开辟于前，陈行秦氏父子奠定基石，川沙黄炎培等发挥于后，前后经过三四代人的努力，火播薪传，逐渐发展而最后孕成。

浦东在我国辽阔的版图中，是一块比较年轻的土地。唐代以前，人文未繁，宋元以后，这块枕江濒海的丰饶土地上，盐业、植棉业、手工纺织业相继隆盛，逐渐成为我国东南沿海富庶之区。至于近代，隔浦以西的上海市区，成为世界商埠，浦东的农村经济，也端赖有所发展。随着浦东经济的日渐发展，文化事业亦步亦趋。浦东著姓，大多为中原旧族。宋元战乱，由于黄浦江之为屏障，各地文人避兵至浦东，这里逐渐成为一方人文渊薮。尤其近百年来，浦东土地上，出现了不少杰出的人才。1931年，由黄炎培起草的《浦东同乡会宣言》对此有集中的表述：

> 请更言浦左之人才，将军故垒，名士园林，里乘所书，不可

问已。请言近百年来，或以学术，或以事功，有大贡献吾国家、吾社会者，学者如张啸山（文虎，南汇），经学、小学、史学、校勘学，乃至词曲、音律无所不通，为清季一方朴学大师。算学如顾尚之（观光，金山），天文如贾步纬（南汇），经学如于香草（鬯，南汇），金石如沈韵初、肖韵父子（树镛、毓庆，川沙），皆其荦荦大者，余不胜举。海通以来，兴新政，倡新学，则有名手创招商局之朱云甫（其昂，宝山），浦东最先兴学之顾旬侯（忠宣，南汇），毁家创建浦东中学之杨锦春（斯盛，川沙），而负有一方重望，凡于国家、于地方有重大兴革无不身为之倡。至不能以事名，人仰之如泰山，归之如流水，则若秦温毅（荣光，上海），李通敏（钟珏，上海），而李通敏尤于辛亥革命有奇功，其德深入人心而不可没。此皆为我浦左先贤，昭示后人，自立立人之矩范者也。

这段《宣言》中所提到的大部分是浦东学派中的主要学者。这个学派共有著述三百余种，涉及的领域十分广泛。梁启超在《中国近三百年学术史》中，将为他称道的"乾嘉学派"，归纳为十三个方面的成就，有：经书笺释、史料蒐补鉴别、辨伪书、辑佚书、校勘、文字训诂、音韵、算学、地理、金石、方志编纂、类书编纂、丛书校刻等。试将浦东学派诸人的撰作和所辑、所编加以比较，有过之无不及。近代著名学者缪荃孙就早已认为浦东学派是"乾嘉学派"的继续。

这个学派和别的学派有一个显著的区别是提倡实学和注重实践。对于处在封建王朝末世的浦东学派，他们以为欲救危亡的中国，出路只有讲求实用之学，他们中的许多人，身怀绝技，欲报效国家、社会。张文虎精于算术，英国艾约瑟·伟烈亚力曾造庐与之质疑，叹为非其国专家所能及。贾步纬（1840—1903），浦东周浦镇人，尝师事海宁李善兰，复从伟烈亚力游，研究微分、积分、椭圆、地动、代数、对数之术。南海冯峻光总办江南制造局，延之译《航海通书》，并兼任广方言馆总教习。进士出身的朱紫绶，弃官后购书积十万卷，他说：“学问文章必从经史出，方有实用。”教授邑中子弟实学，又筹款购中西书数万卷，使有志之士皆趋实学，凡此等等，以及秦荣光的以教育改用新法，为救时良药，秦锡田的以“切实致用”为其兴学宗旨，直至黄炎培的“职工教育”，莫不都是进步的主张。处于中国近现代激烈变革时期的浦东学派，提出种种主张，并努力期以实现。秦荣光总结其一生经验时说：“学贵实践，不尚空言。”秦锡田在《浦东中学校杂志序》中说：“近世士大夫高谈性命，弋取功名，甚至侈称四万万同胞，而兄弟手足视为陌路，见小利且下石焉。呜呼，大言不惭之也难，空言曷足贵！”他们作为地方绅士，面对当时政治腐败，无回天之力，而从清末所发布的关于地方自治的法令入手，致力于地方的各项改革。蒙古喀喇沁亲王《秦温毅先生事略》中评论秦荣光时说：“沈毅多远略，不获大施，则思小试于一乡。”秦锡田也说；“且夫士君子之行事也，大则为天下计，小亦为一乡计，而不可为一身一家之私计，远则为千百世计，近亦为数十百年计，而不当为一时之短计。”（《徐文定公论》）出生浦东高桥的李平书（1854—1927），善于“审察情势以为进止”。在外地和上海任地方官时俱以爱国主义思想行动称著于众，清光绪十九至二十五年（1893—1899）间，曾先后署广东陆丰、新宁、遂溪等地知县，所至之处，致力创教育，清厘卡、杜械斗、禁赌禁娼，改良社会风气。在遂宁时，支持民众反对法国殖民主义者侵占广州湾的斗争，为洋务大臣张之洞所激赏；延之入幕，多所建树。二十九年（1903），任江南机器制造局提调。三十一年（1905），任上海城厢内外总工程局总董，开展上海地方自治。是年，他创建了浦东同人会（后改为浦东同乡会），作为奉贤、南汇、川沙、宝山、上海五县人士之团体机关，他有鉴于浦西的租界成为殖民主义"国中之国"，遂在浦东力争主权，"着眼于外力之抵御，禁止浦东地转洋商道契"（《浦东同乡会宣言》），创办《浦东报》，为启发民智，广造舆论。著名教育家黄炎培，他的一生，充满爱国业绩，他献身于教育事业，是"教育救国"思想的体现。"九一八"事变后，为了国事，以一人联络各界，以一身当万分繁难的事务，他无一时、无一刻忘却和停止救国行动。有时发为诗歌，于极度悲愤沉郁中，寓发扬蹈厉之气。编印《救国通讯》（后改《国讯》）以通各方声气。抗战时期，他还积极进行救济工作。后至武汉、成都等地，任国防参议会参议员、国民参政会参政员。民国十三年，浦东同人会经改选，黄炎培任董事长，步武李平书，力争浦东利权，在他起草的《浦东旅沪同乡会宣言》中大声疾呼："请看黄浦江中，林立之帆樯，所悬者何国之国徽乎？浦东沿岸撑天之大厦、经营工商业者，何国之国人乎？洋商购地遍于沿浦矣。""吾浦东者，本不欲为浦东之浦东以自划，奈何求为中国人之浦东而几乎不可得也。"

浦东学派为上海和浦东的近代化，前仆后继，不断提倡和振兴地方实业，出现了不少著名人物。如朱其昂（？—1878），浦东高桥人。他是推进我国和上海近代化的先驱者，咸同年间承办海运，李鸿章创轮船招商局，他任总办，收买美金亨敦码头（后改名金利源），与英国怡和、太古两公司订立三公司合同。同治十三年（1874）又购法新金山、日本长崎等处码头，备商轮停泊。光绪四年（1878），朱其昂逝世，其弟其诒（字翼甫），继办招商局。又有从弟其懿（字叔彝）帮办。朱氏兄弟又曾在河北、天津、江苏、湖南等地创办机器制面、矿务、电报等。朱其懿又继承其诒，历办淞沪铁路等。高桥李平书在主持上海地方自治期间，成立救火联合会，创建中国品物陈列所、南市上海医院；有鉴于上海租界市政建设之日新月异，辛亥光复后，拆除旧城，筑电车轨道，成立南市电车公司，使上海城厢地区的市政面貌，有很大的改观。

在浦东，除沿浦一带外，大部分为农田，农业以棉、稻为主，需改良种植，办试验农场，浦东穆氏兄弟（穆湘瑶、穆湘玥），联合浦东朱日宣等，在这方面有很大作为，他们三人为代表，是浦东学派中的实干家。1917年10月，奉部令在高行乡琵琶湾建苗圃，由朱日宣筹办，圃址三十余亩，植林木、果树及花树，并在西偏开鱼池、菱塘，植红白荷蕖。1919年，上海奉省令等设立农场，照省领办法创试验场，推农学硕士穆藕初为主任，在三林今南积寺设三林农场，占地四十亩。从试种美棉入手。1920年，在杨思乡设立农场。1921年，农场与东南大学农科合办育种场三十亩。与此在杨思乡五图，沿杨淄溇，设东大蔬菜农场，租地二百余亩，依西法专种自外国引进之蔬菜、瓜果，收获独早，为市上时鲜之最，租界菜果之需，有以赖之。

开辟交通，为发展经济之首要条件。清宣统元年（1909），浦东同人会首领李平书，筹划在浦东建筑沪金铁路，计划中的这条铁路由浦东杨家渡起，沿浦东抵近东海的川沙钦公塘，再沿塘向南入南汇境，折入奉贤县境，止于金山县境之白沙湾。建筑这条铁路的目的是："保运输之权利，图沿海实业之振兴。"限于当时地方财力，此举未成。1913年，朱日宣领导开设浦江轮渡，在黄浦东岸设立码头，自东沟经庆宁寺、西渡，至上海外滩，为沟通黄浦江两岸，利用近代化交通工具之首创。1921年，穆湘瑶与南汇县朱祥绂合组上南交通事务局，修筑上南县道，自浦东周家渡浦滩起，南经杨思桥、三林塘，达周浦为第一段；由周浦向南至航头折东至新场为第二段；由新场至大团为第三段。1922年6月，至周浦段竣工，9月行车。1924年冬，改用铁道，称上南铁路。1925年春，与浦江轮渡相衔接。在兴筑上南铁路同时，1921年，黄炎培等邀同上海浦东塘工善后局董事朱日宣筑上川县道。1922年2月开工，后仿"上南"例改敷铁轨。1925年10月，庆宁寺至龚家路一段先竣工通车。1936年展至川沙，又次年展至南汇祝桥，全长33.5公里，这两条交通铁路，是当时浦东地区交通大动脉，为沟通城乡物资，发展浦东地方经济，发挥了极为重要的作用。

浦东学派诸人，在为地方兴利除弊，提倡实业，发展经济方面，作出了各种努力，早在二十世纪初，就启动了浦东走向近代化的步伐。他们的思想和活动，无疑是早期浦东开发的先行者，也由此雄辩地证明，当前国务院决定开发、开放浦东是英明的决策，是历史的必然的选择。浦东学派的广阔的学术领域及其深刻思想内涵，是他们为我们留下的一大宗精神财富，值得我们探讨和进一步挖掘。当前研究浦东学派的学术理论和他们的实践活动，可以从中吸取必要的历史经验，从而使开发浦东、开放浦东的步子，迈得更加矫健，道路更加开广。

（原载《上海地方志》1993年第6期）

再论黄炎培与百年浦东学派

　　1940年6月，黄炎培先生，为纪念浦东乡先辈秦锡田的逝世，以"述百年来浦东学派"为题，写了一首长诗。这首长诗，对自十九世纪四十年代上海开埠，至二十世纪三十年代近百年的浦东学派的渊源演变、所作贡献，及其代表人物，通过诗的讴咏和文字注解，作了周详揭示。浦东学派由周浦张文虎开辟于前，陈行秦氏父子奠定基石，川沙黄炎培等发挥于后。前后经过三四代人的努力，火播薪传，逐渐发展而最后孕成。从黄炎培先生在他的长诗中提出"浦东学派"，至今已半个世纪过去了，无论在学术界，或学术界之外，似乎没有人理会"浦东学派"，黄炎培先生这首诗也很快被人忽略。1992年后，我开始在有的学术会议上提出研究浦东学派，但响应者寥寥。我据个人的认识和初步研究，多次介绍浦东学派以及其中包括黄炎培先生等在内的几个重要人物，但仍然不能令人置信，只是有一些学者说，"不管怎么样，这些人值得研究"。

　　一次学术会议上，我提交了"论浦东学派"的论文，论文经过评审，意见是题目改成《论浦东学人》，文章中不要出现"浦东学派"等字样。近年来，我仍根据自己占有的资料，研究"浦东学派"，以《黄炎培与浦东学派》为题，写成约二十万字的书稿，并且将进一步的修改。这次我借参加黄炎培学术思想讨论会之际，再次申述我的命题，就正于海内大方之家。

"浦东学派"鲜为人知的客观原因很多，比如近代上海社会的历史舞台在市中心，有全国以至世界影响的人物云集于此。相比之下，处于农村地位的浦东所发生的人物、事件及其思想活动，就不怎么起眼了。又因为浦东学派中许多学者，他们著述多数流传不多、不广，以至学术界也少有知者，即使对有些人有了解，但也没有从"浦东学派"的群体加以观察。《中庸》说"君子之道，暗然而日章"，一个有成就的学者，一个学派，可能一时不为人所知，历史上不乏其例。明末大学者王船山、朱舜水，在当时和当地也无影响，而几百年后，竟成为有世界影响的人物。当前，党中央国务院开发开放浦东的伟大战略决策，处于逐步深入实施的过程中，浦东开发的目标是将浦东新区建设成为世界一流的现代化国际化大都市新城区，成为未来新上海发展的象征，为了这个目标，必须借鉴我国社会主义建设和世界各国经济建设成功的经验，而从这块土地上所产生的"浦东学派"思想宝库中汲取有益的养料，也是不无意义的。

以下就我对"浦东学派"见闻所及，再作些介绍。

一、继"乾嘉"之后的一大学派

在我国辽阔的版图中，浦东是一块比较年轻的土地。唐代之前，人文未繁，宋元以后，在这块枕江濒海的丰饶土地上，盐业、种植业、手工纺织业相继隆盛，逐渐成为我国东南沿海富庶之区。至于近代，隔浦以西的上海市区，成为世界商埠。浦东的农村经济，也端赖有所发展。随着浦东经济的日渐发展，文化事业亦步亦趋。浦东著姓，大多为中原旧族，宋元战乱，由于黄浦之为屏障，各地文人避兵至浦东的往往而是，逐渐成为一方人文渊薮。特别在一百多年来，浦东出现了不少杰出的人才。黄炎培先生对浦东的人才，曾经作出概括：

> 请更言浦左之人才，将军故垒，名士园林，里乘所书，不可问己。请言近百年来，或以学术，或以事功，有大贡献吾国家、吾社会者，学者如张啸山（文虎，南汇），经学、小学、史学、校勘学，乃至词曲、音律无所不通，为清季一方朴学大师。算学如顾尚之（观光，金山），天文学如贾步纬（南汇），经学如于香草（鬯，南汇），金石如沈韵初、肖韵父子（树镛、毓庆，川沙），皆其荦荦大者，余不胜举。海通以来，兴新政、倡新学，则有名手创招商局之朱云甫（其昂，宝山），浦东最先兴学之顾旬侯（忠宣，南汇），毁家创建浦东中学之杨锦春（斯盛，川沙），而负有一方重望，凡于国家、于地方有重大兴革无不身为之倡。至不能以事名，人仰之如泰山，归之如流水，则若秦温毅（荣光，上海），李通敏（钟珏，上海），而李通敏尤于辛亥革命有奇功，其德深入人心而不可没。此皆为我浦左先贤，昭示后人，自立立人之矩范者也。

以上黄炎培先生所提到的大部分是浦东学派中的主要学者。至于黄炎培本人，是我国近代史上著名的社会活动家、教育家、伟大的爱国主义者。他才华横溢，还是杰出的诗人、书法家、演说家和旅行家。他著作等身，一生著作上百种，是"浦东学派"的提出者和总结者，是"浦东学派"中典型的代表。这个学派共有著述三百余种，涉及的领域十分广泛。

梁启超在《中国近三百年学术史》中，将为他称道的"乾嘉学派"，归纳为十三个方面的成就，有：经书笺释、史料搜补鉴别、辨伪书、辑佚书、校勘、文字训诂、音韵、算学、地理、金石、方志编纂、类书编纂、丛书校刻等。试将浦东学派诸人的撰作和所辑、所编，加以比较，是有过之而无不及的。近代著名学者缪荃孙就早已认为浦东学派是"乾嘉学派"的继续。他对"浦东学派"中张文虎和于香草有高度评价，在《州判衡候选训导张先生墓志铭》中说："东南诸老，首推潜研。先生继之，名满垓埏。"又《于香草墓志铭》中说，南汇于君香草，继乾嘉学派之后，"犹能勾沉拾烬。而卓然成大家，真豪杰之士哉"。

二、以提倡实学为救时良方

众所周知，迫于清初严酷的文网，"乾嘉学派"他们是"绝对不问政治"（梁启超语）的。和"乾嘉学派"不同，浦东学派有一个显著的特点是提倡实学，联系实际，注重实践，把研究学问与改造社会结合起来。处于封建末世的浦东学派，他们以为欲救危亡的中国，出路只有讲求实用之学。学派中的许多人，身怀绝技，欲报效国家、社会。贾步纬（1840—1903），浦东周浦镇人，尝师事海宁李善兰，复从伟烈亚力游，研究微分、积分、椭圆、地动、代数、对数之术。江南制造局总办，请他翻译《航海通书》并请兼任广方言馆总教习。进士出身的朱紫绶，不愿做官，回乡购书积十万卷，教授浦东子弟以实学，他说，"学问文章必从经史出，方有实用"，他又筹款购中西书数万卷，使有志之士皆趋实学。此后浦东学派中许多人，皆以提倡教育，造就有真才实学的人才为目标。秦荣光的以教育改用新法"为救时良药"。秦锡田也以"切实致用"为其兴学宗旨。黄炎培"职业教育",以"实业救国"为其思想础基,而在全国范围内推行,产生了积极的影响。

处于中国近现代社会激烈变革时期的浦东学派,他们殚精竭虑,提出了种种主张,并努力期以实现,"近世士大夫高谈性命,弋取功名,甚者侈称四万万同胞,而兄弟手足视为陌路,见小利且下石焉。呜呼,大言不惭之也难,空言何足贵!"以地方绅士为代表的"浦东学派",面对当时政治腐败,无回天之力,只能从清末所发布的关于地方自治的法令入手,致力于地方的各项改革,"不获大施,则思小试于一乡。""且夫士君子之行事也,大则为天下计,小亦为一乡计,而不可为一身一家之私计,远则为千百世计,近亦为数十百年计,而不当为一时之短计。"

出生浦东高桥的李平书(1854—1927),他善于"审察情势以为进止",历任江南机器制造局提调、上海城厢内外总工程局总董,积极开展上海地方自治,卓有成效。他创建了浦东同人会(后改为浦东同乡会),谋求浦东地方的建设事业。黄炎培先生的一生,充满爱国业绩,他大半生精力,都献身于我国教育事业,是"教育救国"思想的体现。"九一八"事变后,以一人联络各界,以一身当万分繁难的事务,他无一时、无一刻忘却和停止救国行动。抗战初期,他还积极进行救济工作。后至武汉、成都等地,任国防参议员、国民参政会参政员。民国十三年,担任浦东同人会董事长,为开发和振兴浦东不遗余力。

三、浦东开发的先行者

以上说过"浦东学派"与别的学派不同之处，在于把理想变为现实，他们为上海和浦东的近代化，前赴后继，不断提倡和振兴地方实业，出现了不少著名人物。如朱其昂（？—1878），他是推进我国和上海近代化的先驱者。咸（丰）同（治）间承办海运，1872年任轮船招商局总办，收买美金享敦码头（后改名金利源），与英国怡和、太古两公司订立三公司合同。同治十三年（1874）又购法新金山、日本长崎等处码头，备商轮停泊。秦荣光的一生，对浦东的社会改革和地方建设，作出了重要贡献。同光之际，内政窳败，外力乘虚侵入。于是，朝野士大夫，厘为两派，一派保守，一派激进，前者皆老师宿儒，后者多新进，新进者倡改革，秦荣光先生眼光不拘拘于陈编，不规规于流俗，尽破新旧之成见，以明通正确之理解，判别是非，领导潮流。黄炎培1919年在《养真堂文钞》序中对秦荣光所作的贡献，有很高的评价："三十年来，无一日不在新旧两思潮之冲突中，而其所蒙之影响，有祸有福，其改进也有迟有速，皆其地一二人为之也！温毅先生非其人欤？试读其文，凡所为罢科举、兴学校、禁鸦片、戒缠足、筑路、开矿、裁厘金、兴银行、改金币、务农重工，在今日皆为是非已定之问题，读者须知，此为二三十年以前之文，作者为当时高年硕德之乡先生也。"又如李平书在主持上海地方自治期间，成立救火联合会，创建中国品物陈列所、南市上海医院；有鉴于上海租界市政建设之日新月异，辛亥光复后，拆除旧城，筑电车轨道，成立南市电车公司，使上海城厢地区的市政面貌有很大的改观。李平书在上海以至于在我国近代史上的历史作用，越来越被学术界所重视。

"浦东学派"诸人不仅在我国及上海近代化方面作出贡献，他们的思想和行为体现出高度爱国主义思想。他们的爱国主义首先从他们的爱乡爱土、振兴家乡、开发浦东的业绩上体现出来。以黄炎培等浦东士绅为代表的浦东学派，他们在长期的实践中得出经验，要救国，振兴家乡必须花费很大的力量，个人的行为能力是有限的，必须集结团体的力量，纯学术的空谈也无济于事。他们组建和参与的浦东同乡会，在早期的浦东开发过程中发挥了十分显著的成绩，我在《浦东同乡会与浦东的早期开发》一文中已有较详的论述，这里不作较全面的介绍，仅略举之：一是浦东这块宝地，历史上洋人觊觎已久。殖民主义者在浦西开辟租界的同时，在浦东沿黄浦江一侧，抢占岸线，建了很多货栈、驳岸。这一形势，引起了浦东人的深切忧虑。"请看黄浦江中林立之帆樯，所悬者，何国之国徽？浦东沿岸撑天大厦，经营工商业于中者，何国之国人乎？洋商购地，遍于沿浦矣。"不仅为此，殖民者的欲壑难平，其势力进一步向浦东腹地深入，日本轮船公司船只驶进浦东内河，夺取航利。美、英、日各国棉商进入浦东农村收购棉花，夺取商业利润。甚至把浦东全境电车网，列入某国的计划，这表明了一个事实："上南川沿海敷设电车轨之日，即上南川三县主权剥落之始。""我浦东者，本不欲为浦东之浦东以自划，奈何求为中国人之浦东而几乎不可得也。"为了保全浦东的权利，地方人士面对殖民主义的侵略进行了坚决抵制，反对浦东土地转为洋商"道契"，用建立"浦东特别区"等方法、措施，保全了浦东土地，而没有像浦西的"租界"那样沦为外国殖民势力的"国中之国"。这是浦东绅士的功绩，也与浦东学人的努力分不开的。二是开辟交通。此为发展经济之首要条件。清宣统元年（1909），浦东同人会首领李平书，筹划在浦东建筑沪金铁路，计划中的这条铁路由浦东杨家渡起，沿浦东抵近东海的川沙钦公塘，再沿塘向南入南汇境，折入奉贤县境，止于金山县境之白沙湾。建筑这条铁路的目的是："保运输之权利，图沿海实业之振兴。"限于当时地方财力，此举中辍。1912年，朱日宣领导开设浦江轮渡，在黄浦江东岸设立码头，自东沟经庆宁寺、西渡，至上海外滩，为沟通黄浦江两岸利用近代化交通工具之首创。1921年，穆湘瑶与南汇县朱祥绂合组上南交通事务局，修筑上南县道，自浦东周家渡浦滩起，南经杨思桥、三林塘，达周浦为第一段；由周浦向南至航头折东至新场为第二段；由新场至大团为第三段。1922年6月，至周浦段工竣，9月行车。次年冬，改用铁道，称上南铁路。1925年春，与浦东轮渡相衔接。在兴筑上南铁路同时，1921年，黄炎培等邀同上海浦东塘工善后局董事朱日宣筑上川县道。1922年2月开工，后仿"上南"例改铺铁轨。1925年10月，庆宁寺至龚家路一段先竣工通车。1936年展至川沙，又次年展至南汇祝桥，全长33.5公里，这两条交通铁路，是当时浦东地区交通大动脉，为沟通城乡物资，发展浦东地方经济，发挥了极为重要的作用。这两条铁路，按照规划，再加延伸后在南汇县境内环接起来，由于国家和地方多事，未能实现。

浦东学派诸人，在为地方兴利除弊，提倡实业，发展经济方面，作出了各种努力，早在二十世纪初，就启动了浦东走向现代化的步伐。他们的思想和活动，无疑是早期浦东开发的先行者；由此也雄辩地证明，当前国务院决定开放、开发浦东是英明的决策，是历史的必然选择。浦东学派的广阔的学术领域及其深刻思想内涵，是他们为我们留下的一大宗精神财富，值得我们探讨和进一步挖掘。

（原载《黄炎培研究文集》，四川人民出版社1997年出版）

地 方 志 书

略谈黄炎培与《川沙县志》

黄炎培是中国近代有名的教育家，又是著名的政治活动家，由他主纂的《川沙县志》（下称《黄志》），是民国年间方志著作的翘楚，较之过去的旧志，无论从思想内容，以至编写体例等方面，都有新突破。

川沙是黄炎培的故乡，现仅就我们所知，对《黄志》作一简要剖析。

黄炎培，字任之，号抱一。1878年10月1日生于川沙县高行镇。1882年随母寄养外祖父孟荫余家，后入私塾读书。1899年应松江乡试中举。1901年考入南洋公学学习新学。1903年被陷南汇"党狱案"亡命日本，回国后，1905年由蔡元培介绍入中国同盟会。江苏独立后，在江苏都督府工作，开始从事教育事业。1915年到1917年先后去美国、南洋、日本考察，回国后致力职业教育。"五四"运动后曾结识陈独秀、李大钊等共产党人，"四一二"蒋介石背叛革命后，以"学阀"为名，黄炎培等受到通缉。1931年"九一八"事变后。他投身于抗日救亡运动。1945年访问延安，写成《延安归来》一书，揭穿了国民党对共产党的造谣诬蔑，增强了国统区人民对我党的了解。1945年后与胡厥文等创建了中国民主建国会。1949年初赴北京参与新政协的筹备工作。1949年9月第一次中国人民政治协商会议上被选为政务院副总理,以后又被选为全国人大常委会副委员长等职,直到1965年12月21日病逝,享年八十七岁。

黄任老出于桑梓情深,对于故乡川沙,历来关心备至。1915年他在江苏任教育总长期间被聘为《川沙县志》主纂。现在谈谈黄任老主纂的《川沙县志》情况以及我们的粗浅看法。

一、《黄志》编修的历史背景及过程

川沙有史,从明嘉靖三十六年(1557)筑城备倭起。川沙有志,始于清道光年间何士祁主纂的《川沙抚民厅志》。到光绪五年(1879),又有陈方瀛编修的《川沙厅志》。至《黄志》修成,距前志又有五十多年时间,"其间鼎祚已迁。政制屡易,而本邑亦由厅改县,政治人事,所更非一,邑志需增待补者,至繁且亟"(方鸿铠《川沙县志序》)。《黄志》的编纂,是迫于当时形势的需要,是在复杂的国内外历史背景下,川沙本身也发生了一系列重大变革,在几度波折,前后经过二十多年时间修成的。

下面结合修志过程,谈谈当时的历史背景。

《黄志》的编纂,前后有三次波折:

第一次,1913年至1919年。1911年辛亥革命后,川沙"光复",由厅改县。民国二年,川沙缙绅陆炳麟(字蘅汀)倡议修川沙县志,得到当时县知事方仰儒(字鸿铠)的赞许,拨款筹备修志事宜。次年(1914),县知事李彦铭委任陆炳麟为修志局长。1915年,黄炎培被聘为主纂，张伯初被聘为协纂，组成修志班子。制定规划，分职进行。经过一年多时间的努力，到1916年冬天，把稿子集中了起来，准备编纂。但在这时，国际上接连发生了好些个重大事件，如第一次世界大战的发生，1917年列宁领导了俄国十月革命。第一次世界大战，中国是战胜国，但由于北洋政府奉行屈辱外交，在1919年春天召开的"巴黎和会"上，中国反而成为帝国主义列强宰割的对象。十月革命的影响和"巴黎和会"上中国外交的失败，在我国国内爆发了伟大的"五四"运动。"五四"运动的声势波及全国，川沙也不在例外。在这种形势下，编修人员就不可能安下心来编纂县志。加上在这段时间内主纂黄炎培先生正为"教育救国"的主张奔走呼号。1915年，他访美回来后，又相继去南洋、日本。他的主要精力在倡导职业教育。这是《川沙县志》第一次没有修成的主要原因。此外，还有一个原因是当时政府经济困难和编修人员各有公务。精力不集中，修志事业被耽搁，一时搜集的县志资料，也成了明日黄花，不敷实用。

《黄志》修纂的第二段过程始于1928年。这年冬天，修志人员再次集议，把第一次访稿翻出来，重加估核，发现了许多问题，一是材料不齐、不全，二是随着时间的推延，有许多事件急需增添。于是决定"改定门类"，"展长断限"。所谓"门类"，即目前我们所称的县志"纲目"。原来的"门类"，是陆炳麟在南汇召楼坐馆时同科秀才奚挺筠提供的。当时的"门类"我们目前还不清楚，改定的"门类"，就是目前我们看到的《黄志》的架子。时间断限，决定展长至1926年，这年是北洋政府告终之期。原来的县志下限我们也不清楚，但估计是以清皇朝被推翻为终限的。根据新的县志部署，同人们重加采访，并提出新的要求，即通过实地调查，取得第一手材料。但这一次，也由于"国难频仍、天灾迭见"而告吹。日本帝国主义不断进犯中国，制造了1931年的"九一八"事变和1932年在上海的"一·二八"事变。

第三次自1933年冬至1935年冬完稿。1933年冬黄炎培先生与张伯初等八九个人，借川沙城厢观澜小学（现城厢镇小学）涛园，关起门来，专心致志修志，突击了一个星期。当时参与修志的黄清士（黄炎培胞侄，现上海教育学院副研究员）先生回忆说，黄炎培先生面对纷繁的编纂工作，仔细"订出规划，有条不紊地次第处理，在短短六天里，把新志的编纂纲要大体拟定好"。黄炎培先生在紧张的工作中，不废吟咏，写下了《里居主修川沙县志聚父子弟宿观澜小学文熙堂水榭日课一诗得六首》，这些诗，都为修志感事而作，其中有"历劫金丝壁未灰，登堂一为笑颜开"及"艰难海曲求文献，家国愁肠日九回"等句。此后黄炎培先生又续借川沙真武台之连城别墅（今川沙县防疫站旧址），先生七次齐集编纂各员。黄炎培先生以大刀阔斧，厘定体裁，抉择资料，分纂诸人，各司其职。经过两年时间惨淡经营，于1935年宣告杀青，1936年由上海国光书局承印，翌年出版，共印两千部。《黄志》的修成，凡川沙六十年间"事物之变迁，文化之演讲，幸兹可观，明析经纬，巨细无遗，至表彰功德，阐扬治道，亦所以垂不朽耳"（王任民《川沙县志序》）。新中国成立后，《黄志》仍然发挥着重要作用，特别经过抗日战争及新中国成立后"十年内乱"两次劫难，我县历史文献大量散失，但《黄志》为我们保存了五六十年间的重要文献，是十分庆幸的，这尤其使我们新修川沙县志受惠无穷。

二、《黄志》的特色与成就

一部名著的成就与特色是多方面的，现据我们看法略述如下：

1. 有鲜明的地方特色

地方志没有地方特色，就不成其为方志。《黄志》有鲜明的地方特色。黄任老从川沙历史的全部进程和个别复杂现象的总体上把握了地方特色。

首先，在政治上把防备侵犯作为"惟一要政"。《黄志》详尽地记载明代以后倭寇经常骚扰海隅的史实。川沙当东海之洋山、马迹之冲，前明洪洼深阔，直达护塘，为倭寇出入潜藏之所，明嘉靖三十六年，江苏巡抚从里人乔镗、王潭之请，筑川沙堡城，以备倭寇。清乾隆二十四年（1759）设海防清军同知。明末清初，筑城设官，主要为防范海寇。川沙沿海设有许多烟墩，至今仍有大洪墩、青墩、十一墩之名。一道纵贯县境的运盐河，历史上被称作御寇河。川沙县境内曾发生过许多抗御倭寇的战事。历史如此，近几十年的历史也足以证实黄炎培先生的正确见解。《黄志》修成之日，正是日本帝国主义步步进逼中国之时。川沙白龙港外，日本军舰、飞机时时进犯川沙领域，当时川沙县长王任民在序中说："……寇势方长，证今考古，决政事之缓急，有恃此志。"

第二，在经济上，黄炎培先生分析川沙的经济特征是"地脊民穷"。清末民初，川沙疆域甚小，只有115平方公里，地处沿海一隅，其中一半土地在钦公塘外，都是盐碱地，不宜水稻，只能植棉，产量不高，农业收入很少，人民生活困苦。随着近百年来资本主义势力入侵，上海商埠的开发，清末新政的推行，在川沙兴办教育，开发民智，兴办实业，提高人民的物质、文化水平成为"根本要图"，又由于地少人多和邻近上海，川沙的泥、木工和缝纫等这些为大城市服务的行业特别发达。这些在《黄志》中都得到真实的反映。直到如今，川沙的"三刀一针"（泥刀、菜刀、剪刀、绣花针）仍是川沙的主要经济特征。

第三，在自然条件方面，黄炎培先生把川沙海塘视为川沙的"第二生命"。川沙历史上以耕植为生，但时值夏秋季节，往往受到台风、海潮的危害。《黄志》中详尽地记载了历来的灾情，"禾稼尽没"、"人畜漂没无算"等等凄惨景象，俱录诸笔端，由此，修筑海塘，成为川沙的第二"要政"，专管海塘，成为清军海防同知的又一要职。对于造福人民的事业，人民世代称颂，如清初南汇县知县钦琏在川沙境修筑外捍海塘一条，遂被称为"钦公塘"。光绪三十一年（1906）大潮为灾，沿海小圩塘冲毁，平地水高满丈，至钦公塘面而止，塘内居民安然无恙，故又被称为"命塘"。解放后，人民政府发动群众修了"人民塘"，成为防汛抗潮的第一坚固屏障，黄炎培先生大加赞赏，热情赋诗讴歌。

《黄志》中川沙地方特点，在全书各个章节中俱有记述。他的关于川沙方言记述，如非世居川沙，谙熟乡音者，是难膺其任的。

2. 内容上有所突破

旧志的一个突出的问题，是人民群众没有历史地位，他们的生产活动得不到反映。黄炎培先生出身农村，家境贫困，对于川沙人民的生活有深切的了解，他积极参与改革社会的实践，与人民群众有较密切的联系，因之群众的革命斗争与生产活动，《黄志》中得到一定程度的反映，人民群众的历史地位得到了较为公允的评价。

历史上劳动人民的反抗斗争，在《黄志》中也有反映：1891年的川沙民众罢市，1896年的横沙农民抗租活动等，对于太平天国、小刀会在川沙的活动，没有像他志那样诬为"洪逆"、"发匪"、"刘贼"。最能发人深思的是《大事年表》中关于孔思犯川沙的记述。清顺治二年（1645），"拜空教孔思，聚数千人，犯川沙城。提督李成栋统兵来剿"。在这条记述下面，引用一段文字作注，原文："是役，平民遭兵杀戮，妇女被掠，潜至舟中，及下令搜札，皆驱溺浦中，尸浮满浦。"清楚表明，杀人害民者不是"贼"类，而是剿匪的"天兵"，虽不明言而已言明，微言大义，真是春秋笔法。

《黄志》中，有较多的篇幅，反映资本主义在川沙萌芽的工业、农业、交通、邮电等实业。如在工业一门中记述了农村自然经济遭受资本主义经济渗入破产的情形："本境向以女工纺织土布为大宗。自洋纱盛行，纺工被夺，贫民所恃以为生计者，惟织工耳，嗣以手织之布，尺度既不甚适用，而其产量，更不能与机器厂家大量生产者为敌。"迫于当时形势，川沙逐有毛巾的倡制。至今驰名中外的"川沙毛巾"实发端于此时。此外有反映新学的《教育志》，反映近代文明的《卫生志》等，这些都是在旧志中不可能得到反映的。

《黄志》又一大特色和成就，是"观纳风谣"。

我国自汉武帝设立乐府采诗夜诵，至光武"广求民瘼，观纳风谣"（《后汉书·季郃传》），历代有采风之制，这完全是为了维护封建统治的需要，所谓"观风俗，知薄厚"而已，但歌谣是从来不登大雅之堂的。

《黄志》在《方俗志》中采集了《川沙民歌》九十首，这些歌谣，有的反映了人民生产活动；有反映遭受封建剥削、压迫的长工歌、穷人山歌，正是劳者歌其事，而饥者歌以苦。此外，有孤儿的呼告、寡妇的哭泣，读来令人酸鼻。也有反压迫的"杀赃官"、"杀鞑子"的篇章，读来令人奋起。还有天真无邪的儿歌，读之使人童心萌发，如此等等，不一而足，歌谣入志，专一篇章，是《黄志》以外的旧志所没有过的。

旧志中关于风俗的记述，只是记载岁时祭祀旧礼俗。《黄志》"川沙风俗漫谈"，记述了川沙衣、食、住、行、婚、丧、喜、庆等日常生活的风俗情况，而旨在移风易俗。如在"妆奁"的记述中，说："近则百物皆昂，而妆奁必求其盛，衣饰又极其华，力竭则与媒妁为难，向婿家要索。风俗之力，于斯为甚。推原其弊，缘邻近上海，渐染所习，实为体面二字所误尔。"时至今日，婚嫁中之弊俗犹未全革，此等议论，意义实是深远。

3. 体例上的继承与创新

清代方志学家章学诚认为"志乃史体"，地方志的体例，应遵守"史家法度"。黄炎培先生在体例上继承前人优良传统，而又有所创新。显著之点是"大事年表"、"概述"、"赘录"等设置。

黄炎培先生在《二十五史篇目表》一文中说："史之为用，纵横而已。同时异事，横读而察其系联；同事异时，纵读而识其进退。拘拘乎一事一时，史之用不彰，读史之趣亦莫获。"他在《导言》中说："史之为用，明因果而已。一般方志，偏于横剖，而缺乏纵贯，则因果之效不彰。"黄先生指出方志的一个共同性缺陷，就是缺乏纵贯，致不能揭示事物的规律性，给人看了一大堆材料，使人不得要领。《黄志》"大事年表"解决了方志中的这一缺陷。他十分肯定"大事年表"的作用，说："编方志必先定大事表，余主此甚坚！"《黄志》修成后，在民国初年担任县长的方鸿铠在他所作的序文中，对"大事年表"甚为赞赏，说："自兹以往，官于斯、生于斯，邑之掌故，考诸年表，可得而知也。"黄炎培先生在志书中开创"大事年表"的体例，这对方志学是一大贡献。

《黄志》体例上的另一大创举是"概述"的设置。"概述"的作用，使读者读了"概述"，进而浏览全文，其文繁者，可用志不纷；其文简者，可推阐有得。或竟不及读全文，也能大致了了。一部《川沙县志》八百页，六七十万言，如其全部读一遍，非花几天时间不可，而把二十四卷"概述"读一遍，大概用不了半天时间，这对于时间上"不及读全文"者，实在是极大的方便。

"概述"内容，分两个方面，一是说明大要，二是"阐明义例"史志著述中，每以议论为大忌的，《黄志》的"概述"中，"阐明义例"的论述占有重要部分。这些议论，各有分别，大致有：

一为定论。如"谷之属，本民食为天之义也"（《物产志》），"民政首要治安"（《警务志》），"财赋为国家要政"（《财赋志》）（《方俗志》）等等。

二为评论。如"信徒自由，著在约法"（《宗教志》）。"川沙僻处海滨，设治日浅，人文未盛"（《艺文志》）。"谱谍有两种价值，一以明民族之迁流，二以供优生学之考证，惜一般族谱，仅载父系而不及母系，故无论如何详确，其价值之最高度，也不能过百分之五十"。等等。

三为策论。仅举一例，以概其余。"古以藏富于民者为善政。富源出自天然，惟善施者能利而用之。利之所在，民皆乐趋，其所以自为谋，视政府之代谋，类更亲切而有效。善政者，只若干大实业，必须官为之，自余纵民自营，官取诸有余，以供国用外，平亭其利润，限制其争端足矣。"这分明是黄炎培先生关于在当时条件下搞活经济的精辟见解（论见《财赋志》）。

《黄志》中的议论，不仅在"概述"之中，在其余部分，也俯拾皆是。以上关于《川沙风俗谈》的引用，即是其例。我们以为，议论未必不能施之于志，只要运用确当，是完全可行的。这在史书中也并非没有，试看《史记》"太史公曰"及《汉书》"班固赞"，不是有许多议论吗？议论与写实是不相矛盾的，因为义理本身也是客观存在，若对此规避，反而失去真实。今天，我们要用马列主义、毛泽东思想为指导，坚持辩证唯物主义和历史唯物主义观点编修新志，也无妨有新的"义例"。有《黄志》为实例，我们作这样的主张，想必不会使人误解为编修的新志，要成为"史论"、"志论"的。

《黄志》在体例上的创新，不仅以上两端，其创新不是无源之水，无本之木，如《大事年表》是前人编年志，洪亮吉"大事表"、欧阳温公"长编"的改制，并取国内外大事供参考，是史体志法，志体史化。"概述"略如章学诚之"序例"，而"序例"只是内容提要，没有"阐明义例"。"赘录"则取法于杜佑《通典》。都不是照搬前人成法，在具体运用上有所创造，而达到青出于蓝而胜于蓝的境地。

三、《黄志》取得成就的原因

我县第一部县志，道光《川沙抚民厅志》是从南汇、上海县旧志中移植而成的，光绪《川沙厅志》在内容上较前志有所补充，体例也稍有完善，虽有当时大学问家俞曲园主纂，实是挂名，无甚特色。而《黄志》在浩瀚的志海中，有其光辉的异彩，探讨《黄志》成就的原因，对于当前编修新志是有重要意义的。

1. 实事求是的修志精神

一部县志的真实价值，在于是否能实事求是地反映一县的状况，《黄志》以"下笔行文，一从其实"为宗旨，黄任老说，"志乘取材，非可向壁，一部得自调查，而大部录诸档案"，一般旧志贪图省便，大部资料转抄旧志，因之无甚新意，黄炎培先生则重视档案资料的利用，"全书材料，大部录自档案，苟发见重要文件，全录以资参证"。清代方志学家章学诚认为，方志中资料部分，一是掌故，二是文征，所谓掌故，也即是档案资料。尤其可贵者，他们作了许多社会调查，黄炎培先生《民国十七年的川沙农民》一文，是对六十一个农户的周备调查，从而得出许多重要结论。他说八口之家，有十亩自耕田的收入才能过活，而租田者，则满三十亩才能抵十亩自耕田的收入（即三分之一），而田主分取了农户二十亩收入，即三分之二的利息。这一无可置辩的事实，与按马克思主义对农村的阶级分析，有甚相近之处。

实事求是精神的又一表现，不以门户为限，凡编纂者所不熟悉的材料，就请行家、专家审稿，参订或商订，使之合乎实际情况。志稿完成后，还公开举办展览，广征博取各方面的有益意见。

2. 修纂各员的才干

参与修纂《川沙县志》的各员，大多有较高的才干，他们又善于学习。据说当时修志局集中了许多方志名著，相互参研、取法乎上，在实践中不断增长才干，成为方志写作的高手。其中特别值得一提的是协纂张伯初，他出生于光绪五年（1879），是光绪二十二年南汇县学生员，曾随黄炎培先生从事教育改革事业，先后在上海《时事报馆》、同济大学浦东同乡会等处工作，解放后，受陈毅市长之请，任上海文史馆馆员，1963年1月14日逝世于上海，享年八十四岁。著有《我生七十年的自白》、《我生七十年后续自白》。与黄炎培、邵力子合译《支那中国史》，并有诗稿二百余首。1915年川沙设修志局，初受聘为访稿审查长，继为协纂，与黄炎培积极配合出力甚多，尤其初稿完成后，复阅润色工作，全由张伯初先生一人承担。因此黄任老说他费了许多"水磨功夫"。由于编纂组织周密，加上合理配当，编纂各员才力的发挥，各得其所。当时的川沙县知事和县长方鸿铠、李彦铭、李冷、王任民等，本身也都有一定的才学。能于风尘中简拔修志人才，使一方词赋名手，几度风云际会，这也是值得一书的。

3. 有丰富的实践经验

参与《黄志》编修各员，大多有丰富的社会实践经验，是川沙几十年间社会活动身体力行者。他们中间有的是在清末推行新政的积极参与者与头面人物，有的为反对清政府、光复川沙贡献了力量，或竭力提倡新学、兴办实业。他们的社会实践，顺应了时代的总趋势，合乎人群需要。陆炳麟（1857—1938）、陆逸如（1863—1938）等这些在当时深受众望的乡绅，他们对当时修志工作的贡献，深受黄炎培先生推重："命笔时，苟有疑义，必质之蓻、逸二老，五十年故实，烂熟胸中，二老其川沙之字典乎？匪惟字典，直是九通。"特别陆炳麟老先生，在同治十三年（1874）少年得中秀才，至1931年约六十周甲，举行"重游泮水"，品行学问，名著一方，著有《片山石房诗稿》三卷、《片山石房文稿》二卷、《铁沙寿芹录》等。编纂各员中，尤以从事教育者为多，且多为黄炎培先生教育救国论的信奉人，故《黄志》中《教育志》特为翔实。

当时川沙县长李冷，莅任于《黄志》总成之时，也常常亲临修志局，对修志工作也有很大推动。

4. 高瞻远瞩的见识和爱国主义的情操

黄炎培先生生当清末民初，正是我国旧民主主义革命兴起的年代。他从私塾读书起，不断受到当时具有资产阶级民主思想的姑夫沈肖韵的影响，又目睹清廷的腐败，立志改革社会。后来亡命日本，结识了革命党人。回国后又得到名教育家蔡元培的启发，成为教育救国论的倡导者与职业教育的活动家。以后又结识了共产党创始人陈独秀、李大钊，思想日趋进步。黄炎培及其修志各员志同道合，他们大都趋向进步，有共同的思想基础。

《黄志》修成于临近抗战时期，其时"一·二八"事件已经发生，在《兵防志》"赘录"中，载有县长李冷《沪变期内日本军舰飞机行动日记》，黄炎培对此不胜忧愤。他在《导言》中预言说："三百年前城以防倭，今城堕矣，而海氛又恶，国难方张，后此为我川沙谋者，农以养之，校以教之，苟不日讨邑人而伸儆，合力自卫，以卫国家，前明末叶之大患，何其能免，或且视前更烈也。"八年抗战，日寇侵华造成了中华民族历史上空前的劫难。这段话，我们今天读来，对于黄炎培先生的爱国主义情操，更是令人肃然起敬。

章学诚以为，地方志的成就，取决于修志人员的才、学、识，还必须有实事求是的"史德"。以上我们不难看出黄炎培及其修纂各员的才学识，是足以把志修好的主观条件。《黄志》修纂积二十余年之久，中因事故，旋辍旋续，卒抵于成，这是与黄炎培先生的坚韧精神分不开的。

当然，由于阶级与时代的局限，《黄志》也不是完善无缺的。黄炎培等人虽然趋向进步，但当时，他们站在资产阶级立场上，力图改革社会而不是为了建立新的社会制度，对于共产党领导的革命事业是不支持的，采取规避态度的。如曾与周总理、陈云同志共过事的林钧烈士及所开展的革命活动，而《黄志》中没有得到反映，此外，《黄志》中对于黄炎培、陆炳麟、张伯初等比较亲近的人，记述过多，有成为少数人的"家乘"、"族谱"之嫌。其间的论述，也大多带有阶级与时代的局限。尤其带有处于两大历史时期交替的特点。"自国人吸收世界文化，最近五十年间，恰为思想转变期。"（《人物志》概述）尚有节妇贞女的列传，凡此等等，是我们今天不能为贤者讳的。《黄志》基本上属于旧志，这是与我们当前在党的领导下用新的观点、新的材料、新的方法，编修新志是不能同日而语的。

以上，我们对《黄志》的分析，未必恰当，仅供阅读《黄志》者参酌。不当之处，务请指正。

（本文承沈敬之、黄清士、张春宇、陆修澄、陆镇邦、孟学贤等先生提供不少资料，谨表感谢！本文提纲与王听浩同志共同商订）

"奋我直笔"的史德
——"再谈黄炎培与《川沙县志》"之一

秉者直书，是史家历来遵循的原则，也是编修地方志所遵循的原则。《川沙县志导言》说："志乘取材，非可向壁，一部得自调查，而大部录诸档案。"由于《黄志》编纂遵循了实事求是的原则，"奋我直笔"、"绝无丝毫掩饰"，（《川沙县志导言》："本书奋我直笔……绝无丝毫掩饰于其间。"）为我们留下了一部一地之信史。

一、把握了川沙地方特色

地方志的真正价值在于是要具有地方特色。《黄志》对川沙地方特色有很好的把握。川沙特出之点是地处长江出口南侧，地势冲要，为前明以来海防要地，清乾隆二十四年在川沙城设海防清军同知，在近代史上，上海的外围战多发生在川沙。由于毗邻上海，上海的经济与社会风气能直接影响于此（参看拙文《略谈黄炎培与川沙县志》）。他认为川沙依托大上海，前景非常广阔，在他担任浦东同乡会董事长期间，他和他的同仁们（大多是川沙籍人），对浦东的开发皆作出种种设想，在先期开发方面作了应尽的努力。由于《黄志》能正确反映地情，对当前浦东开发仍有重要参考价值。

二、对当时的社会本质有深刻的分析

反映地方，必先认识地方。历来封建文人编纂的地方志，站在地主阶级的立场，对封建制度歌功颂德，粉饰太平，农民的实际情况得不到真切反映。而《黄志》与一般旧志不同，在一定程度上反映了当时川沙社会的矛盾，如税赋的苛重，使川沙人民不胜负担。清季自光绪初年减漕后，赋法虽未变化，而地方税捐有增无已。1912年，川沙全县税捐总额仅76575元，1926年达138880元，较民初增长几一倍。至1933年达245768元，较民初逾两倍之多。由于名目繁多，负担日重，"今后民力克胜与否，大意及已！"（见《川沙县志导言》）又如农民入不敷出，出路大成问题。《黄志》中附录了黄炎培于1928年对川沙农民状况调查报告。调查了六十一户农民，具体情况，详有数据。结论是：川沙农民每户十亩田，认真地种可以过活，而全县的田亩数，平均每户不到八亩，若租田，须种满三十亩，才等于自种十亩。每户十亩尚不足，何来三十亩呢?最后的结论：川沙农民，即使按照"三民主义"，实有耕者有其田，还是没有出路。这里他大胆地提出一个十分尖锐的问题："三民主义不能救中国"。再如对聘俗的针砭，在《风俗志》中，读到"婚嫁致贫"问题，指出"近来侈靡日甚，富厚之家，黄赤无足奇，聘金多至数十金，大张筵席；小康者竭力傚尤，贫户亦以朴陋自惭。娶妇者典贷无余，遗嫁者需索不厌，女子过门，质变殆尽，至甚之道，此其一端"，又说："近来百物皆昂，而妆奁必求甚盛，衣饰又极其华，力竭者，与媒妁为难，向婿家要索。风俗之刁，于斯为甚！推原其弊，缘邻近上海，渐染所及，实为体面二字所误尔。"

三、存真求实，资料丰富

一部地方志的质量高低，很大程度上取决于载录于书中的信息量的大小。方志的资料信息，是通过精心编纂完成的，而不是堆积一些杂乱无章的原始资料。《黄志》记载了川沙一地数十年的历史，为当地的地方建设和进行乡情教育所取资，其作用是明显的。它们一些典型资料还能为在更大范围内所取用，兹予概述。

1. 关于政治与社会方面

《黄志》设有"故实志"，谓凡为各志所未录或录之未详者而其事较重要、较殊异者都入"故实"一志，其中有农民不堪受压迫、受剥削举行暴动之例，《川沙民众暴动三则》中，载光绪二十二年佃户以抗租"启衅"，用长竹竿悬腰裙为号，纠众蜂拥至各仓房，捣毁器物，殴收租员，全沙秩序大乱。有继上海《苏报》案后，又一次震惊中外的"南汇党狱案"。记述了黄炎培等青年人反对腐败政治而被逮捕险遭不测的详细过程。"《苏报》案未结，满政府不慊于怀，而无知之何；乃于沈荩一泄其忿。于是庆宽等升官矣。一般狐群狗党，逆料必有兴起大狱者。果也，六月有南汇革命党一案"，有当时地方守旧势力与改革派冲突的川沙地方自治风潮。于此事，在《故实志》中附录了多份调查报告书以及政府文牍，对此事作了公允的记载。但所见几种有关上海史的著作中，把受守旧腐败势力利用的地痞流氓，反对地方自治而酿成的打砸抢活动，说成是"农民暴动"，实是没有仔细阅读《故实志》之故。

2. 关于处事之例

有当地士绅力争洋人驳占白莲泾滩地案。1919年，美商大来洋行在川沙白莲泾地建栈阻碍浦东交通水利，南、川两县人士会同上海浦东塘工善后局据理力争，周折两年半，终于挽回利权。

3. 关于经济史料

在《故实志》中，有闻名国内外的川沙毛巾业发生与发展情况。"本境向以女工纺织土布为大宗。自洋纱盛行，纺工被夺，贫民所持以为生计者，唯织工耳。嗣以手纺之布，尺度既不适用，而其产量，更不能与机器厂家大量生产者敌。清光绪二十六年（1900），邑人张艺新、沈毓庆等鉴于土布之滞销，先后提倡仿制毛巾，毓庆就城中本宅，创设经记毛巾厂，招收女工，一时风气大开"。1984年所编《上海经济》载上海毛巾生产始于1910年，比《黄志》所载资料晚了十年。《黄志》记载了自宣统元年（1909）至公元1926年的十八个年头里参与南洋劝业会、巴拿马赛会以及江苏省地方物品展览会的川沙产品有白生布、平梢布、东套布、红条布、柴花布、星布、丝光方格布、毛巾、大毛毯、绒袜花边等计有580种，其中获奖的有68种，可见上海近邻农村商品经济发达的情形。《故实志》中还记载了上海名绅李平书等倡议在浦东建筑沪金铁路的史实，这条铁路，拟自上海县境之浦东杨家渡起，东抵川沙之钦公塘，就塘建筑，南经南汇、奉贤、华亭，至金山境之江浙分界为止。限于当时国力及地方财力，未能实行。此为七八十年前地方人士为开发浦东提出之规划之一，为当前开发浦东提供历史资料。

4. 关于牒谱资料

《黄志》户口志中附有《川沙牒谱一斑》，乃士绅陆炳鳞当时所搜集的地方牒谱提要，"特虑数十年后此断简残编久而湮没，故将现存各谱，撮其要略，以示来兹"。该文中共列十八家牒谱，对于本境历史上人口迁流情况，提供了重要资料。从中还可查得一些重要资料，如《黄氏略谱》中，查得有关黄炎培的家世资料，"烨林子炎培，光绪壬寅补行庚子、辛丑恩准并科举人。民国初元，任江苏教育司长，嗣后被简任直隶省教育厅长，及两次特任教育总长，均未就职"。从《陆氏谱略》中，可见"云间大族"的陆氏，元季已迁来浦东，代有名家，先后有陆深、陆鸣球、陆锡熊等。从《秦氏宗牒》中，乃知秦氏为浦东著姓，元代自秦知章以后，子孙繁衍，业伤科有三十余世。在牒谱中还可查得不少艺文书目。还可以查得一些地名的出处，如川沙合庆镇，道光时名顾合庆，设肆里中，逐渐成市；今南汇之周浦镇，乃明永乐时曹氏居里，其时镇未成名，曰曹家弄。

5. 关于宗教史料

据本志，抗战前全县十一万人口，其中基督、耶稣教徒5378人，教堂林立，可见洋教之盛。其中玛弟雅堂，建于康熙年间，其时距利玛窦传教上海不远。在今唐镇的露德堂，是堂式似法国露德山之大堂，为江南教堂之冠，统摄浦东川、南各教堂。本志中附录了中国官方与外国教士在境内购置公产的有关文牍，以及政府关于外国教会在内地购产的办法等。

6. 关于教育的资料

在《教育志》中附有南菁书院山长王先谦《南菁沙田记》，记述南菁书院在横沙的沙田变迁情况，可以看出横沙地理的变化。《教育志》中附有黄炎培《川沙公立小学最初的一页》，记述了作为教育家的黄炎培在川沙发轫其教育事业的情形，可以看出黄炎培最初的教育思想，他在文中写道：看看国事，已经糟到不可收拾，看看老百姓，大家还是睡在鼓里……要救中国，只有到处办学堂。

《黄志》作为旧志，所取得的成就是值得称道的。当前中国步入了新的历史纪元，编修新志，要在批判继承旧志的基础上，以《黄志》等名志为榜样，开创修志新阶段，为能编纂出一批无愧于我们伟大时代的一代新志、名志而努力！

黄炎培《川沙县志》在体例上的创新
——"再谈黄炎培与《川沙县志》"之二

民国年间，黄炎培主纂的《川沙县志》（下称《黄志》）是一部举世公认的名志。由于它成书距今只半个世纪，无论从它的思想内容、体裁形式，对当前编修新方志的借鉴作用是十分显见的。在本届编修新方志之初，笔者曾以初步确立的新方志理论，对《黄志》试加考察，发表过《略谈黄炎培与川沙县志》一文（分别发表于《上海史志研究通讯》1983年第一期、《中国地方志通讯》1983年第三期），通过八年多的实践，《黄志》的借鉴作用，得到了充分的证实，使我们对《黄志》有更深入一步的认识。对于一部博大精深的名志，从多方面、多角度加以深究，把它的底蕴充分发掘出来，有助于丰富社会主义新方志的理论和新方志的编纂实践。本文只能谈一些粗浅的体会。

旧方志经过二千余年的发展，逐渐从图经、地记脱颖，形成了地文、人文和艺文三者俱备的特殊体例。体例是归纳内容的形式，它随着记述内容的变化而不断变化。但是方志内容千异百态，丰富多样，变化是无穷尽的，而方志体例是潜移默化，相对稳定。方志体例，有一定的凝固性。采取什么样的体例形式，这是编纂地方志首先面临的问题。有成就的方志学家,对于体例问题都是经过认真思考,他的成就往往表现在对传统的体例模式的合理继承和革新上。社会发展到近代,方志记述的内容较过去的旧志所记述的内容,不知发生了多大变化,如因循陈规,抄袭旧模,显然是不合适的。"不拘旧例创新格,特定体裁始自黄"(张伯初《黄任之先生八十寿诗》)。《黄志》在体例上大大表现了大胆革新精神。

关于《黄志》的创例,我在《略谈》一文中大致已谈到,通过八年多的修志实践,以及所见近年来新编地方志的体例,对《黄志》体例,有新的认识和观感。

第一,关于大事记

旧志设"大事记",自南宋高似孙《剡录》始。后不多见。黄炎培对这一形式,作了深入研究。就他所见,雍正《深泽县志》、道光《钜野县志》之皆有编年,但志而非表;万历《安邱县志》有总记、乾隆《曲阜县志》有通编,洪亮吉乾隆《固始县志》、缪荃孙光绪《昌平州志》有大事表,同治《宿迁县志》、光绪《睢宁县志》皆有沿革纪年表。他作了深入研究后,断言:"编方志必先立大事表,余主此甚坚。史之为用,明因果而已。一般方志,偏于横剖,而缺乏纵贯,则因果之效不彰,必将若干年间事实,串列焉,其同时者并列焉,以玩其彼此先后间之消息。"(见《川沙县志导言》)在这里,他把"大事记"的作用,作了十分精辟阐明,为后来编方志者普遍所接受。中国地方志指导小组讨论通过的《新编地方志工作暂行规定》中,明确规定新方志要设"大事记"。"大事记"已成为新方志中基本编目。这是黄炎培在方志学上所作出的贡献。

这些年来，各地所办的地方志刊物上，所举办的各种研讨班讲义中，对设立"大事记"有不少论述，其中不无真知灼见，对"大事记"编写有推助，但也难免有不少可商榷之处。

首先，选择大事的标准问题，"大事记"是由逐条组合成的，选择大事标准，在一定程度上决定着"大事记"的篇幅大小和质量高低的，关于各地"大事记"的标准如何，笔者未便遍观，但已看到有些地方把"大事记"标准简化为：要事、奇事、异事，把地方历史上自然界或生物方面出现的与社会生活并不发生重大影响的特异现象，也列入"大事记"中，这些与社会发展没有必然联系的现象，可以为科学研究留下珍贵的资料，但放入"大事记"中是没有意义的。旧志于此类现象，记入"补遗"、"志余"、"祥异"等门类之中。"大事记"作为历史科学，应是严肃的，绝不该哗众取宠。《黄志》"大事年表"所取数百年事实，决无此例。《黄志》"大事年表"后有附记五则，其中两条是讲"大事"标准的：一为"材料之取舍，略偏重于民生福利、文化建设关系事项"；一为"关于本邑筑城、筑塘、最初创设，本表记载较详，以永纪念"。什么是"事"，常言道"事在人为"，"大事记"应限于人类活动之重大事件，以及影响于人类活动和社会发展的自然现象，《黄志》"大事年表"为我们提供了经验。

其次，关于"附录国内外大事问题"，《黄志》在《例言》中说，大事年表"附国内外大事以广参考"。《导言》谓："一地方之治乱盛衰，往往根于国运，苟地位特殊，或且进而随世界大局以为转变。治方志者，仅仅着眼于所在一隅而不驰神全国，乃至全世界，则所窥见之因果关系，必失之偏隘而莫能真确，故一县，乃至一省之大事表，必取国内外大事以广参证。"一般于方志学植根未深者，往往以为"大事记"是始自《黄志》，本文上述已明其非，《黄志》的真正创格是在于大事年表中附列国内外大事。黄炎培说："此盖百年以前主张方志革命之章学诚所未抉发者。兹于本表试为之，苟从事纂修方志者一为之，后人踵而行之，从此旁参互证，必于编年史以外，蔚成史学上绝大之贡献。"（见《川沙县志导言》）

《黄志》"大事年表"编排方式例如下表：

咸丰三年癸丑（1853）	八月，刘丽川等作乱，红巾为号，五日陷上海，十日陷川沙，城中居民迁四乡。二十四日，南汇何庆全起义民击贼，复县城。次日，川沙贼闻之，潜遁。兵民乘势追击，歼匪数百。二十六日，同知窦塾入城，办善后。（《厅志》卷六·兵防志）	洪秀全据金陵称太平天国。英人割缅甸地。
民国六年丁巳（1917）	四月，景崧代理县知事，六月章同署。（本志职宦志） 五月始举行地方会议，嗣定期举行。（本志会议志） 办理第二届国会议员初选举。（本志选举志） 大湾镇建筑普明小学校。（本志工程志） 塘工水利协会成立。（本志工程志） 浚北杨家沟。（本志工程志） 始废止屯田科则，归并下则。（本志财赋志） 减田赋者税带征。（本志财赋志）	大总统黎元洪辞职，副总统冯国璋代职权。张勋拥清帝复辟，段祺瑞、冯国璋讨平之。俄国革命。

这种取国内外大事与一县之大事并列的方式，治志者不必花许多

笔墨，不必唠唠叨叨地交待世界和国内的历史背景，使读者于当时总形势和大气候一目了然，而这种有效的方式，至今未见有人所取，黄炎培如今有知，则必然扼腕而叹者！所以，笔者以为，当前方志设大事记，但取《黄志》"大事年表"之"式"，而未得其"例"。

再则，关于"大事记"的检索作用问题：《黄志》"大事年表"，所取大事，绝大多数是前志或本志，于每事之后，必注明出处。就是说，差不多件件大事，都是植根于志书之中，于是，这就规定了县志中的大事记表示必须十分简明。这是方志"大事记"与一般独立成书的"大事记"的不同特点。方志"大事记"条条附有出处，使方志的"大事记"具有检索作用，这也是方志"大事记"与一般"大事记"不同之处。但笔者所见新方志大事记，无一本有出处，使方志中的大事记与一般"大事记"面目相同，既无检索作用，且文字也不简洁，与各门类中之具体记述，形成重复，甚至事实异出，相互抵牾，这也是未从《黄志》得到借鉴之故。

末了，关于"必先立大事年表"问题，编方志必先立大事年表，这是黄炎培先生在《导言》中的话。这是什么意思？从表面理解，好像把编大事年表，在时间上要率先完成。现在许多地方志（新编）往往照此办。我以为这是误解：必先立大事年表，是指在编目上要置于突出地位。黄炎培先生鉴于一般旧方志偏于横剖，缺乏纵贯，因而主张设"大事年表"予以弥补，这是方志体例上的重大革新，即此意义。他强调："编方志必先立大事表，余主此甚坚。"在具体做法上，则不必先于其他门类，而且恰恰是最后完成的。试看《黄志》"大事年表"各事，特别是新志断限内之大事，俱据引"本志"，若本志各卷编未完成，则何能为之！这一显然的道理，往往不为所察，务望智者鉴之。先编"大事记"与后编"大事记"，不仅是方法问题，就功效言，有事倍功半与事半功倍之分。

第二，关于"概述"

方志设"概述"也是《黄志》重要创例。亦为近年来各地编纂工作中普遍关注的问题，已发表了不少有益见解。笔者也曾作过《黄志概述试析》（发表于《档案与历史》1986年第一期，收入《中国地方辞典》）一文。关于"概述"的研究状况，笔者未曾广事收罗，据对新方志富有研究的梁滨久先生信中示知，所看到的新方志中"概述"的写法，大致有三种：一是鸟瞰式，二是史纲式，三是浓缩型，而多数是浓缩型的。他认为浓缩型的最不好。笔者在《黄志概述试析》一文中谈到所看到的"概述"大多是"概况式"的，应与梁先生所说"浓缩型"为一事。把"概述"的内涵，规定"概况"，亦未尝不可，但《黄志》"概述"是有其特定内涵以及有它的不同表述方法的。《川沙县志导言》谓：

> 本书各志，皆先以"概述"，有类实斋所为序例，而实不同。盖重在简略说明本志内容之大要，而不尽单阐明义例也。将手此书者，读"概述"后，进而浏览全文，其繁者，可以用不纷，其简者，亦将推阐有得。或竟不及读全文而大致了了。此亦余所期期（口吃而说话不流利曰"期期"，典出《汉书·周昌传》。这里指黄炎培急切表示方志要设"概述"）以

为不可无者。

看来，对这段话的理解是不尽相同的，以下从三点，有必要就正于修志同行。

首先，关于"概述"的文体。目前我国文体的分法，一般分为议论文、记叙文、说明文、应用文四种。不同的文体，写法各不相同。地方志是记载史实的，它的文体是记叙体。但是方志中设置的"概述"，不是记叙体，它"有类实斋所为序例"，是属于议论文体的序跋一类。我们知道，方志的叙事，事物发展的成败、隆替、得失，不能用直接议论的方法，而是"寓议于叙"的。但这并不是说，史志之书，作者来不得半点议论。章学诚《答甄秀才论修志第二书》中说："论断宜谨严也。史迁序引，断语俱称'太史公曰'云云，所以别于叙事之文。"章学诚援引司马迁《史记》之例，司马迁之"论议"用文后别称"太史公曰"的方法，别于叙事之文。由此可见，《史记》之"太史公曰"，志中之"序例"，是专供作者发表议论的"场合"，这是前代史家、方志学家的精心设置。如果基于这种看法，我们对《黄志》"概述"属于何种文体就不难理解了。至于"压缩式"的"概述"，它的质地仍然是记叙体，把"概述"写成"概况"，则使志书架床叠屋，形成重复，是毫无必要的累赘，宜于务去其尽的。史志叙事，其要在简；"论赞"之类议论之文，在写法上，也不能使读者有重复之感。刘知几说："夫论者，所以辨疑惑，释凝滞，若愚智共了，固无俟商榷……盖欲事无重出，文省可知。"（唐·刘知几《史通·内篇·论赞》）由是，益见"概述"沦为"概况"之非。

其次，《黄志》"概述"与章氏"序例"不同之处，《川沙县志导言》中"有类章实斋序例，而实不同"，是容易发生误会的。我想再深入一点对这句话作些分析，什么地方"有类"？什么地方实不同？有类是一类的意思。这"类"就是事物的本质属性相同：这就是上面说过的章氏的"序例"与《黄志》"概述"同属序跋文。序有大小之分，大序列于全书，小序列于篇章。班固说："孔子纂《书》凡百篇，而为之序。言其作意，此小序之所由始也。"（明·徐师曾《文章明辨序说》）刘知几说："降及《史》、《汉》，以记事为宗，至于表、志、杂传，亦时复立序。"（唐·刘知几《史通·序例》）所指亦是小序。章学诚的"序例"，也是小序，而运用于方志。章学诚的"序例"，其名称实不一而是，如"序例"，有《和州志序例》、《永清县志水道图序例》；如叙例，有《湖北通志人物叙例》；如引言，有《和州志沿革引言》；如例议，有《永清县志户书例议》、《兵书例议》；如序录，有《永清县志论说序录》、《永清县志征述序录》；如书后，有《湖北通志复社名士传书后》、《欧魏列传书后》；如论，有《湖北通志徐本仙陈良冀传论》；如赞，有《湖北通志皇言纪赞》等名目。在《黄志》中，小叙的名称，全归"概述"一词。不管章氏"序例"名目如何繁多，《黄志》只有"概述"之称，其类皆为小序。这就是章氏"序例"与《黄志》"概述"相同之处。《导言》文中又说"实不同"，不同在什么地方呢？兹对比如下：

章学诚序例：重在阐明义例，不重在说明本志内容大要，往往只是表明其方志学之观点。

黄炎培概述：重在内容大要，不尽在阐明义例。由此看来，章氏"序例"与《黄志》"概述"，内涵都是相同的，同样包括两个方面，只是侧重不同而已。

最后，"概述"简略说明内容大要，也并不等于"概况"。黄炎培先生就"概述"在于简略说明内容大要，还说读了"概述"即使不看全文，其内容也能大致了了。这也不能理解"概述"同于"概况"。至于内容大事，也不仅是一些表露的现象，还包括"潜在的意义"，特别这潜在意义，不大容易为读者所注意，作者就很有必要通过序文把其底蕴发掘出来。刘知几《史通·序例》："孔安国有云，序者，所以叙作者之意也，窃以《书》列典谟、《诗》含比兴，若不先叙其意，难以曲得其情，故每篇有序，敷畅厥义。"以下试引《黄志》"概述"一例，以资共同探讨：

《交通志概述》：在昔地方交通行政，仅仅限于河渠、道路与人力舟车而已。川沙以邻近上海故，在清季即有邮电之设置。嗣以地方之发达，人事之要求，乃设交通局。自上川铁道通行，遂成绝有力之交通主干，四乡公路、邻区航运，相继而兴。邦人君子，对于交通公益，发生浓厚之兴趣，有集令骤资，分年兴筑者。一时私人筑路建桥，蔚成风气。循是以进，若干年后，蕞尔川沙，当有较速之发展。但地方教育与生产，必须同时相伴进行，确立基础。否则交通利器，适足为大都市不良风气与外国输入之珍奇作前驱耳。

"每门概述君提要，水磨工夫责我当"（张伯初《黄任之先生八十寿诗》）。《黄志》"概述"成于黄炎培一人之手。从二十四卷"概述"中，可以看出黄炎培先生对于川沙历史、现状以未来发展有充分的把握，显示了一个当代的杰出的民主主义者对于地方历史、地方建设的卓识远见，他对于方志学的许多精辟见解，也通过《概述》得以表达，他作为主纂者的地位，也得到具体体现。常常听到一种说法，在新编地方志中，主编的地位不突出，一部县志就像拼盘一样凑合起来的，这样的县志质量未必很高。如果借鉴《黄志》，学习黄炎培先生把全书的概述独立完成，主纂的作用也就得以较好的体现，这无疑是有助于志书质量的提高的。

　　第三，关于"赘录"

　　《黄志》"例言"："本志断限上承光绪志，下迄民国十五年北洋政府统治告终为止。首乎此，为光绪志所未载而事实应补者，亦酌采之；后乎此而事实较重要须连贯及之者，名曰'赘录'，以附于后。"当前编新方志，《黄志》之"赘录"未像"大事记"、"概述"受到普遍重视，这在黄炎培是一郑重对待的问题，其中许多道理，我们仍应加以理会。"赘录"这一体例，不是随意提出来的，而是掇拾成法。《导言》谓："杜君卿（佑）《通典》，止于天宝末年，而亦因便叙及天宝以后事，先例具在。""赘录"的设置，是严守体例的表现。《导言》中说，本书断限，既定于民国十五年止，下距脱稿八九年，又积成若干重要材料，"弃置即觉可惜，戛然中止，又为叙事所不许，故赘于每事之末"。这里说到"叙事所不许"，就是为志书体例约束。严守体例，是编纂史志的基本准则。刘知几说："夫史之有例，犹国之有法，国无法，则上下靡定，史无例，则是非莫准。"地方志作为谨严的科学性资料著述，首先表现在有严格的体例上面。地方志所规定的体例，修志同仁得共同严格遵守，主纂者也要模范地执行。曾经听到过一个说法，"主纂是秦始皇"，我以为这种比喻，不免要引喻失义，如果引申为主纂可以置体例于不顾，有权决定一切，势必将为地方志编纂之流弊，不能恭维这种做法。《黄志》叙事，恪守止于民国十五年的断限，此后发生的重要事实，则另创"赘录"这一方式处理。黄炎培设置赘录，为续修县志保留了不少珍贵史料。他主观的想法认为可使续修者省检档案之劳，岂知随着社会发生了巨大变化，使一些在档案中难以保存的史料，得以妥善地保留在志书中，意义也就更大。因为地方志，是保存地方史料的最好方式。

借此，我想谈谈对于"断限"的看法。立断限以明时间。是史志体例的一个重要原则。"书之立约，其来尚矣……正其疆里，开其首端。因有沿革，遂相交互。事势当然，非为滥轶也。"（刘知几《史通·断限第二十四》）地方志在宋代以前，志书自成系列，相互之间继承关系不明显。明、清之后，续修旧志蔚然成风，方志的断限就显得十分重要。中国地方志指导小组在《新编地方志暂行规定》中规定新志断限，上限不作硬性规定，下限可暂定断至一九八五年，即第六个五年计划结束之时，也可断至该书脱稿之日。在实践中，出现了许多可以商榷的地方。一是关于上限，有些地方曾规定省志上限自1940年起，县志一般在1912年起，即各以鸦片战争开始和辛亥革命成功为上限。按照这种硬性的规定写出的地方志，决非"一方之全书"，充其量不过是一方之断代史。二是下限问题。下限是今后续志起始之时。下限应断在有重要影响的年代，如1985年，是我国第六个五年计划完成之时。《暂行规定》中说也可以断至该稿结束之时。这要根据各地的实际情况而定。但关键是"必须"断定于一定的时间，笔者不大同意黎锦熙先生《方志今议》中"破四障说"之一的叙事不立断限，他说："窃谓今日修志，宜限至搁笔之时止，故曰叙事不定断限，盖等于无断限也。其法：某类材料，如采访至本年，则该类编次，即以本年为断限；同时他类材料，如采访但及前夕，则该类编次，即以前夕为断限。"黎氏认为，人检寻方志，自有所需，与读史异，尤其与读断代史不同，故方志不应"立总断限"。这是一家之言，作为理论，可共同探讨，但作为实践提倡，殊不可取。纵观黎氏所论，不过是使一些采访资料，不要碍于限断而放失之故。社会在不断前进，事物在不断变化，年年可书，年年可写，但史志之责，终以主要集中精力于断限以内为是。"若苟引它事，半其部帙，以此称博，异乎吾党所闻。"（刘知几《史通·断限第十二》）也有一种意见，新志断于1978年党的十一届三中全会，此后材料，可仿《黄志》之例，别为"赘录"，附于每事之末。黎氏出于叙事不立断限的构想，以《黄志》"赘录"为"画蛇添足"，并非确论。

《黄志》体例上的革新，是适应社会现实变化的需要，而绝不是标新立异。《黄志》之前，有道光年间何士祁主纂的《川沙抚民厅志》，光绪初年俞樾主纂的《川沙厅志》，其时川沙社会各方面变化不大，故基本篇目、体例大致相仿。到了《黄志》规定断限时间自光绪初到北洋政府结束这五十年间，毗邻大上海市区的川沙，发生了前所未有的变化，《黄志》根据实际情况，增设了不少篇目。《厅志》设十四卷，《黄志》展为二十四卷，其中户口志、物产志、实业志、工程志、交通志、教育志、卫生志、慈善志、故实志等均为前志所无。新的现实内容，决定了新的门目形式。在门目的排列上，也体现当时的新观点，例言中谓："其分卷顺序，先天然，后人为；先生产，后教养；先经济，后财政；先科学，后宗教，而职官、选举、议会，凡偏于时间性者次之。司法、警务、兵防，凡不得意之设施又次之。故实、杂记、地方故事又次之，而以叙录殿焉。"于此，可以明显看出《黄志》之重民生和经济，与之前之旧志，迥不相同。

当前编修社会主义新方志，根据详今略古的原则，要把人民革命事业和社会主义建设所取得的成就，作为主要内容，要突出先进人物和劳动人民的地位。这就规定了新志的篇目、体例的特殊性，决不能抄袭旧志的模式，而必须大胆的开创。二十世纪八十年代初开始的本届新志编纂工作，通过广泛实践，在开创新志体例方面，已经取得了不少进展。在这方面，从《黄志》中得到借鉴是不少的。

（原载《上海地方志》1996年第6期）

谈黄炎培《川沙县志》的"大事年表"

　　民国年间，黄炎培主纂的《川沙县志》（下称《黄志》）是一部举世公认的名志。由于它成书距今只半个世纪，无论从它的思想内容、体裁形式，对当前编修新方志的借鉴作用是十分显见的。通过八年多的实践，《黄志》的借鉴作用，得到了充分的证实，使我们对《黄志》有更深入一步的认识。对于一部博大精深的名志，从多方面、多角度加以深究，把它的底蕴充分发掘出来，有助于丰富社会主义新方志的理论和新方志的编纂实践。本文就《黄志》中记述大事年表和概述的革新精神谈一些粗浅的体会。旧志设"大事记"，自南宋高似孙《剡录》始，后不多见。黄炎培对这一形式，作了深入研究。就他所见，《雍正深泽县志》《道光钜野县志》之皆有编年，但志而非表；《万历安邱县志》有总记、乾隆《曲阜县志》有通编，洪亮吉《乾隆固始县志》、缪荃孙《光绪昌平州志》有大事表，《同治宿迁县志》《光绪睢宁县志》皆有沿革纪年表。他作了深入研究后，断言："编方志必先立大事表，余主此甚坚。史之为用，明因果而已。一般方志，偏于横剖，而缺乏纵贯。则因果之效不彰，必将若干年间事实，串列焉，其同时者并列焉，以玩其彼此先后间之消息。"[1]在这里，

---

[1]　见《川沙县志·导言》。

他把"大事记"的作用，作了十分精辟阐明，为后来编方志者普遍所接受。中国地方志指导小组讨论通过的《新编地方志工作暂行规定》中，明确规定新方志要设"大事记"。"大事记"已成为新方志中基本编目。这是黄炎培在方志学上所作出的贡献。

这些年来，各地对方志设立"大事记"有不少论述，其中有不少可商榷之处。

首先，选择大事的标准问题。有些地方把"大事记"标准简化为：要事、奇事、异事，把地方历史上自然界或生物方面出现的与社会生活并不发生重大影响的特异现象，也列入"大事记"中，这是没有意义的。《黄志》"大事年表"所取数百年事实，决无此例。《黄志》"大事年表"后有附记五则，其中两条是讲"大事"标准的；一为"材料之取舍，略偏重人民生活福利、文化建设关系事项"；一为"关于本邑筑城、筑塘，最初创设，本表记载较详，以永纪念"。"大事记"应限于人类活动之重大事件，以及影响于人类活动和社会发展的自然现象，《黄志》"大事年表"为我们提供了经验。

其次，关于"附录国内外大事问题"。《黄志》在《例言》中说，大事年表"附国内外大事以广参考。"《导言》谓："治方志者，仅仅着眼于所在一隅而不驰神全国，乃至全世界，则所窥见之因果关系，必失之偏隘而莫能真确，故一县，乃至一省之大事表，必取国内外大事以广参证。"一般于方志学植根未深者，往往以为"大事记"是始自《黄志》，本文上述已明其非，《黄志》的真正创格是在于大事年表中附列国内外大事。黄炎培说："此盖百年以前主张方志革命之章学诚所未抉发者。兹于本表试为之，苟从事纂修方志者一为之，后人踵而行之，从此旁参互证，必于编年史以外，蔚成史学上绝大之贡献。"[1]

《黄志》"大事年表"编排方式例如下表：

| 咸丰三年癸丑（1853） | 八月，刘丽川等作乱，红巾为号，五日陷上海，十日陷川沙，城中居民迁四乡。二十四日，南汇何庆全起义民击贼，复县城。次日，川沙贼闻之，潜遁。兵民乘势追击，歼匪数百。二十六日，同知窦塈入城，办善后。（《厅志》卷六·兵防志） | 洪秀全据金陵称太平天国。英人割缅甸地。 |

又：

| 民国六年丁巳（1917） | 四月，景崧代理县知事，六月章同署。（本志职宦志）
五月始举行地方会议，嗣定期举行。（本志会议志）
办理第二届国会议员初选举。（本志选举志）
大湾镇建筑普明小学校。（本志工程志）
浚北杨家沟。（本志工程志）
塘工水利协会成立。（本志工程志）
始废止屯田科则，归并下则。（本志财赋志）
减田赋省税带征。（本志财赋志） | 大总统黎元洪辞职，副总统冯国璋代职权。张勋拥清帝复辟，段祺瑞、冯国璋讨平之。俄国革命。 |

这种在取一县大事的同时，附列国内外大事作为背景资料的方式，使读者于当时总形势和大气候一目了然。而当前方志设大事记，往往但取《黄志》"大事年表"之"式"，而未得其"例"。

再则，关于"大事记"的检索作用问题：《黄志》"大事年表"所取大事，绝大多数是前志或本志，于每事之后，必注明出处。就是

---

[1] 见《川沙县志·导言》。

说，差不多件件大事，都是植根于志书之中，于是，这就规定了县志中的大事记表示必须十分简明。这是方志"大事记"与一般独立成书的"大事记"的不同特点。方志"大事记"条条附有出处，使方志的"大事记"具有检索作用，这也是方志"大事记"与一般"大事记"不同之处。但笔者所见新方志大事记，无一本有出处，使方志中的大事记与一般"大事记"面目相同，既无检索作用，且文字也不简洁，与各门类中之具体记述，形成重复。甚至事实异出，相互抵牾，这也是未从《黄志》得到真正借鉴之故。

末了，关于"必先立大事年表"问题，编方志必先立大事年表，这是黄炎培先生在《导言》中的话。这是什么意思？从表面理解，好像把编大事年表，在时间上要率先完成。现在许多地方志（新编）往往照此办。我以为这是误解：必先立大事年表，是指在编目上要置于突出地位。黄炎培先生鉴于一般旧方志偏于横剖，缺乏纵贯，因立主张设"大事年表"予以弥补，他强调："编方志必先立大事表，余主此甚坚。"在具体做法上，则不必先于其他各个门类，而且恰恰相反，倒是最后完成的。试看《黄志》"大事年表"各事，特别是新志断限内之大事，俱据引"本志"，若本志各卷编未完成，则何能为之！这一显然的道理，往往不为所察，务望智者鉴之。先编"大事记"与后编"大事记"，不仅是方法问题，就功效言，有事倍功半与事半功倍之分。

《黄志》"概述"试析

　　我在《略谈黄炎培与<川沙县志>》一文中，提到《黄志》设"概述"是体例上的创新。方志设置"概述"为当前许多地方编修新志所取法。有的关于如何设置"概述"著为文章。总之，方志设置"概述"已成为当前方志实践和理论问题。洋洋八十万言的民国《川沙县志》，其成为昭著当代的名志，黄炎培先生有主纂之功。但就具体文字工作来说，主要由协纂张伯初担当，唯独全志之"概述"，是出于黄炎培先生的手笔。张伯初在《黄任之先生八十寿辞》中有句说："每门概述君提要，水磨功夫责我当。""水磨功夫"者，即统率全稿、笔削成书的工作。

　　对《黄志》"概述"探讨，明其由来、内涵及其在志书中的作用，对当前编修新志，无疑是有现实意义的。由此，还可窥觇黄炎培先生对于方志学的见解。

一、"概述"的由来

　　黄炎培先生在他所作的《川沙县志·导言》中说："本书各志，皆先以概述，有类实斋所谓序例。"可见《黄志》"概述"不是《黄志》的创例。而我在《略谈》一文中，认为是《黄志》所创新，这话就要慢慢地说了。笔者翻阅《章氏遗书》《章实斋方志论文集》及章学诚所修《永清县志》，看到了章氏所为的序例。其实章氏序例，就其名称有自叙，序例（叙例）、引言、凡例、例议、序录、书后、论、赞，等等名称，总其名谓"序例"。而"序例"作为史书的体例和编写方法，在唐代史学家刘知几《史通》一书中列为专章。其源流所自，说得十分明白。什么是序呢？按照孔安国的说法："序者，所以叙作者之意也。"《书》列典谟，《诗》含比兴，若不先叙其意，难以曲得其情，故每篇有序，敷畅文义。不过《诗序》《书序》，并非原有，是后注家补撰的，这成为后来"解题"的先导。所以《诗序》等，与史家自序其书以明述撰之意，并不是一回事。司马迁、班固等私家的所撰史书，"自序"都在书尾。之后，史书都为官修，这种形式，遂为取消。

什么是例？刘知几说："夫史之有例，犹国之有法。国无法，则上下靡定，史无例，则是非莫准。"他又说："科条一辨，彪炳可观。"指出治史必须有例。从孔子修经起，就有"凡例"。有的史书中"志序""序录"，虽以"序"名，其实也是"例"。刘知几所说的史例，今已不传。他认为古之作《春秋》者，简质少文，但记大事，何尝先立若干条例，然后从事笔削。只是后之读史书者，从中钩稽比合，探得去取别择，或裁或不裁之故，纂成全书的通则。这样做的好处是，便于学者大致了解全书的脉络，且为后之作史者提供条理经验。史家自定义例，以《春秋》办法；而科条严明，一字无假，尤以欧阳修《五代史记》最为突出。

序有大小之分。小序者，列于篇章，相对于全书之大序，故谓之小。后汉班固说："孔子纂书，凡百篇而为之序，言其作意，此小序之所由始也。"刘知几也说："降及《史》、《汉》，以记事为宗。至于表、志、杂传，亦时复立序。"也是指小序而说。小序，篇序也，各言操撰之例，或但直叙其事，不为序篇者，亦每于篇末或后论中补申其义。这是史家惯用之法，在史书志乘中，屡见不鲜。

章学诚以为方志是"国史之要删"，"志为史裁"，他以史法，移用于方志，其所为"序例"，亦源于史书。所以《黄志》"概述"并不是方志体例上的创新，是"小序"或"篇序"、"章序"具体运用；而在运用上，有其一定的特色。

二、《黄志》"概述"的内容及其特色

《黄志》"概述"在文体上属序例。序例的作用通过序文，叙作者之意。但《黄志》不尽通过各志"概述"叙意。我们必须把黄炎培先生他所写的《川沙县志导言》结合在一起加以研究。《黄志》"导言"和"概述"是在不同层次和不同要求上叙编纂者的微旨的。

《黄志》"概述"的特色是什么呢？依我看：

第一，提挈大要。黄先生在《导言》中说，概述"重在简略说明本志内容大要"，有"提纲众目张，振领而群毛理"之效。"概述"不仅是文字功夫，而要有高度的概括能力，对事例而有抉择的能力，把其中肯綮所在，用非常精炼的文字告知读者，试以《大事年表》概述为例。《黄志·人事年表》共排列川沙一县历史大事450件，而"概

述"中提举其间事例，不到二十件，大致又分为三个重大方面，一是设治："顺治三年始设武官，雍正七年始设盐官，乾隆二十四年始设海防清军同知，嘉庆十年始划区域，十五年始设抚民同知。"不到五十字说了五件事；二是教育："道光十四年始设观澜书院，立文教机关，同治十年邑人被派出洋留学。光绪二十七年始办养正小学，立教育机关，其后新政繁兴，绵续迄于今日。"也不过五十多字。三是事件。列举了国内及发生在川沙的重大事件，而以太平天国及民众暴动为直接影响，以殖民主义、帝国主义入侵我国为川沙所受到的间接影响。这二十来事，不过二百字。当然，提举什么事实，这是与编纂者的指导思想有关。黄炎培是近代著名的职业教育家，他毕生从事于兹，在川沙他兴办了职业教育，因之把教育置于极其重要地位，这是自然而然的。

突出川沙地方特点，是《黄志》的重要成就。而在"概述"中更有集中的提炼。《教育志》"概述"："……良以地近上海，学子竞向外趋。即成才以后，亦复多数趋向上海工商界，其情形益有较异于他邑者。"等等，由于川沙逼邻上海，以致各方面都发生极大的影响，不尽举。

总之《黄志》"概述"用极少的文字，钩玄提要，读来使人十分明了，犹如漫画家勾勒图画，寥寥几笔，已成面目，有高超的技能。

第二，阐明义例。什么是"义例"呢？义例是立一书之主义。《北史·张吾贵传》：吾贵从郦诠受《礼》、牛天佑受《易》，读一遍便开户牖。生徒窃云："张生之于左氏似不能说。"吾贵闻之，谓其徒曰："我今夏讲暂罢，后当说《传》，君等来日皆当持本。"生徒怪之而已。吾贵谓兰云："君曾读《左氏》，为我一说。"兰遂为讲。三旬之中，吾贵兼读杜、服，隐括两家，异同悉举。诸生后集，便为讲之，义例无穷，皆多新异。《黄志》"概述"与章学诚"序例"不同，"概述"不尽阐明义例，而在提挈大要；章学诚的"序例"则适反，重在阐明义例，通过"序例"，申述其对于方志学的看法和做法。黄炎培先生学问渊博，为编修川沙县志对方志有深入研究，对方志的形成有一定的见解。他在县志编成后说："然犹欲稍稍试行我对于方志的主张，藉以求正有道，幸荷不弃，大加匡诲，摘其谬误，绳其阙失，炎培随诸父老兄弟后，谨受教。"

黄炎培先生秉承章学诚的方志主张，在实际运用上有所独创，如设《大事年表》，彰因果之效。他说："一般方志偏于横剖，而缺乏纵贯，则因果之效不彰。"必须将历年事实串列一起，把同一时间的事实并列起来，再取国内外大事并列，那么彼此先后之间的消息，就能透露出来。他在《大事年表》"概述"中举例说："因明世宗失政，而有倭寇之猖獗，因道光鸦片之战、咸丰京津之祸，外患沓至而有讲求洋务、派遣出洋学生之举；因甲午之惨败，而有清末新政之兴；因欧洲大战之开始与终止，而有地方手工业之繁荣与衰落。凡诸因果，可考而知也。"他又说：方志中，虽然有过记事表的设置，但从未有取国内大事、世界大事供参考者，连"首主方志革命之章实斋也未曾虑及于此。而从本志试为之，希望治方志者一一为之；后之人踵而行之。这样，于编年正史之外，蔚成史学上的绝大贡献"。《黄志》在方志门类的设置、排列上较传统方法又有创获。其分卷顺序：先天然、后人为；先生产，后教养；先经济，后财政；先科学，后宗教，而职官、选举、议会，凡偏于时间性者次之；司法、警务、兵防，凡不得已的设置又次之；故实、杂记、地方故事又次之。可见黄炎培先生所重视者在于有利于国计民生的地方经济的发展变化，这与一般旧志明显区别所在。这一指导思想在"概述"中又有具体的发挥。如《工程志》中，他以为，不仅要志官署、公所、学校、仓廒、桥梁、道路，尤其重要的是筑塘与浚河，这是因为"川沙民众安居乐业之由来，在工程上维持两大保障"。又在《选举志》"概述"中说明，须志当时实在存在的科举表外，又有学位表的设置，这是历来方志中从未有过的新内容，"盖因川沙近来海外新思潮之吸集，新文化之推行，因亦未敢落人后"也。如此等等。

第三，重在功用。方志的功用与编纂的指导思想有关。历来旧志，通过志书，极力宣扬孔孟思想，所谓"表士行，彰善瘅恶，信今传后，以垂守法者也"。黄炎培先生是我国著名的教育家，又是爱国的民主主义者，他的进步思想以及各种主张，渗入于整个县志中。从清末到民国，国家多难，政治腐败，民生疾苦，黄炎培先生认为，这样的社会，必须改革，才有前途。他说，"凡吾国人，苟于自治治群，自养养人，自卫卫国三大端，加以绝大的努力，则民族复兴之期，正在不远"。黄先生为立志改革社会，不断身体力行，他在方志中，为振兴家乡一申其主张，此在"概述"中，又有具体的显露，其要在：

一是藏富于民。他在《实业志》"概述"中说，"古以藏富于民为善政"，他认为发展地方实业，政府应掌握大的实业，其余的给老百姓去办，政府不要包办代替。对私人企业，政府只是给政策；取诸有余以供国用，平亭其利润，限制其争端。平亭，是平均的意思，就是用税收调节企业主的收入。黄先生说，只要让老百姓有利可图，就能调动其积极性。他主张政府应设法让老百姓富起来，老百姓富了，国家才有所取给，国家自然会强盛起来。而当时川沙的实际情况怎样呢？由清末至民国，川沙花边、毛巾销路式微，女子多停工；建筑工业锐减，男子失业也多。人民生计艰难。但政府的捐税则又不断增加，从民国元年到民国十二年，税额增加两倍多。黄先生慨然说："民力克胜与否，大宜虑及已。"黄炎培先生这一见地，至今犹有现实意义，这分明是在当时条件下，搞活经济的明智设想。

二是，建设与教育相伴进行。黄先生认为，川沙近来水陆交通发展迅速，地方人士，对于筑路，造桥等有利于发展交通的事业有浓厚兴趣，这是很不错的。但黄先生认为"地方教育与生产，必须同时相伴进行，确立基础。否则，交通利器，适足为大都市不良之风气与外国输入珍奇作前驱耳"。黄炎培先生所谓的"交通利器"，是当时条件下的汽车，轮船、火车和邮电之类，川沙逼邻上海，朝发夕至，好处是大都市的物质文明，能极迅速地得到传递，坏处则是中外资产阶级华靡习气，种种不良影响也随之而来。而这也成为强有力的事实。凡此，在《方俗志》等处记述中，受到贬斥。他的这一看法，与我们当前党中央提出的"两个文明"一起抓是甚合拍的。当前"交通利器"较前大为发达，许多信息工具为前人所未想见。所以在精神文明建设中，更应引以为戒的。

三是充分利用地方优势。川沙地少人多，而上海为容纳川沙羡余人口之绝大尾闾。"论其量，则数之以木水工人为第一，他业亦类有相当地位。论其质，则无论以知识，以劳力，凡能自食，或因起家，百分之九十以上，皆恃上海"（《黄志·导言》）。黄炎培先生把川沙邻近上海为川沙的一大优势，他在《实业志》"概述"中说："川沙滨海，天然之利，不后于人，兼以近邻上海，扼中外交通之冲，农工出品，销路唯何？曰惟上海。人民职业出路惟何？曰惟上海。天时地利，人工物力，种种优胜，亦既有然，惟其在人之努力。"他预言，"预计今后百年之川沙，必较之过去百年，有不可同日而语者"。川沙自一九四九年获得解放，三十五年时间，经济建设，突飞猛进，至去年，全县工农业产值十四亿多元。此时距《黄志》修成之年未半百。如此成就，固然是由于社会主义优越制度。在客观上无疑由于有邻近上海天然优势之故。

三、"概述"的编写问题

《黄志》"概述"的设置，自来影响很大，以致仍为目前修地方志所效法。

本县各局、行、乡、镇志编写中，对此已有尝试，兼以他处看到所写的"概述"，写得很好的不在少数，而值得商榷的同样很多，试以《黄志》"概述"作比较，我以为略有四点必须搞清楚。

一、从文体看。现在我们许多同志所写的"概述"，实际上是"概况"。前年，我们去武汉，向湖北省志讨教。他们正在编写"概况"，但他们说，这是走弯路走出来的，"概况"并不是志书。"概况"着重概括现象，而志书则是记述史实。作为序文之列的"概述", 其作用在于表达编撰者之意, 虽然也对志书内容的概括, 但是极为简要, 不事铺张的。"概述"与"概况"是不同的, 用文字表明一个国家、一个地区、一个工厂、一个单位、一项工程的"概况", 是说明文。"概述"虽在性质上是议论文, 但它依附于志书, 不能离开志书而独立, 所谓"皮之不存, 毛将焉附"是也。

二、从写作的程序看。是先写志而后写"概述"呢, 还是先写"概述"而后写志? 就序文来说, 必是把书写好而后自序或请人作序。先写序文而后作书是从来没有的, 《黄志》"概述"是在全志定稿时黄炎培先生一手完成的。志书写出了——整本志书也好, 某一部分也好——将摆在读者面前, 志书的编纂人要考虑这样一个问题: 如何使读者更好理解志书的内容? 何以在体例上作如此安排, 这就必须用"序"、"小序"作说明。鲁迅先生说过, 会看书的是先看序。我们在书店挑选一本书, 首先看到的书名、作者, 而后看"内容提要""出版说明"或其序跋, 看完这篇幅不多的文字, 就能知其大概了。《黄志》为什么要设"概述"呢? 黄炎培先生说: "使手此书者, 读'概述'后, 进而浏览全文, 其繁者, 可以用志不纷, 其简者, 亦将推阐而有得, 或竟不及读全文而大致了了。此亦余所期期以为不可无者。"古人说, 用志不纷, 乃凝于神, 是说文章有引人入胜之效, 推阐有得者, 犹如提头知尾, 举一反三也。"概述"的作用如此。

"概述"不能作于志稿完成之前。作于志稿之前的, 绝非"概述", 或者仅如以上说过的是"概况"而已。"概况"与"概述"不能互混, 否则有使志书体例不纯之嫌。

三、从篇幅看。志书的特点，叙事不能议论，而历来史志编纂者从以设置章序、小序、论、赞等方式发挥议论．但这是块很小的天地。否则所编纂的史书、志书，就可蜕变为史评、志论的。我们《黄志》"概述"来看，全书八十万言，而全志二十四个"概述"，总篇幅不足八千字，即仅占全志的百分之一。总的比例如此，具体的互有短长。每则"概述"，一般在一二百字，少则近几十字，独于《工程志》"概述"最长，竟达千字，是编者有感于筑塘、浚河，与民生休戚相关，而水利之法久焉不善，因而大声疾呼。这是特殊之例。"概述"在篇幅上，不能写得很长，刘知几所谓："史之有论也，盖欲事无重出，文省可知。""概述"文字，是否极其简略，这也是衡量"概述"写得是否得体的尺度。有《黄志》，可为实例。

四、从名称看。"概述"这一名称，被统一在《黄志》中，但这一形式，也可易以别称，如在《如东县志》被称作"小序"，这也未尝不可。也可易以别的适宜名称，竟或没有名称而在其所处位置及文字编排方式上区别出来。凡此，都有成例在前的。

最后，以简短的结论结束本文。"概述"是序跋的一种。《黄志》"概述"，取法于章学诚所为序例，而有所变化，重在说明本志的内容大要，而不尽阐明义例。《黄志》"概述"有一定特色，具体阐明了编纂者，对于方志主张和编纂方式，以及对各别问题的进步见识。对《黄志》"概述"作深入探讨，很有现实意义。明其实，得其法，以在新方志编修得以具体运用。

附录：有关论序资料（六则）

一、唐刘知几《史通·内篇·论赞》（摘录）

《春秋左氏传》每有发论，假君子以称之，二传之"公羊子""穀梁子"，《史记》云"太史公"。既而班固曰"赞"，荀悦曰"论"，《东观》曰"序"，谢承曰"诠"，陈寿曰"评"，王隐曰"议"，何法盛曰"述"，扬雄曰"譔"，刘昺曰"奏"，袁宏、裴子野自显姓名，皇甫谧、葛洪列其所号（"玄晏先生"、"抱朴子"）。史官所撰，统称史臣，其名万殊，其义一揆，必取便于时者，则总归论赞焉。

夫论者，所以辩疑惑，释凝滞。若愚智共了，固无俟商榷。丘明"君子曰"者，其义实在于斯。司马迁始限以篇终，各书一论。必理有非要，则强生其文，史论之烦，实萌于此……史之有论也，盖欲事无重出，文省可知……

马迁《自序传》后……范晔改彼述名，呼之以赞，寻述赞为例，篇有一章，事多者则约之使少，理寡者则张之令大，名实多爽，详略不同。

二、唐刘知几《史通·序例》（摘录）

孔安国有曰：序者，所以叙作者之意也。窃以《书》列典谟、《诗》含比兴，若不先叙其意，难以曲得其情，故每篇有序，敷畅厥义，降逮《史》、《汉》，以纪事为宗，至于表志杂传，亦时复立序。文兼史体，状若子书，然可与诰誓相参，风雅齐列矣。

三、明徐师曾《文章明辨说》

序（序略附）

按《尔雅》云："序，绪也。"字亦作叙。言其善叙事理次第有序若丝之绪也。又谓之大序，则对小序而言也。其为体有二：一曰议论，二曰叙事。宋真氏尝分列于《正宗》之编，故今仿其例而辨之。其叙事也有正、变二体（系以诗者为变体）。其题曰某序；字或作序，或作叙，惟作者随意而命之，无异义也。至唐柳氏，又有"序略"之名，则其题稍变，而其文益简矣。

小序：

按小序者，序其篇章之所由作，对大序而名之也。汉班固云："孔子纂《书》凡百篇而为之序，言其作意，此小序之所由始也。"然今《书序》俱存，决非孔子所作，盖由后人妄探作者之意而为之，故多穿凿附会，依阿简略，甚或与经相戾，而鲜有发明。独有司马迁以下诸儒，著书自为之序，然后己意了然而无误耳。

四、清章学诚序例之一：《志隅自叙》

志者，史之一隅；州志，又志之一隅也。获麟而后，迁、固极著作之能，向、歆尽条别之理，史家所谓规矩方圆之至也。魏晋六朝，时得时失，至唐而史学绝矣。其后如刘知几、曾巩、郑樵，皆良史才，生史学废绝之后，能推古人大体，非六朝唐宋诸儒所能测识；余子则有似于史而非史，有似于学而非学尔。然郑樵有史识而未有史学，曾巩具史学而不具史法，刘知几得史法而不能史意；此予《文史通义》所为作也。《去隅》二十篇，略亦推行之一端，能反其隅，《通义》非迁言可比也。呜呼！迁、固、向、歆，不可作矣，诚得刘知几、曾巩、郑樵其人而与之，由识以进之学，由学而通乎法，庶几神明于古人之意焉，则春秋经世之学，可以昌明。第求之天下之能者，不过一、二人，而亦不暇究其业焉，笑且诽者，又无论已，则予之所为抚卷而欷歔者也。乾隆三十九年季夏之月（《遗书》外编卷十六）。

五、清代吴翼亭分其目为十六

序、后序、序录、序略、表序、跋、引、书后、题后、读、评、述、例言、疏、谱等。

六、清姚仲实论序

《诗》《书》之序，旧别为一卷，附本书以行。其冠之每篇首，特后人所移耳。太史公"自序"、《汉书》"叙传"，亦缀于末，惟诸表序冠于首。班氏作《两都赋》，首为之序。左太冲《三都赋》同之。而郑氏《诗谱》，亦以序居前，此其滥觞欤！至乞人作序，起于太冲为赋成，自以名不甚著，求序于皇甫谧。由是后人文集，莫不皆然，甚有两序、三序者。顾亭林《日知录》，深讥其非体。自有前序，乃谓缀末者为后序，亦谓之跋尾，或谓之书后。

一卷丛残载笔勤
——黄炎培的修志感事诗

黄炎培，字任之，我国伟大的爱国主义者，杰出的职业教育家，著名的社会活动家。他一生中杰出的成就是多方面的；他在抗日战争前夕主纂的《川沙县志》，是民国年间各地所编地方志的翘楚，被誉为一代名志。他的修志实践，以及对地方志的精辟见解，对当前编修社会主义新方志，有很大的借鉴作用。黄炎培先生又是一个杰出的诗人，他的《里居主修川沙志聚父老子弟宿观澜小学文照堂水榭日课一诗得六首》，载于他的《苞桑集》诗集卷二，是经久传咏的名篇，又是一宗重要的编纂资料。

1933年冬，黄炎培先生这年五十五岁，他罗致地方才彦，乘川沙观澜小学放寒假之机，假其"涛园"（即文照堂）编修川沙县志。他在紧张的工作中，不废吟咏。据参与当时纂修的黄炎培先生胞侄黄清士先生回忆："这一组七言诗，确是'日课一诗'地逐日写成的，而且都在清晨写，当时我与任老同住文照堂，见他绝早起床，呵冻信笔疾书，犹同宿构。进早飧前，已将挥洒淋漓，墨沈未干的诗稿，摊放在办公桌上，让大家围观……"（《四十八年前参加修志工作的回忆》，载《川沙县志资料》1982年第5期）现将黄炎培先生这六首七律诗，结合个人的粗浅体会，加以介绍。他的诗，用典甚多，有关注解，列于篇后，其中不少地方是采纳黄清士先生《试释任老的六首诗》[1]。黄诗：

安得松阴昼掩关，读书坐拥海云闲。

冷观世变寻因果，远屏尘嚣谢往还。

索悟玄之又玄外[2]，全生材与不材间[3]。

抱残何惜翻帑役[4]，少长相携此展颜。

这是第一首，大意是难得排除尘俗酬应，闭户翻阅资料，探索哲理，大家高兴地担当着县志编修的艰巨任务。首句"安得松阴昼掩关"，看来是平淡之句，而"安得"两字反映了川沙县志编修的艰难历

---

[1] 黄清士原先是上海教育学院副研究员，长于诗词，又精小学，不幸于1985年病故。此文作于1983年初。当时新修县志工作刚刚开始，因清士先生曾参与任老编修县志，我们向他采访，约他为任老六首诗作笺释。此文开头说："1934年1月，任之伯父回乡修县志，我随往。修志余暇，任老写了六首七律。跳丸日月，迄今已四十九年。当时情景，历历在目，重读诗章，益增怅望！今承王、顾两同志督我笺释；诗无达诂，加上我的学识谫陋，要想复述作者意境是毫无把握的，姑勉力为之，以俟读者指正。"他这一文章，既正确地解释了任老诗意，同时又提供当时修志的许多实际情况。

[2] 索悟句：索悟，探索领悟。玄之又玄，形容道之玄虚微妙。《老子》："玄之又玄，众妙之门。"

[3] 全生句：全生，保全生命。材与不材，语出《庄子》，"弟子问于庄子曰：'昨日山中之木以不材得终其天年；今主人之雁以不材死，先生将何处？'庄子笑曰：'周将处于材与不材之间'"。材，指中用之材。

[4] 抱残句：抱残，即保缺残，泥古守旧之意。《汉书·刘歆传》："犹欲保残守缺，挟恐见破之意，而无从善服义之公心。"翻帑，翻动旗帜。韩愈《陆浑山火》诗："丹蕤原盖绯翻帑。"这里引申为翻书。

程与毕此一役的决心。民国年间，川沙县志编修工作，前后有三次波折：创议修志在1913年（民国二年），经过一番筹备，至1915年，黄炎培先生被保聘为主纂。以他为主，组成修志班子，制定规划分职进行。但由于国际上第一次世界大战爆发及国内爆发"五四运动"，政治形势动荡不定，一县之财政又很困难；他的主要精力，在提倡职业教育。一般修志人员，及各有公务，精力俱不集中。川沙第一次修志，就此告吹。到民国十七年（1928）冬天，修志人员再次集议，把前次搜集的旧稿翻出来，重加估核，发现了许多问题：一是材料不齐、不全，二是随着时间的推延，许多地方变故急需增添。于是决定改定门类，展长断限。根据新的部署，同人重加采访，应按新的要求，通过调查，取得第一手资料。但也由于"国难频仍、天灾迭见"[1]，特别是日本军国主义不断进犯中国，制造了1931年的"九一八"事变和1932年在上海发生的"一·二八"事变，第二次修志随之流产。从民国初到1934年前后二十年，志未修成，对他来说是一个沉重的负担，因之在1934年1月，他于百忙之中，把修志同人集聚起来，乘川沙城中观澜小学放假之机，在文照堂水榭，决心把川沙县志修成。在这首诗中，作者通过诗的语言，表现出为编修方志认真探索真理精神。这年他年届56岁，有识有学，名满宇内。但他对于编修方志这一项新的工作，态度非常审慎，感到没有完全会成功的把握，只能翻翻书本，做一些抱残守缺的工作。

　　　　颇讶悬车竟杜门，只因伏案禁窥园[2]。

---

[1] 陆炳麟：《川沙县志序》。
[2] 颇讶二句：悬车，挂起车辆，原谓辞官家居，《汉书·叙传》："身修国治，致仕悬车。"杜门：谓闭门不出。《汉书·孔光传》："光退闾里，杜门自守。"窥园：《汉书·董仲舒传》："盖三年不窥园，其精如此。"合二句谓修志工作的紧张状况。

> 林炯日落留云久，水榭童归剩鸟喧。
>
> 炉子红泥春自在，汤婆布被夜温存。
>
> 草堂晨夕从头数，国故家常话一樽。

这是第二首，是当时修志、生活状况的真实写照。已是林炯日落，学童离校时刻，而大家犹自紧张工作。当时的工作条件呢，十分简朴。在严寒的冬天，只用红泥炉子取得暖意，用"汤婆子"温存被窝。就在这极平常的草堂内，他们理会的是"国故家常"的大事。作者为我们活现了一班修志同人为修纂地方志埋头笔耕的图画。

> 久客还乡不当家，忍从劫后问桑麻。
>
> 先人名字陈编泪，早岁风波泛海槎。
>
> 残隶熹平摩汉石，初春东野赏山茶。
>
> 当年消息留心影，说与西风雪鬓斜。

这是第三首诗。是作者早年在故乡生活的回忆。作者20岁时，就离开了家乡川沙。"长而驱驰海内外，不自量度，辄思于国于群，稍稍有以自效。对吾乡川沙，虽尝数度服务，为教育，为教育行政，为筹备自治，类皆月计有余，年计不足。此外，仅趁岁时归省……"[1]作者萍踪国内外，三十余年，家乡已是劫后桑麻。作者的父亲黄烊林（1856—1894），字瑞甫，号叔才。邑庠生，授徒为生。后入吴大澄幕。曾参与俞

---

[1] 黄炎培：《川沙县志·导言》。

樾主纂的《川沙厅志》编修工作，列名《厅志》。作者幼年时，父亲为家计到处奔波，落得与母亲孟樾清相依为命。但父母亲俱在作者未成年时死去。想起了幼年时孤苦，想起过早去世的长辈，如今又从《厅志》上看到父亲的名字，不由得使他惨然伤心流泪。1903年夏间，作者被邀赴南汇新场演说，被南汇知县戴运寅指为革命党逮捕，幸得美籍进步教士步惠廉及出身川沙的土木业巨子杨斯盛营救得脱，亡命日本。作者幼而好学，青少年时代，曾赁住川城姑丈沈毓庆的余屋，沈毓庆的父亲沈树镛家富藏书。作者在沈家获读了大量书籍。沈家藏有汉蔡邕《石经》残字，为海内稀世珍本，辟西厅为"汉石经室"。作者早年得摩此石刻。作者的外祖父孟荫余，受知于南汇名师火文焕，有很高的学问，他在城东家园，筑"东野草堂"（因他姓孟，取唐诗人孟东野字号为堂名），为其子弟就学之所。作者也读书其内。也曾经常在其中品尝春茶……总之青少年时的故乡的印象，霎时浮现在作者的眼前。故乡川沙，对他桑梓情深，这也是诱发他为家乡修志重要原因之一。

历劫金丝壁未灰[1]，登堂一为笑颜开。

即今蓬累方闻士[2]，自惜萧条异代才[3]。

---

[1] 历劫句：借孔壁藏书的故事，比喻有关县志的档案资料齐全。孔安国《尚书序》："鲁共王好治宫室，坏孔子旧宅以广其居，于壁中得先人所藏古文虞、夏、商、周之书，及《传》、《论语》、《孝经》，皆科斗文字。王又升孔子堂，闻金石丝竹之音，乃不坏宅。"金丝，指乐器。

[2] 蓬累句：《史记·老子韩非列传》："且君子得其时，则驾；不得其时，则蓬累而行。"张守节《正义》："蓬，沙碛上转蓬也；累，转行貌也。言君子不遭时，则若蓬转流移而行，可止则止也。"

[3] 萧条异代：杜甫《咏怀古迹》："摇落深知宋玉悲，萧条异代不同时。"

独念回天投责大[1]，何须斫地放歌哀[2]。

艰难海曲求文献[3]，家国愁肠日九回。

　　这是第四首。作者浮想联翩，意境开阔。他看到川沙历经变乱，藉以修志的档案资料竟得到保存，使他十分高兴。他说："重以国家多难，'一·二八'兵刃之凶锋，川沙不与宝山、嘉定、昆山同其糜烂，亦幸耳。"（《川沙县志·导言》）诗中作者念及古往今来的文士，大多怀才不遇，寂寞一生，而感到应奋发起来，担当起扭转乾坤的艰巨责任；不必因个人的坎坷屯蹇而斫地悲歌。"何须斫地放歌哀"，这样的诗句，多么能激励人心。较之爱国词人辛弃疾"把吴钩看了，栏杆拍遍，无人会，登临意"，更有积极意义。

　　　　猿鸟风云郁草堂[4]，干戈冰雪梦河湟[5]。

　　　　时危谁蓄三年艾[6]，日蹙何抵百里疆[7]。

---

[1]　回天句：回天，谓挽回颓局。《新唐书·张玄素传》："张公论事，有回天之力。"投责：负起的责任。

[2]　斫地：杜甫《短歌行赠王郎司直》："王郎酒酣拔剑斫地歌莫哀，我能校尔抑塞磊落之奇才。"

[3]　海曲：海边。王元美称："南汇，海之一曲也。"川沙濒海，旧隶南汇，故亦称海曲。

[4]　猿鸟句：猿鸟风云：谓战争。猿鸟，即猿鹤。《太平御览》卷九一六引《抱朴子》："周穆王南征，一军尽化，君子为猿为鹤，小人为虫为沙。"

[5]　河湟：河，黄河；湟，湟水，在青海省东部。河湟泛指华北。

[6]　三年艾：比喻凡事当预做准备，《孟子·离娄上》："犹七年之病，求三年之艾也，苟为不畜，终身不得。"

[7]　日蹙：《诗·大雅·召旻》"今也日蹙国百里"，蹙，收缩。

九仞高从平地起，百川细纳众流长。

安排宇宙吾徒事，国族于斯敢淡忘？

　　作者主纂川沙县志时，战火已在华北烧起。由于当时政府没有
应变时局的准备，使大好河山，日蹙百里。但这并不使他灰心丧气。
他认为抗击日寇暴行，还可以从头做起，如百川之细纳众流，持久不
懈。末二句大有顾炎武"国家兴亡，匹夫有责"之慨，充分体现黄炎
培先生高度的爱国主义精神。

乔氏成城靖寇氛，钦公捍海亦奇勋。

百年生聚弹丸小，一卷丛残载笔勤[1]。

南北东西才暖席，黄吴蔡艾早修文[2]。

蓬山东望风波恶，隔岁惊鼙匝地闻。

　　上一首表明了当时国内的政治形势。这一首又具体地联想到故
乡川沙。乔氏成城指乔镗筑川沙城之事。川沙本上海屯堡，明时洪
洼深阔，倭寇犯境，由此登陆。明嘉靖三十六年（1557），邑人乔
镗倡议筑城，以扼其冲。城成，上海地区倭患遂绝。清雍正十一年
（1733），南汇知县钦链，筑捍海塘，保障了人民的生命财产。人民

---

[1]　一卷句：桓谭《新论》："若其小说家合丛残小语，进取譬喻，以作短书。"
这里指编修县志。
[2]　黄吴句：自注："先伯平斋琮、吴丈恭之福梓、蔡嵩宗钦、艾诵劬曾恪，皆致
力甚勤，未及志成，先殁。"

怀念钦琏，称此塘为钦公塘。乔镗、钦琏为人民做了好事，几百年来得到人民的称颂。"一卷丛残载笔勤"，作者认为把《川沙县志》修好，也是有益地方的大事。"南北东西才暖席"，这一句隐现了作者的艰辛劳迹。作者1901年，考入南洋公学特班，受知于蔡元培、张元济；次年江南乡试中举人。1902年冬，返乡兴办教育，呈准两江总督张之洞，将川沙观澜部院改为川沙小学堂。1903年夏间，在南汇新场应邀作兴学演说，被诬为"革命党"被捕，即为继上海"苏报案"后又一次震惊中外的"南汇党狱案"。经杨斯盛、步惠廉营救脱险。后流亡日本，救国思想更加坚定，遂萌推翻清政府之念。他在日本赋诗明志："兴酣起舞挥长铗"，"君不见黄龙之酒味谈醇醇"。1906年受杨斯盛之托，办浦东中学，以成绩优异，驰誉一时。自此他以教育为救国之途径。1905年7月，经蔡元培介绍入同盟会，不久受托为上海总干事。同年，和蔡元培、沈恩孚、袁希涛等创设"江苏学务总会"（后称江苏教育学会），任常务调查干事。深入江苏各地，调查教育情况。1909年，被选为江苏咨议局议员、江苏地方自治筹备处参议等职。1911年，辛亥革命成功，协助江苏巡抚程德全改组省政，旋任江苏民政长官公署第一任教育司长。1913年，写了大批论文，提倡实用教育，亦为他提倡职业教育之发端。1914年辞官，倾力教育，深入考察皖、赣、浙、鲁、冀五省。1915年4月，随农商部"游美实业团"赴美报聘。尽游美国各地，考察教育。结论谓教育必须务实用；不实之用，不得谓之教育。1917年5月，他联合蔡元培、马相伯、张元济等数十人，创立中华职业教育社，推广职业教育，改良普通教育，以达到无业者有业，有业者乐业的目的。自此，他为职业教育转辗各处。1931年"九一八"事变发生后，他联合上海各界人士，从事救亡运动。先后组织上海市民地方维持会、上海市地方协会，任秘书长。创办《救国通讯》，传播抗日消息，激励抗日士气。黄炎培先生为了追求社会进步，到处奔波，席不暇暖。"蓬山东望风波恶，隔岁惊鼙匝地闻"。1932年1月28日，上海淞沪抗日战争发生，距黄炎培先生修志开始，正值一周年。1934年初，他在国事艰难的情况下，从百忙中抽出时间修志，他的目的也是通过志书，起资治和教化作用。常识之见，编修地方志必须有安定的社会环境，叫做"盛世修志"，这是不尽然的。不论什么环境下，不能忘记修志的根本目的。通过记述史事，使后人得到借鉴、教益。如果在安定环境下，修志"太平欢乐图"，这样的志书，这只能取悦当道者，于社会并无价值。他在诗中把历史和现实结合，呼吁共御外侮。也可见作者此时修志深远用心。他在《川沙县志·导言》中告诫说："三百年前，城以防倭，今城隳矣，而海氛又恶，国难方长，后此为我川沙谋者，农以养之，校以教之，苟不日讨邑人而申儆，合力自卫，以卫国家，前明末叶之大患，其何能免？或且视前更烈也已。"时任川沙县长的王任民在《川沙县志·序》中也说："……寇势方张，证今考古，有恃此志。"《黄志》不仅对后世，而且在当时已有借鉴作用，价值之高，由此可见。

黄炎培先生还有一首修志感事诗《川沙城西北真武台道观也住持比丘尼谛香慕成新筑借居修志三宿留题》：

苦行缁流饷美蔬，萧条城阙见精庐。

楼台弹指曾何有，仙佛同龛了得无。

野哭千家收战骨，横流百里荡民居。

抱残此日空桑客，有笔应和血泪书。

这诗作于前六首诗后一个月以后，作者在真武台第二次集聚修志同人时所作。黄炎培老友、《川沙县志》协纂张伯初先生在《我生七十年的自白》回忆说："……一日，乘观澜小学寒假之便，扃集从事同人于该校涛园，分工合作，粗定纲要，嗣后在真武台连城别墅六次工作，二十四卷初稿略备。"他的《寿黄任之七十》诗谓："修志频经辍半途，连城精舍几操觚。斫轮终仗完新稿，分校也曾扫叶枯。"

上述可见，黄炎培先生修志感事，用诗的语言，记咏了一部名志的修纂情况，表露了作者严肃的修志态度。黄炎培先生一生写下了上万首诗，今存于世的，也不少于二千首。存诗最早的写作年代是1903年，坚持写到他的晚年。他的诗，既记咏了他自己一生追求进步的奋斗历史，又从各个不同侧面，反映了社会历史变化。他经历了清代、民国，直到新中国成立后六十年代逝世，他的诗作，堪称一代诗史。他的诗从思想内容到艺术境界，入诸同时代最杰出的诗人作品之中，有过之无不及。江问渔先生评论黄炎培先生五十岁以后诗时说："可确认其与少陵相近，若论其才思卓荦，笔气超脱，有时或竟胜过少陵。"[1]这样论断，并非虚言。且不说黄先生的诗艺术性很高，在诗中所表现出来的才学，也极博洽。1906年，他还是二十多岁的青年，他的才学使

---

[1] 《苞桑集序》。

江苏提学使大为吃惊，问平时读些什么书？黄先生回答说："幼读四书五经，后从《十三经》中选读《尔雅》，从'二十四史'中读《史记》《前汉书》《后汉书》《三国志》，从诸子百家中读《庄子》《墨子》，从唐人诗集中读李白、杜甫两家……"[1]

这一点，我们仅在他的修志感事诗中，也可得到充分的领略。

---

[1] 黄炎培《八十年来》。

西风残照　汉家陵阙
——解放前一年续修川沙县志述评

继1936年黄炎培主纂《川沙县志》后，1947年底，又有续修川沙县志的奉命公事。早在1946年7月，国民政府行政院颁布了《各省市县文献委员会组织规程》，又颁布了《地方志修纂办法》，规定省市三十年修一次，市县志十五年修一次。同年十二月，江苏省政府训令各市县执行。1947年10月，川沙县第三次参议会议上，决定续修川沙县志，成立修志筹备处，拟定了修志简章、采访总目、采访办法等。1948年4月16日，县修志筹备处改为文献委员会，聘定陆仲超为主任、陆容庵为副主任。5月聘请黄炎培、张伯初等五人为顾问。在我国历史上，绝大部分地方志是在"国泰民安"，政治局势比较稳定的情况下修纂的，而此次"续修"，正是国民党反动政府由于倒行逆施，政治极端腐败，在声势浩大的革命力量不断打击下处于覆灭的前夕，修志事业必然地没有成功的可能。续修川沙县志在稍事开场后不久，无声无息地收场了。这是我县修志历史上一次失败的纪录。虽然如此，但我们今天对当时"续修"已开展的工作进行必要的追究，这对当前的修志工作，并不是毫无意义的。

和一切社会科学一样，志书是有阶级性的。迄今存在的数以万计的旧志，都是按历代统治阶级需要编纂的，但这在客观上丰富了我国的历史文化，成为当前我们用新的观点研究地方发展史的重要资料。当时国民党反动政府提倡修志，无疑是有其政治目的，但提倡修志继承我国特有的传统，就这一点来说是无可非议的。历久形成的修志特有规律，俱需遵循，不得违背。我们从黄炎培先生修成的名志——民国《川沙县志》中获得教益，也同样可以在黄炎培等曾参与续修川沙县志中找到必要的借鉴，尤其可从已开展的工作所体现的一些特点中找到借鉴。总结起来，大致有三：

第一，形成了一定的章则。具体说来，一是规定县志十五年修一次。我国最早的方志，大多是私人撰写的，后来逐渐转由官修，因而修志往往形成法令，成为全国性的统一行动。早在隋大业年间，普诏天下诸郡"条其风俗物产地图"，在清代，政府命令各地修志，为修全国性的一统志服务，并规定六十年修一届。清代修志成为历史上的鼎盛时期，迄今保存起来的志书，大部分是有清一代修的。民国年间，一来由于历史短暂，二来由于政治不安定，修志事业由此中衰，抗日战争胜利后，国民政府强打精神，在搜集地方文献、编修方志方面颁布了一些法令，规定省志三十年修一次，市县志十五年修一次。川沙自1925年（《黄志》下断期）到1947年，断志已二十二年，已有续修的必要。于是按全国性的统一规定，拟定了续修川沙县志的办事细则、组织条例、采访办法，把续修川沙县志一事舞弄起来。二是设立专门机构。按照上级规定设立了川沙文献委员会，委员由学校及机关首长充任，设主任、副主任各一人。成立编写、总务二组，编写组担任业务及专刊之编纂，以及采集、整理等事宜；总务担任文书、会计、出纳、庶务、出版等事宜。各组设组长一人，组员十五人左右，组长及组员，均由主任委员遴选派充。所有人员具由政府出面加委。三是聘请顾问。由于县志事类浩繁，规定"因事实上之必要，得聘请专家为顾问"。"续修"聘请了黄任之、张伯初、姜体仁、周嘉温、陆润民为顾问。黄任之、张伯初是前修主协纂，周嘉温与陆润民也都是前修的骨干，陆润民是工程专家，前志的测绘业务，大致由其一体承担。姜体仁是兽医专家，以文才出名见重于时。他们出身本县，各有专长，可堪顾问之职。

第二，按照实际情况，制订了采访门类。制订采访门类是修志的首要步骤，据沈敬之先生回忆，"续修"采访门类是修志门人，按照实际情况，经过反复斟酌，多次在浦东同乡会集议，在黄炎培、张伯初先生指导下拟就的，"续修"仍按前修，定为二十四个门类，具体目类，有所增删，增加了"党务"一门，取消了"叙录"一门，比前修共增加了十五目。《黄志》类目较之一般旧方志不同之处，是不因循旧套，而是根据当时当地实际情况推陈出新。有鲜明的地方特色和时代特色。例如：旧方志设有沿革表，把当地设治的历史上推以至荒古时期。这至少在成陆很晚的川沙是不适当的，这在"类目"中予以取消。反映地方和时代特色的类目，例如：沙洲、潮汐（舆地类），盐所、灯塔、海塘（工程类），合作社、银行（财赋类），教育会（教育类）等。

第三，采用《黄志》纂修办法，修纂《黄志》形成的经验、办法，为"续修"前借鉴。例如：

关于县志修纂期。修纂一部县志，究竟要多少时间，编纂《黄志》的过程作了回答。《黄志》发轫于1913年，着手于1914年9月份，按照当时的规划，准备花两年时间完成，其中采访期六个月，资料审查期四个月，编纂期十二个月，校勘期二个月，又因事中辍。直到1933年，又决心从头干起，终于自1933年冬，至1935年冬两年时间内完成任务（至出版总计三年多时间）。"续修"参照前修，确定修纂期共两年半，自1948年初起，两个月为筹备期，八个月为采访期，六个月为资料审查期，七个月为编纂期，六个月为校勘期，当然，众所周知，这一设想，因后年翻天覆地的政治形势大变化，成为事实上的不可能。

关于采访办法。"续修"与前修大致相仿：各乡设采访主任；各采访主任就本乡镇推举采访员四人，按照县志"采访总目"按类详访；采访完毕，由各乡镇将访稿汇送县修志筹备处（后改为文献委员会），审查访稿。也规定了审查访稿的章则。但"续修"由于当时形势变化，访稿工作未曾开展。

关于职名分工。编修县志必须明确分工，按照惯例，由政府出面主持编写叫"修"（旧志中历任地方长官列名"监修"），具体执笔的叫"纂"，既主持又参与编写的叫纂修。纂又分"总纂"与"分纂"。私人著述叫"撰"。《黄志》职名分修志局主任一，主纂一，协纂一，分纂十一，采访数十人，测绘三、缮写三、检卷三。"续修"与前修所不同者是"文选委员会"主持修志，主任一、副主任一，其主要任务是主持采访审查办法；编订资料保管事宜；推举各乡镇采访主任；制订采访门类（门类，最后由主纂员核定）；制订修志规划；确定县志断限；委任书记、专司缮印等事；确定检卷专员；采访竣事还请主纂一人，协纂一人，分纂若干人；制订采访审查办法。以上职责俱经县长核准，举凡聘用人员，亦多呈请县长加委，以昭郑重。"续修"与前修不同之处，是按规定设立编写、总务二组："各组组长承主任之命分掌各该组事务"。可见编写组分掌的是行政事务，并非纂写工作。

以上说过，"续修"工作是一笔失败的纪录。这是不足为怪的，因为它从主观到客观上丧失了编修《黄志》时的有利条件。

首先从政治形势看，《黄志》始修于1933年冬，"蓬山东望风波恶，隔岁惊鼙匝地闻"，当时日本帝国主义正步步紧逼侵略我国。1931年东北发生了"九一八"事变，1932年在上海又发生了"一·二八"事变。大敌当前，国难临头，这是一方面；又方面，在中国共产党抗日主张影响下，全国人民同仇敌忾，掀起了抗日救亡高潮，《黄志》是在这形势下修纂的。此时，主纂黄炎培已从全身心提倡职业教育转而从事抗日救亡活动。各修纂同人当时俱都满怀爱国热忱，他们这种爱国爱家乡的情怀，在他们修成的《黄志》中溢于言表。《黄志》历两年至1935年冬修成，此时已接近第二次国共合作形成，八年抗战，中国人民最后战败了法西斯，取得了胜利。但抗战胜利后，国民党反动政府，不顾全国人民要求消除战争祸害，建设一个民主、进步的新中国的要求，却把枪口掉过头来，对付在敌后艰苦卓绝，坚持抗日战争的中国共产党和革命人民，把整个国家，推入到内战祸海。就川沙一县来说，它正和所有蒋管区一样，当局到处横征暴敛，捉丁拉夫，并由于灾荒、物价飞涨，人民处在水深火热之中。"续修"正是处在国民党极端反动时期开展的，人心相背，国将不国，此时修志，何异绕着坟墓唱恋歌，身处漏舟，犹还□觞，断无成功之理。

其次，从修志倡导者来看。《黄志》倡导人及其支持者，当时，都是地方上比较贤明的长官和开明士绅，他们中有的是清末地方自治的身体力行者，有的是地方公益事业的热心人，尤以黄炎培先生所推崇的蘅（陆蘅订）、逸（陆逸如）二老最为得力，由于他们的声望，由他们倡导的修志事业，也一时获得人们风靡景从；止于"续修"之时，政治腐败已极，地方官及"文选委员会"各员，虽不能一概而论，就其大体言，是贪官污吏、土豪劣绅，由于他们对人民犯有罪行，解放后多数均被镇压。

最后，从编纂人员来看，清代方志学家章学诚说，必须"访文学而通史裁者""削笔成书"，《黄志》主纂人当其民国初年三十多岁时，就被公认为"热心公益，经验富有，学识过人"，到抗战前夕，他已名满全国，且在国际上也是有名人物，由他推定的编纂各员，俱是一县才俊，协纂张伯初尤为得人；而续修虽有参与前修的陆培亮先生之其事，也聘请了若干有声望者为顾问，但他们大抵年事已高，不预修志实务，于事无福。由于国事日蹙，人才寥落，没有物色到才力相当的编纂人员，更毋庸说主纂员了。据说，当时有一朱姓者一度充任，但其人潦倒无形，直一文丐而已。国民党反动派日薄西山，气息奄奄之机，一方文运也凋敝如此，续修川沙县志颓然中辍，其理也在此。

一部乡里旧志
——《一周岁的高桥》

《一周岁的高桥》出版于1935年10月，是"高桥农村改进会"第二次报告材料（高桥农村改进会另编有《半年的高桥》一书），全书约十万言，其要目如下：

《目次》《序言》《本会区域全图》《一年工作的瞻顾》《教育工作进行计划草案和本会暑期讲习会概略》《农村经济部工作进程》《近半年来的农教场》《高行北部几颗小小的种子》《到西凌家宅》《八个月来的新港》《十年来高桥的大概》《本会图书馆的阵容》《附：暑期中讲习会讲演稿选录》。

这本书反映了抗战前"高桥农村改进会"的工作状况以及高桥区（现高桥镇、高桥、高东、凌桥乡及其邻近地区）社会状况，大部由写作者根据其亲身经历和调查材料写成，内容翔实，具有志书的一般特点，可说是记述高桥地区情况的乡里志。这对当前编修县志和乡镇志有较高的参考价值。兹就浏览所得，略作介绍。

一、反映了"农村改进会"的工作状况

清末叶，政治腐败，按照古代方式办农田水利、乡学等，被认为有利农村的事业也都废止了。民国以后，教育发展于都市，不普及

乡村；即使当时也办过一些农村学校，但对农村的影响极小，农村经济日趋凋敝，农民生活日益困苦。一些具有社会改良主义思想的人认为要振兴中华，首先要把农业办好，要改进农村。黄炎培先生是改进农村的积极主张者。1924年与中华职教社同人商定在昆山徐公桥成立"乡村改进区"，推行以教育为中心的农村改进事宜。同时派出调查员十九名，以两个月时间在江苏地区对二十九个县的农村经济作调查。根据调查情况，提出了他们改变农村贫苦状况的要途是改良种子、农具、耕作方法和提倡副业等。一时农村改进之声浪遍及全国，农村改进事业勃兴，农村改进形式多样。

1934年7月，黄炎培在高桥又组织了"农村改进会"，聘请芷江大学王揆生为总干事主持工作。经过一年的努力，辟交通、办教育、兴医药卫生，设立了乡立第一小学和懿德女学。建立了卫生事务所等，取得了一些成绩。高桥农村改进会的成败得失及其工作计划、方式等，在这《一周岁的高桥》中具有翔实的记述。

二、反映了高桥的历史状况

《一周岁的高桥》中，分门别类地记述了有关高桥地区的背景材料，如交通方面，浦东大道未筑通前，高桥到上海只能通渡轮。1931年，上海市轮渡扩展航线，有三只渡轮往返于上海高桥之间，每日乘客有两千人次以上。次年又辟了通往吴淞的航线，至于乡村之间，限于当时的条件，交通工具，还只能依赖于落后的小车、人力车、马车等等。教育方面，高桥镇原只有县立高桥乡第一小学，还有私塾十多所。至1930年时全区只有小学十五所，学生数达三千人，尤以日新小学规模为大，人数为多。至于十余所私塾，只剩一二所了。高桥素不讲究卫生，自宝山县划归上海市后，以高桥为卫生模范区。市卫生局在高桥设立办事处；"一·二八"战事后，在中央大学和上海医药院合作下，改为卫生事务所，开始防治结合、科学接生等。之后，杜月笙在当时高桥镇公园内，办起了济群医院。工业方面，布厂有大顺、公兴二布厂。"一·二八"后，徐炳璋等创办了规模很大的大中华制带厂，产品远销南洋。生产的橡皮头鞋带，以此厂为首创。关于"高桥松饼"，书中作这样的记述："松饼本是此地人家庭制造，拿来招待宾客的，首先由周伯千先生创设周正家庭制饼社，由家庭中妇女任制饼工作，以工料都认真，故生意很好。后有张锦章先生，决心改良高桥土产，组织高桥食品公司，地址在高海镇西街。张先生又运商业的手段，行使他科学制造法，借广告的效力，将'高桥松饼'四字，在近二年中，送入了十里洋场的一般食客的耳里。继起有'高桥土产公司'，'周正记土产公司'，出品皆不相上下、销路也相仿。总之在十年前，高桥任何人也想不到高桥松饼，会在上海上等礼品中，占优胜的地位。"这段文字，是对于高桥松饼历史的真实记述。由此可见，"高桥松饼"，原是家庭食品，作为商品，是二十世纪二十年代以后的事。以上仅举了《一周岁的高桥》一书中之数例，余不及。总之，此书是距今五十年的高桥当地人的见闻，所记述的事物，对当前修志工作，有重要的参考价值。

三、反映了若干重要人物的活动情况

《一周岁的高桥》中收录了一些重要人物的文章、讲演记，还附有一年"大事记"，由此我们可以看到一些重要人物在高桥的活动和

思想状况，对于研究社会和人物很有参考价值，也为编写《人物传》提供了具体资料。书中关于"改进会"总干事王揆生主持"改进会"工作的活动情况，都有具体记载（王原籍江镇，解放初去世）。有很多篇幅记述了黄炎培及其亲密同志江向溢、杨卫玉、姚惠泉的言行。如黄炎培先生在一次暑期讲习会闭幕典礼上，作了《中国目前的三个重要问题》的演讲，其内容不仅限于"改进会"本身，广泛涉及了当时全国的情势，以致击中了时弊："现在目前有三大问题，这三大问题不解决，可以杀人，可以亡国，……第一个问题，是一个水灾问题，现在各处闹水灾，一条黄河，一条长江，……长江今年上半年发水，湖南、湖北、江苏、安徽四省，受灾的区域有一百四十县，灾民有一千四百万人。单就汉口说，汉口捞到尸首有三万具。……湖北天门县全县水淹，百姓没有逃出，只有一个县长，抱到一根木头，浮水遇救。……说到黄河，那河南、河北、山东等省的水灾格外严重了。诸位想：我们究竟怎么办呢？假使你的哥哥弟弟，落在黄浦江里，你能忍心看了他不去救吗？这许多灾民，就是你的哥哥弟弟呀！但诸位又要想，怎么会造成如此水灾呢？这都是水利不修的缘故呀……"

当我们读到这些文字时，演说者的声容，及思想情感，都可在我们脑海中活动起来，也使我们看到了一幅幅黑暗社会的图画。《一周岁》中还有杜月笙以及其他当地人士活动的情况。

岳阳归来
——记中国地方志协会一九八九年学术讨论年会

中国地方志协会1989年学术讨论年会，于11月5日在湖南省岳阳市举行。我作为上海市论文入选者，参加了这届年会。本届年会采取按专题分小组讨论的办法，着重讨论了方志的性质和资料问题、编写方法问题以及方志结构与分类问题。

一，方志性质方面

对方志性质、定义，有几种不同看法：一种意见认为已有科学的定义，即胡乔木同志所指出的，是一本朴实的、严谨的、科学的资料汇集，也即：地方志是全面、系统地记述一方自然与社会各方面变化的资料性著述；一种意见认为，上述定义不够完整，应是记叙地方各个方面或某一方面情况的科学文献；又一种意见认为应把"全面系统地记述一方与社会各个方面变化的资料性著述"，改为"资料性文献"；另一种意见认为，对方志的定义需要进一步深入探讨，不要急于解决。对此持相反的意见认为，应该及时解决，以指导当前的修志实践。

对方志的作用与功能。一种意见认为要老念"六字经"："资治、存史、教化"。说方志是"资治""教化"之书是不全面的；另一种意见认为，上述提法，不适用于新方志，以"一方之百科全书"提法较好；还有一种意见认为：方志的特有功能是"存史"，这是不同于其他学科的主要区别。认为作用与功能不能混同。方志的"存史"功能，与方志的"资治""教化"作用应加以区别，方志有"史"的功能，它包孕的丰富资料，对当前建设社会主义所发挥的功能，是别的任何著述所不能代替的，只有认清了这种功能，才能使志书成为真正的科学资料的汇集。

方志学的研究对象。首先要对方志本身进行研究，包括方志名称和种类，性质与特征，内容与体制，起源发展和现状等；其次是对方志编纂的研究，其中包括方志编纂工作方式与编纂业务；再次是对方志应用的研究，亦即对方志成书后社会功用的研究。此外还有对方志事业的研究、方志学史的研究。

方志学与区域研究。一种意见认为方志学必须进行区域研究，其理由是只有认识一方，才能记述一方；一种意见认为区域研究，不是方志学的任务，区域地理学、区域地质学、区域经济学等，均以区域为其研究对象。方志学不同于区域地理学，因为区域地理学只研究人类生存的区域环境，而方志学则是从人与环境的相互关系，研究区域经济和社会发展的历史和现状。只谈方志学研究对象是"地方"，就会与以上相关学科形成重叠，并有可能回到方志地理学派的观点上去。

加强地情资料建设。目前地方志编修工件中，出现模式化的倾向。其原因在于编纂人员素质不高，受"左"的思想束缚，而缺乏丰富的资料，更是一个重要原因。在编修新方志过程中，通过对地情资料的挖掘和抢救，用新的观点和方法，对地情资料作系统的、全面的、科学的整理，使地方志的内容得到充实丰富，这是避免地方志模式化的重要手段。

二，编纂方法方面

纪实与社会效果的统一问题。一是"失误"要不要和敢不敢记的问题。有的认为应该记，这是志书的责任，否则不能成为信史，对历史不负责任。而且在《大事记》中简单地记还不够。有的认为，现在是"官修"，有很多关口要通过，记了"失误"就通不过。也有的认为志书记述的内容，不是毫无遗漏的，一些搞不清的事，让后人去写。二是以什么指导思想记。许多历史问题，可按《关于建国以来党的若干历史问题的决议》精神去处理。记载失误，不能采取"暴露"的手段，其出发点是坚持四项基本原则。三是注意表达方法。可以采取集中记与分散记相结合的方法。局部的失误，可分散于各处，不能分的适当集中。记述"失误"或社会阴暗面，还可用直笔与曲笔相结合的方法，有明确结论的历史问题可以直书，有的则可加以技术处理。

加强意识形态方面的记述。一是在整体上加强，如在综述、导言、概述等处加重分量，在党政志中设置章节，如"宣传教育"等，在写法上不能光列数字而要充实实际内容。二是在物质生产门类，也不要只写生产变化，也要写人的精神面貌。许多生产运动，都是精神带动起来的。三是要记述社会主义意识形态的建立与发展，反映两种不同观念形态的斗争，反映当前意识形态的复杂性，注意意识形态作用于社会的反映。

志书的"政治化"问题。其主要表现在：一是卷首题词。一些志书，欲借权威、名家之手，抬高身份。二是空洞的说教，志书中充满浮词丽句、宣传口号。三是政治图解，脱离实际，从空洞的政治概念出发，不顾本地区实际情况，照搬照套全国的政治形势和政治分期方法。产生"政治化"倾向的原因，主要是受左的思想影响。解决"政治化"倾向的办法，必须认清志书的政治倾向与"政治化"倾向的区别。用马列主义、毛泽东思想为指导编纂的地方志，其政治化倾向必然是歌颂中国共产党、歌颂社会主义、歌颂劳动人民的，而避免"政治化"倾向，要求把志书中的宣传色彩删除务尽，以充分体现志书的资料性。坚决砍掉不必要的题词。

志书的著述性问题。一种意见认为，当前一些志书质量不高，是由于著述性不强。其主要表现在堆砌资料、滥用图表，记事中随文起例，语言风格不统一等；有的认为志书的著述性内涵应拓宽，还应包括篇目结构及指导思想等；有的认为志书质量问题，原因是多方面的，著述性不强不是根本原因。采用纂辑体，同样可以编出有质量的书。

求实存真问题。求实存真是志书的基本属性，而一些出版和尚未出版的志书中，有许多不真实的假象，一是对所掌握的资料，不加科学的处理和组织，使人看不清其实质内容；二是点面关系处理不当。记述一件事情，不分重点和一般，层次不清，或是只记重点，不及整体，以偏概全；三是个性不突出，志书中充满象辞书一样解释说明性文字，大量引用全国性通行的政策法规，而缺乏有关本地区的实际情况。此外在遣词造句方面，由于不确切，也会造成失真。

三，志书结构与分类方面

志书结构。目前对志书结构理解不一致，一种意见认为是指作品的表达形式；有的把属志书内容方面"志书宗旨"，也认为是志书的结构；有的把志书的总体设计视为结构；有的把志书篇目看作是志书的结构，故对志书结构内涵及外延，必须认真探讨。由于目前认识不一致，对方志的结构，随便起用新名称，如"多卷多志体"、"诸目并列式"、"适当归并式"、"三门体式"、"四门体式"，不一而足。

志书分类问题。分类通常是指横排门类，设篇立目，目前已有四种分类标准，有按事业立志法，按"物"、"事"、"人"三分法，按城市的各种结构和运行机制分类法，按现代化社会分工和科学分工分类法。但这些分法，都不能使自然和复杂的社会事物得到确切处理。这有待修志实践和在方志理论上作深入探讨。

在方志结构与分类讨论中，比较一致的意见，就是要重视对传统的继承，认为这样做的好处是有稳定性。现在方志结构上由大中篇的结构，逐渐趋向中小篇，正证明传统的方面有其合理性，不能随便否定。对一些新的方法，不能盲目肯定，如个别地方，以章回小说体、历史分期法移用方志，并不见其成功。

《嘉定县续志》稿浅议

嘉定修志同仁，在短短三年时间内，完成了《嘉定县续志》编纂工作，一百多万字的书稿，详实地记载了嘉定在这一特定时间内所发生的重大变化，使嘉定县775年的历史，有了完整记录。《嘉定县续志》的完成，为上海地区新编地方志的续修工作，提供了很好的借鉴，尤其值得我们这些即将开展续志编纂工作的同志参考、学习。

这部《续志》稿所取得的成功方面，已有很多同志作出评价，我很赞同，以下就我对这部《续志》稿浏览所得，及着重阅读的有关部分，谈一些不成熟的看法。

一、关于"凡例"

"凡例"第五条中规定："本志对《前志》在记述上的阙误，力求补正……本志所记时间、地点、名称、数量、情节，若与《前志》有异，应以本志为准。"任何一部书，包括地方志在内，都可能有阙误，其阙误有多方面的原因，资料搜集不周、考订不详、传写不慎、安排无序，都可能产生阙误，而不仅仅限于"记述上"的原因。有鉴于前志之不足，《续志》力求补正，这是方志的传统做法。但对于是否"阙漏"是有认识过程的，当时修志，一定是把认为正确无误的资料载入的，到了后来，才发现有"阙误"的，这里有资料被进一步发掘，也有认识事物的过程问题，基于资料的进一步充实，认识的进一步提高，续志就有可能对前志之"阙误"有所补正。但认识事物的过程不是一次完成的，往往是反复的，以至无穷的，续志"补正"的东西，到以后看来，仍然可能有"阙误"的。检验真理的标准，是实践，不能把书本当作检验的标准，在"凡例"中规定"以本志为准"是不妥的。关于这一条，建议改为："本志对前志的阙误，力求补正。分别系于各门类之中，无可归类者，则入《杂志·补正》中。"

"补正"包括"补遗"与"考证"两个方面。有的认为，续志可以"纠错"，而不必"补遗"。我的看法不是这样。"纠错"和"补遗"是相辅相成，不可偏废的。下面我读一下《上海县续志》例言中的一段话："光绪间《松江府续志》，于旧有阙漏，别为'补遗'，于旧有疏舛，别为'考证'，盖仿范成大《吴地志》、张淏《宝庆会稽志》之例。又凡原始无征，难以时断者，则统编以存阙疑之义；图表缜密非可割裂者，则变通重编，以合今时形势。盖用《吴地记后集》、《吴郡图经续记》之例。众长既集，成法可师。今兹载笔，取则不远，无烦自创体裁。"

以上这段话告诉我们，续志的"补遗"、"考证"，源于宋代范成大的《吴郡志》（不是《吴地记》，《吴地记》是唐陆广微所纂）及张淏的《宝庆会稽续志》。还告诉我们古人在纂辑续志时创造的经验。

"凡例"第七条中又定："党政主要领导人，附以简历。"《续志》的体例，应与前志大致一律。前志于党政主要领导人，均无简历而《续志》附以简历，前后不相协调。地方志应遵循生不立传的传统做法，"简历"是立传方式之一，是不可取的。所见已出版的上海市区县志，都严格地遵循人物传生不立传的原则，但有些部门志、专业志，不乏生人立传之例。为生人立传，是会惹起许多麻烦的。所见为之立传的在世人物，许多人确实是"善可为法"的，可在其他书报杂志等领域，表扬其事迹，而不能在志书中立传。

二、关于"序言"

《嘉定县续志》修志同行，有一想法，试图"序"与"综述"合二为一，看了序言后，方知是难以两全其美的。因为这两者有很大的区别：一是表述的方法不同，综述是一县之客观事实之记述，序是主观意见之流露。所采用的文体也不一样，前者是记述文，后者是议论文。方志在记载本地事物时，采用"叙而不议"、"寓论于叙"的方法，是客观主义的。而序言中，可以发表个人的议论，为了表达己意，可以任情恣肆，把一些与本地不相干的方物联系在一起。二是记述的对象不同。"综述"的对象是"地域"，一市、一县、一乡的自然现象与社会历史。序对象是"书"。反映嘉定地情的书，可以是文艺作品、画册、统计报表，也可以是地方志。序言是根据不同形式的书所反映的不同内容，写出个人意见。三是在地方志中构成不同。"综述"是地方志有机构成部分，照黄炎培先生的说法，使不明当地的，看了方志中"综述"类文章，其文繁者，能大致了了，其文简者，推阐有得。新编方志，大都设"综述"而篇章有"小序"等方式。"序"在方志或别的什么书中，并不是有机体，撰写者虽大致有点格局，但并不非谁莫属，可以有许多选择性，而目的照样能达到。

我以为，主要有以上区别，所以两者不能成为统一体。我们看了《续志》的序文，感到问题较多。问题不在内容上主要是形式方面。文体不统一，文气不连贯，拼凑糅合的痕迹，十分显见。这方面的具体问题离开原文来说明，要花许多笔墨。一些不成熟的看法，已写原稿上，这里不再展开了。

三、关于人物志

人物志在地方志书占有重要位置，社会的发展，是人类活动的结果。人物志中，有许多反映一地发展变化的政治、经济、社会、文化史料。嘉定历来是人文荟萃之地，《续志》中为许多在全国有影响的著名人物，如陆俨少、谭正璧、秦瘦鸥等，这些人物，为嘉定生光，也为《嘉定县续志》增色。唐刘知几在《史通》中所说的"言媸者其史亦拙，事美者其书亦工"，就是这个道理。但也有一个写法问题，人物传的写法，可以讲出很多道道，但说说容易，做起来难，一个名人，几十年丰富经历，要用几百个字，或一两千字写出来，实是难事。一些大名人，可以写上几十万字的传记，现在要用千把字来写，怎么办呢？在历史长河里，为一个人写几十万字的传记，或再版几次，但最终传不下去的，而在国史、地方志里，所记虽则笔墨不多，但是会永远传下去的，因此要在这短短的篇幅里，写下一个人最紧要的昭示后人、"善可为法"的事迹。比如作家会留下大量书，画家有大量的画，我以为主要记载的只能是一二种或一二件成名作、代表作。成名之作，无论成名较早或成名较晚。成名早的可见其天分之高，稍晚的则功力见深。一时遭际也于此可见，是值得记下的一笔。至其代表作为同行、世人所公认，发挥的社会影响就更其明显了。我讲的，也是地方志传统的方法。试翻嘉定的王鸣盛、钱大昕，这些著作等身的大家，在其传记中，也不过是少量的代表作。从历史的长河里，一个大家所流传的不过是代表作。几百年后鲁迅供人阅读的或许只有《阿Q正传》、茅盾只有《子夜》，这已经是非常了不起。从这个意义上讲，秦瘦鸥的主要作品应是《秋海棠》，把他这本书在近代文学史上的地位写出来，秦瘦鸥这个人物就立住了。但《续志》中对秦瘦鸥的写法，犯了一个通病，罗列了许多著作。旧志于传主的其他著作，则一言以蔽之曰："所著见艺文。"新编县志，一般都设"文献""书目"等卷章，写人物也可以用此法。但有的不设这类卷章，无疑是一大缺憾，又增加了写人物传的难度。

　　我看了《续志》人物传，就个人意见，作了些改动，仅供参考，不一一地讲了。有一个感觉，《续志》于各类人物，写法不太一样，近现代军政人物，"简历式"比较多；还有一类人物（如马嵩山），属"评功摆好"式，有事实"拔高"之虞；个别的（如徐兴根）是"故事式"，与地方志必须客观简明记述不太一致，是否能作些修改。简历式的着重要充实事迹，"评功摆好式"要避免政治渲染，"故事式"的，其事迹要与简历捏在一起。由于人物传受所掌握到的资料限制，大幅度地改动是不可能，也是不必要的，只能动动小手术，而以不要背离事实为主。

非常感谢《续志》中采纳了增加人物索引的建议。我因研究需要，常常为查找一二个人物，花了许多翻书时间，因之用了将近半年的业余时间，将上海旧志人物索引初步做好，将其中有关嘉定的约1500人的索引誊录出来，成为《续志》的一部分。过去找一个人要花许多时间，有时还找不出来，有了索引，找任何人，一二分钟即可查出，并由甲到乙，由乙到丙、到丁，由人物到艺文、名迹、官司，往回反复，许多有用的资料，被集中一起，这对于研究地方人物、历史，会提供很大的方便。

（原载1998年6月嘉定区地方志办公室编《嘉定县续志评论集》）

《商城县志》特色谈

地方志能不能反映一地之特色内容，是衡量地方志质量的一条重要标准。历代方志学家在有关"详略"的论述中，早已涉及这一方面。在新编方志的实践过程中，"地方特色"更作为一个重要的理论课题，为普遍所关注。新编《商城县志》在这一方面是有其成就的。

任何一部地方志，不管编纂者对表现"地方特色"的意识如何，在一定程度上，都能反映地方特色，但在反映的"程度"上有很大的差异，这"差异性"，是决定志书质量高低的内在因素之一。所谓"特色"，是相对的，是与"一般"、"共性"相比较的结果。这种比较，有客体的比较，也有本体的比较。这一地区的地方志与另一地区的地方志的比较，这是客体比较，也包括本地方志，前修方志与后修方志的比较、当前新修地方志与前修旧志的比较，甚至新修的地方志，前后亦可比较。两者加以比较，在地方特色内容方面，也必然有所加强或改进。本体的比较，是同一部地方志本身各门类之间的比较。一部地方志门类众多，人、事、物，包罗万象，但这一切，形态姿质是各不相像的，付诸载记，亦自不同。而其间有鲜明的地方特色的内容，必是精华所在。地方特色的内容越多，志书的质量越高，其存史价值越高，功用越大。《商城县志》的地方特色，在各门类中，都有体现，现从以下几个主要方面加以考察：

一、独特的地理环境

民国年间方志学家寿鹏飞在其所著《方志通义》中说："志山川，宜详脉络源流。"商城是个山村县，处在大别山北麓。对于商城这一独特的地理环境，《商城县志》记述得甚是翔实，源流脉络甚为清晰。在《自然环境》卷中，对比甚为简洁、文字明了。例如对地形的记述：

> 商城县地处大别山北麓，酷似江南风光。地形南北狭、东西宽。地势南北倾斜，逐级降低。南部山多，海拔都在千米以上，面积占全县总面积的40%；中部低山丘陵，海拔在100～400米之间，面积占32%；北部丘岗，海拔在100米以下，面积占28%。

山脉、巨川，是一地的地理主要特点。商城县境有横向的大别山脉，又有两列纵向的山岭：

> 大别山脉：西起湖北省应山县，东至商城、罗田、金寨、英山、霍邱、霍山诸县，蜿蜒于豫、鄂、皖三省边区间的一条北岭山脉。西从光山县入境，沿东南边界逶延，呈东南走向。至东峰尖分为二支：一支向东南，往棋盘石进入鄂、皖边界。另一支向东北沿豫、皖边界分布，至金寨县城西五峰尖上。……境内大别

山脉，河流横切山脊，分出条条近南北向的山岭和山间谷……

对于河流的记述：

> 商城县河流属淮河流域。全县共有大小河流728条，总长
> 1636.104公里……主要干河有灌河、白鹭河，其中以灌河为主要径
> 流，干流纵贯南北，支流密布东西，流域面积，占全县60%……

与别的门类的记述一样，对商城自然环境的记述是有层次展开
的。在对山脉和崇岭的记述中，把主要山峰依次带出，然后对这些山
峰，又作分别的记述，共记述了57个山峰和山岭、13个岩洞。对境内
的主要干河，灌河、白鹭河、史河，也分别作具体的记述。这种有层
次的记述，读来使人非但无重叠拖沓之感，反倒有引人入胜之效。

《商城县志》中，吸取现代科学的成果，对当地的地质状况，
记载亦甚为详实。这是历来旧志中所不可能有的。商城境内地层出露
有太古界、元古界、古生界、中生界、新生界，地下岩浆的历史，从
前寒武纪到古生代、中生代都有活动。从区域地质构造上，属秦岭皱
系，如此即将地方志的地方特色，推之于远古时期。其中还记载了湖
北省地质研究所一个工程师1985年研究成果：大别山是一个独立古板
块，早在太古代时曾是海洋。洋底有火山活动，历史上曾发生过板块
碰撞。在"地质"一目中，还根据史料记载了商城自公元前519至1949
年2500年间发生的地震记录。凡此，对于考察商城县地质状况，无疑
是十分重要的。

寿氏《方志通义》又谓："志地理，宜详阨夷险。"地理的夷险形势，与军事上攻占防守关系密切，为古人所重。即使到了近代，也极有作用。商城县的历史，可作明证。凡此也被截入《商城县志》中。一个地区未必处处为险要所在，险与夷是相对的，各有用处。《商城县志》中对"金刚台"的形势记载，很是精到：

……晋时称檀山观，唐宋时称石额山。当地传颂，山顶有四块巨石，列成台阶，昂然耸立，形似金刚，故名金刚台。一般海拔500米，主峰海拔1584米，为大别山在河南最高峰。其上峰峦挺立，交相耸峙。海拔千米以上的高峰，还有平顶铺、猫耳石、月亮口、黑石槽、插旗尖、黄泥寨等。诸峰大多呈犬牙状、穹庐状……山肩处更险陡，仅有羊肠小道可攀登……险若金汤，以此也为历代兵家所争。南宋时，金兵南进，光州治所移驻山中。元末余思铭绕山立寨，屯兵据守，遗址尚存。群众称山上石寨为皇殿，山下石寨为里罗城。土地革命时期，工农红军和苏维埃政权长期在山下坚持斗争。……

金刚台山有"水帘洞"，洞口瀑布如水帘，在水帘掩蔽下，土地革命战争时期的赤城县委，曾在此坚持革命斗争。地理形势，不仅为兵家所用。《商城县志》中，还记载凭借有利的地理形胜修筑水库，建立动植物保护区等，为当前社会主义建设服务。

二、古老而淳朴的风俗

唐刘知几说："九州上宇，万国山川，风俗异同，如各志其本国，足以明此一方。"风俗也是地方志最能反映地方特色的部分。历来统治者为了巩固其统治地位，都十分注意民情风俗。周天子命太师陈诗，以观民风。汉武采诗夜诵，以观民瘼，后汉光武，诏令撰作风俗传。隋大业中，普诏天下诸郡，条其风俗、物产、地图。至北宋乐史所撰《太平寰宇记》，风俗成为地方志中独立的门类。而历代多数旧志，为了美化封建统治，粉饰太平，不能反映风俗民情的实际状况。这正像清人吴恭亨在《慈利县志》所说的那样，风俗只是不符实际的"具文"。后志抄袭前志，或照搬他志之空文，使风俗志既无地方特色，又无时间限度。新编地方志中风俗资料，对于社会主义两个文明建设是极为重要的，对于观察社会状态、社会心理，提倡移风易俗都是有益处的，但这在新志中，仍然是比较薄弱的环节。所见一些新编方志中，对实际存在的传统习俗未加采进，入之以空泛的说教或实际上并未形成的所谓"新风尚"。这种状况，宜加改进，要像清人吴恭亨提出的那样，拟"详俗略政"。新编《商城县志》在这方面是做得比较好的。

《商城县志》对风俗的记述是全方位的，有包括生产、生活在内的各种习俗，使读者大开眼界。如在"开秧门"中，记载了"骑秧马"的习俗。"骑秧马"是一种流传地域甚广的古老习俗，《商城县志》对此作了具体记述。当稻秧拔三节时，农人烧香焚纸，敲锣打鼓，男男女女，倾家而出。跳下秧田，坐上"秧马"拔秧。《商城县志》中反映插秧习俗的，还有"坐秧巷""栽旱秧""薅秧"等。"坐秧巷"是一种生产竞赛活动，"栽旱秧"记述当地换工的习俗，主人管饭，叫"栽秧酒"，在农村实行联产承包的今天，此风仍盛。"薅秧"时，老人唱"皮影戏"，年轻人唱"山歌"，反映了劳动者在生产中高涨的热情。插秧之后，农人酿资请戏班唱皮影戏、花篮戏，叫做"青苗戏"。"糊田埂""炸田""踩苗""米汤问年成""火炭示雨水"等，都是预测年成的占卜方式，随着科学文化水平的不断提高，有些习俗已自然消灭。"车水""打水碓"，记载了当地的生产工具及其活动方式；"背马""脚马"，记载当地的运输工具和运输活动。"背马"是一种"丫"字木具，高约一米，叉中横一托木。山民肩扛托木，左手扶柄，右手托"转头"，担于右肩上。又可借以作撑木，作暂时休息时支撑之用。扛"马"者，以布垫肩，一次一人可运木炭三四百斤。

《商城县志》中记载的生活习俗，其地方特色也是显见的，反映了衣、食、住、行的各个方面。商城县富士产，上等筵席中有"天上飞的翻毛鸡，地下跑的果子狸"等山珍野味，还有"粥鞭蓉"、鹅掌、夹沙肉等佳肴。截取猪身上七根肋骨，连皮带肉，剁成方形，先用松木烧，后用木炭烤，叫"烧方"，是当地的风味食品。"客席"中烧鱼、肉、鸡，谓"红案"，各种吊炉点心，谓作"白菜"。请客坐席，左下方留下空隙，谓之"席口"。筵席最后，上两道点心，主人家用纸分装成色，由客人带走，叫"带包"。商城人喜以猪油炒菜，还以带有臭味的鲜鱼干和风干熏制的羊肉及鸭蛋十、臭豆腐卷、臭豆腐为鲜品。

婚俗方面与他处不同的，是女方不向男方托媒求亲，俗谓"羞男不羞女"，择婚娶吉日，要请相士推"周望图"，须择"杀"、"将"等不犯之日。婚后生育，女婿到岳家报喜，生男用一支笔，生女用彩绳或花朵。女家在"报喜"后六至九天送"月礼"，也称"送粥米"。生育之家，第三天烧"娘娘纸"，叫"洗三"。岁时习俗，吴楚皆然，稍异的是，出嫁女儿，正月十五不能看"娘家灯"。三月三为"关鬼节"，是夜烧孤魂纸，家家放鞭炮祛邪。食"眼雀蒿子馍"，谓可"消毒败火"。清明节夜里，妇女点蜡烛照亮，蜡烛须是过年时用剩的。七巧日杀鸡"洗油瓶"，用鸡毛水洗油瓶、灯台。女儿吃鸡膀，谓会梳头。中秋节夜"摸秋"，拔人家蔬菜、瓜果，以讨吉利。重阳节农人有吃糍粑之习。

禁忌之俗，也有稍特殊者。忌吃三碗菜，因用三碗，习俗为祭祀供品。住屋中，屋内的木制硬樘门。每扇用三块板，禁用两块，因一合十块板者为庙门，故讳之。平时严禁"桶油"，或别人在门前桶油。忌说小儿"胖"，只说"富泰""大乎"。还有过年不喝米汤，是忌喝了来年庄稼要缺水。

三、名特产与风味食品

一地的风土，养育一方物产。商城山川毓秀，特产丰富，旧志所谓"神岫灵壑，实多蕃衍，竹木之类凭生，丝炭之货同出"，商城县有高等植物1800多种，其中有稻、麦、豆、薯等粮食作物，花生、芝麻、油菜、油茶等油料作物，棉、麻、茶、蚕等经济作物，以及蔬菜、干果、林、木、竹、花等。有药用植物1186种，被誉为"天然药库"、"豫南药乡"。陆栖动物有270多种，鸟类200多种。矿产资源20多种。这些丰富的物产，在《商城县志》中俱有记述外，并设有"土特产"等卷，专记主要之名特产。

旧志记载物产，类皆略举名目，无具体史料，价值不高，被方志家批评为"滥叙物产无当"。新编地方志，扬弃了这种静止的记载方法，在记载物产形态、特征、价值效用、数量增减的同时，并与社会与生态环境相结合起来，从而使史料大为丰富，而地方特色随之大为加强。《商城县志》在这方面的成就，试以其对"茶叶"的记载为例，如关于生态环境与品质形态方面：

> ……金刚台、大苏山等处，层峦叠翠，云雾笼罩，为茶叶之主要产区。所产"雀舌茶"，形如雀鸟舌尖，汤色淡黄略绿，滋味香醇。"银针茶"以谷雨前所采嫩芽焙制，外形细直有毫，汤色翠清，入口馥香。……

对于茶叶历史沿革的记述：

> 唐陆羽《茶经》载"淮南茶以光州上"……光州时辖今商城。《唐书·地理志》"弋阳土贡品有茶"，时商城属弋阳。宋乾德三年（965）行榷茶制，淮南设山场13，包括今境内商城、子安两个茶场。商城茶场每年产茶38.3万斤，子安场每年产茶13.4万斤。明清之间，兵荒马乱，境内大片茶园荒芜，茶产跌落，但名

产未绝。民国三年，商城所产雀舌、银针，在美国旧金山"万国商赛会"获好评。后由于课税日重，岁无宁日，茶在度日维艰，茶园日渐衰败。至共和国成立前，全县年产茶叶仅万斤左右。

对于建国后的茶业发展，《商城县志》详予记述，是令人信服的：

> ……共和国成立后，政府组织茶农垦复茶林，引进良种，扩大生产。至1957年，全县茶叶年产增至6万斤。至80年代初，由于优先发展茶叶生产，政府投放制茶机械扶持资金40万元，于是机制"炒青"、"烘青"行销于市。1984年，县成立茶叶开发公司，引进先进制茶设备与技术，兴办花茶加工厂，恢复传统名茶"金刚碧绿"生产。该品有高山云南雾茶的特色，外形扁直带茸，色泽黛绿，汤色清碧，滋味香醇。1985年全县茶叶种植面积4万余亩，年产干茶31.2万斤，其中"金刚碧绿"、"金刚茅峰"、"大别山龙井"等优质名茶2万斤，花茶约1万斤。

《商城县志》记载详尽的土特产还有商丝、商绢、"德"字粉丝、茯苓等。商城养蚕始于宋，所产黄丝，远销湖广，以拉力强、弹性好、色泽晶亮著称。曾被列入贡品。清人黄殿申《竹枝词》谓："绿柳阴中夏日长，家家农妇已蚕桑。取丝欲识商山绢，时有风味煮茧香。"建国后，商城丝绢迅速发展。1985年全县桑园面积2万亩，产蚕15万斤，其丝成品，冠于河南全省，列为国家出口免检产品。"德"字粉丝，也称"板粉"，特点是晶细清白，久煮不碎，烹、炒、烩、拌皆宜。明代已有生产,清时已远销闽广及南洋。清末,全县有粉丝作坊300家,以粉商张德兴所产最为精良,故名"德字粉"。商城茯苓,原系山林野生,建国后改人工培植。70年代开始采用微生体分离法培养纯菌种生产茯苓,80年代全县产量达20万斤。

《商城县志》土特产卷中,还有不少以当地农副产品为原料,用特殊工艺加工的地方风味食品,如苏石仙鸭蛋豆腐干。制造这种豆腐干的原汤,已有150年的历史。"蜜汁一品果子狸",有"孔府菜"的特色,加入"夹沙果子狸"之技艺,烹制的果子狸,肉呈紫红色,形美肉烂,油而不腻,兼透多种鲜果风味,也尝列为贡品。近因国家将果子狸列为保护动物,该品在酒馆、饭馆已停止供应。风味之品,还有筒鲜鱼、烟熏腊肉、葱油鹌鹑、油炸酥豆等,不能详举了。

《商城县志》中关于历史事件、人物等方面也有明显的地方特色,反映近代人民轰轰烈烈革命斗争历史,设有"苏区纪略"专卷,都是可取和成功的,本文不作论列了。地方志如何反映地方特色,从根本上说,是资料的发掘和运用的问题,必须把一地特有之人、事、物资料,充分加以发掘和运用,把这方面的资料详于记载,绘以重彩,是地方志质量所在。

《商城县志》的成就是多方面,以上我仅从一个角度,谈个人的看法,挂漏之失,为我所不免。当然《商城县志》地方特色的记述,并不是到了尽善尽美的地步,例如,在人物卷中,只记载1840年后逝世的人物,历史上有贡献的人物,都付诸阙如,这不能不说是缺陷,因之,"地方特色"也未能在人物篇中作历史的回溯。新志并非旧志之续,必须在各个门类中统合古今,入传人物岂可限于1840年之后？前几年，论者对省志或县志的断限，有过上述的提法，显然并非确论。《商城县志》是否受此影响，未可妄测。再如在文字记述上，精炼的居多，但有些地方，尚嫌费辞等，小疵不足以掩大瑜，不再一一矣。

修订《川沙县志纲目》的几点意见

县志纲目，如何符合志体，符合我县实际情况，我们是有一个认识过程的。《川沙县志纲目》从初稿形成到现在已近半年，反复修改了四次，感到还是没有把握，因之借此定稿会议，进一步征求大家意见。有许多理论问题正在争论不休，不能因之而影响我们修志工作的进程，现就实际工作方面，对修订《川沙县志纲目》，谈几点看法。

一、县志与专业志的关系问题

编入县志中的专业志与单独编写成志的各个专业志要有区别。前者是县志的一部分，后者是独立与县志以外的。从内容来讲，前者较略，后者较详；前者较粗，后者较细；前者较精，后者较多。反映在篇幅上，前者少，后者多。在成书时间上，前者落后，后者趋前（县志需八九年，专业志要求二至三年）。县志与专业志不是简单的"拼盟"关系，但专业志要为县志备料，各方面都要适应编写县志需要。现在许多局编修组编写了专业志细目，过去曾强调编写的专业志纲目，要与县志纲目章节完全一致，现在看来有不附实际的，原因是在认识县志中的专业志部分与单独编写的专业志没有区别。现在看来各专业志编修组，可以有两套纲目，一是适应县志总体的纲目，一是适应独立成志的纲目。

二、进一步处理好纵横关系

章学诚说地方志是"一方之全史"。"一方之全"这是横断面，"史"是纵剖面。"横"，又称"纬"，"纵"，又叫"经"，疆域、河流，宜于排比铺陈，属于横；大事记述，宜于顺时纵叙，大多门类，如人文、政治、经济，又宜于纵横并用。从总的方面来看以横为主，以纵为副。县志纲目的设置，除政治编中各有关专志因建国前后政治性质不同，分为"建国前"、"建国后"两部分外，其余的均作横列。我们认为按照这样设置纲目，才符合志体。教育局的同志认为这样既便于资料的搜集和整理，二便于编写，好处很多。

有的系统（如公安系统）按照本系统布置要写专业史，设了专业史纲目，这与专业志纲目是不相同的，专业志纲目按照时间顺序作纵的设置，以纵为主的，不能以此替代专业志纲目，看来必须另立专业志纲目。但在具体编修工作中，可统筹安排，互相兼顾的。

三、部分编目的篇幅、层次要调整

这主要是党政志与政法志，政治编中把一些县的首脑机关和重要部门均作为一个专业志中的一章，与其他专业志相比，显然是不适当的，要把这些，都提高到专志的地位。这不多谈了。

《物资志》（初稿）讨论情况和提出的问题

在物资局领导重视和该局编修组同志的努力下，我县第一部分志讨论稿——《物资志》初步完成。为了进一步征询意见和使当前编写工作有所推动，县志办于春节前向本县各分志编写组，发出通知，做好准备，开展讨论。春节以来，已召开了三次讨论会。二月十七日，县志办同志首先开展了讨论。二十日，经济口各分志又开展讨论。二十七日，政治、教卫等各口分志编修同志开展讨论。去年下半年，本县县志编修工作进入编写阶段以来，已连续举行了多次业务讨论会，对《物资志》稿的讨论，更进一步地结合实际，集思广益，有利进一步提高编写水平。

讨论中，《物资志》主编章一鸣同志对编写过程和编写指导思想作了介绍。《物资志》是在去年年初，完成资料汇编的基础上开始编写的。原先是个局志，有九章三十二节，分为六个门类。从初稿到这次讨论稿，经过四次大的修改，根据分志稿的要求，作了较大的删削和修改。篇幅从六万五千字，修改为一万五千多字。讨论中，一致肯定《物资志》资料翔实，叙事精练，体例基本完备，是写得成功的。

但为了精益求精，讨论中也提出了不少建设性的意见：

第一，内容不够全面。《物资志》只是反映目前和物资局管辖的业务，煤炭、石油等同样是计划供应的生产资料，没有被包括在内，从时间上，比较着重反映本县和物资局建立以后的物资供应情况，而这之前的内容比较缺乏。作为《物资志》主体部分的"业务经营"、业务经营活动的内容不突出，还缺乏必要的数据。生产资料实行计划供应后对社会主义建设和人民生活所发挥的作用，还不能在排列的史料中充分反映出来。

第二，在体例方面，突出的问题是缺乏层次。《物资志》有"章"无"节"，与县志体例所规定的采用"章、节、目"分层次记述的要求不符合。《物资志》"综合服务"部分，反映了党的十一届三中全会后物资管理上的重大变化，但由于不能归于具体行业被作为"附录"处理，大家认为也不妥。

第三，关于记述方面，认为文字虽较精练，但尚应进一步修饰，大家对用表格反映事实方面提出的意见较多。一是一般只选用五个年份的数字，五个年份的数字，是我国建国以来经济建设的几个大的段落，这些数字，固然是必要的，但只有这几个年份，而把反映本行业具体变化的数字，特别带有转折性的数字略去，则不能看出本地区具体行业的兴衰起伏变化；二是有的表格，设计的项目与具体内容不协调，疏密不确当；三是表格的内容与文字叙述呼应不够，一些重要的数据，应在文字中点明，使之真正做到黄炎培先生所要求的"表说相资"的作用。

《物资志》讨论中，提出了一些共同性的问题，大家认为应进一步探讨：

第一，目前以行政即局设立的分志辅修组，分志中所反映的内容，一般受本部门管辖的范围的限制。分散在其他行政部门的同一内容，一要县志办统筹协调，二要各部门向有关部门主动提供，相互支持，然后才能最终达到反映出"一地的全貌"的要求。这项工作要始终抓住，不能忽视。

第二，商业"行业情况"宜在"节"中表述。物资工作，它和工业、农业、商业、文教、基本建设等一样都是独立部门，也是现代化科学分工，因之单独设立《物资志》有其必要。《物资志》完全可以独立于"商业"门类之外，因之《物资志》不能仅仅把几个行业摆一摆所能了事，从内容到体例上必须自有首尾，自成系列，才能使《物资志》更有广度和深度。根据这种安排，"行业"宜在"节"中表述，这也是商业各志中有共同性的问题。

第三，志书要以撰述体为主，也可适当运用以"编纂体"相结合的方法。

目前编方志，在方法上大多取纂述体，讨论中认为应参酌章学诚"立三书"的方法（仿纪传正史之体而作志；仿律令典例之体而作掌故；仿《文选》《文苑》之体而作文征）撰述与编纂相结合，好处是：一可减少撰述部分的许多笔墨；二可取用文征，掌故历史资料，有利于加强志书的真实感；三是利用"文征"、"掌故"资料，可仍其本来面目，不受志书在记述方法"叙而不议"的限制。

第四，关于行政机构沿革问题。各种行政机构设置，县志将在有关部分予以表述。但讨论中认为，县志虽有统一记述，只能反映几个主要时期的状况，不能反映各个行业、部分行政机构具体的复杂变化。因之分志对本部分的行政机构设置情况，作简要的记述。

长期在物资部门工作的领导干部袁伯芳同志也参加倾听对《物资志》的意见。物资局编修组将根据讨论意见，结合实际加以研究，准备再花一段时间对物资志加以修改。

怎样修改《农业志》

　　《川沙县志·农业志》（征求意见稿）是在我县农业局编修组提供初稿的基础上纂修的。由于时间仓促，还没有来得及在农业系统和本县范围内广泛征求意见，就拿到在宝山召开的郊县第九次修志工作协作会议上评议了。这次评议，是对我县几年来修志工作的一次考试。这和在我县范围内开展的几次评稿不一样：这次评议，放到了更大的范围，对志稿提出了更高的要求。从出席这次协作会议的对象来看，有在上海市和各县长期从事农村工作的领导和行家，有历史学和地方志的专家，有富有实践经验的修志同行。

　　为了便于大家评议，我受大家的委托，在会上作了《我们怎样编修农业志》的发言。关于这次评论的情况，王金祥同志在前几天编修工作会议上，已作了简要的传达。总的来说，大家认为：像一本农业志。不少领导、专家、同行还有溢美之词，这是对我们的鼓励；尤其可贵的，评议中对《农业志》提出了不少有益意见。这次评议本身看，也有较高水平：一是全面。与会者从各种角度、从大体上，以至于细枝末节都展开评议；二是有尺度。政治上对照了党的十一届三中全会以来的方针、政策，编修业务上对照地方志编修暂行《规定》。黄苇副教授用他的"四把尺子"进行评议；三是实事求是。会上，共提出一百多条意见，实实在在，深有教益。

宝山会议后，结合传达会议精神，县志办全体同志对进一步修改农业志问题开展了讨论。在农业局系统，也召开了座谈会。现对进一步修改农业志，设想如下：

一、要进一步体现志书的正确思想

编纂社会主义新方志，必须以马克思列宁主义、毛泽东思想为指导思想，必须坚持党的四项基本原则，坚持党的十一届三中全会以来和十二大所确定的路线、方针和政策，在政治上和党中央保持一致。这一点，编修同志在思想上都是明确，在大体上也是能掌握的。但编修《农业志》在具体问题的认识和表述上还有许多差错，表现在：

一是纯客观的表述。方志要叙而不论，又要寓论于事，这是方志记述上的特殊要求，这是矛盾的统一，搞不好就会发生偏向。或者"以论带史""以论代史"，而失其志体；或者对史料不加剪裁，罗列堆砌而不得要领；或作纯客观的记述，以致在思想上发生了偏差。我们在有些问题上犯了后者的毛病，如在对农业合作化和人民公社的表述上：

一九五五年七月，毛泽东主席《关于农业合作化问题》发表，提出要反对农业合作化问题上的右倾保守思想，本县出现了农业合作化高潮。

就史实而言，这并不错。但这样记述，等于肯定了毛主席的"反右倾"左的错误，违反了《决议》精神和十一届三中全会以来对这些具体问题的正确论述，客观上肯定了左的错误的东西。关于"人民公社"的记述，也类于此。

二是照搬资料，缺少必要的修正。在志稿中，引证了许多档案资料。有些资料本身并不完备。运用到志稿上，发生了违背党的政策方针的情形。如在一张地主土地占有情况的表中，表末有一行说明："地主占有土地中，自耕的占32.4%，出租的占67.79%。"实际情况是，所谓"自耕"田，是指地主雇工剥削的部分，写成地主"自耕"，地主就不是靠剥削为生了。又在"川沙土改分配成果分配"一表中，其中有106户富农，分得土地346亩。实际上分得土地的并不是富农，而是"佃富农"。按照土改政策，富农是不能分得土地的。

三是一些史料缺乏具体分析，加以采入盲目。如创立1942年的"东沟农村改进会"，正当日伪统治期间，对这一组织的性质还没有进一步查清，被作为一个农业团体是靠不住的。

四是对推行联产承包责任制这一伟大变革，内容太少，层次安排过低。客观原因是原稿只写到1983年，修改时来不及补充内容。把"责任制"放在人民公社中写也不妥，会造成错觉：好像推行联产承包责任制的积极结果，是人民公社"优越性"的表现。

由于存在以上不足之处，《农业志》的思想性打了很大折扣。在这次评稿中，万景亮、陆志仁等老同志认为，要正确反映农业生产发展史，不仅要进一步学习《关于建国以来党的若干历史问题的决议》，而且要学习具体政策。十一届三中全会以来，党中央对许多具体问题，都有过正确论述，只有认真加以对照学习，才能使志书更符合党的现行政策。

二、在内容上要进一步补订修改

评议中认为《农业志》的资料总的是丰富而详实的，但也要作进一步充实和修改，需要补充的主要是两头，一是民国年间的资料比较缺少。社科院上海经济研究所的一位同志看了《农业志》，认为民国年间的经济史料应该重视。在中国几千年的封建社会里，经济发展是缓慢的。百余年来，我国社会反映在经济上，发展变化迅速。有些变化，不是解放以后开始的，不少农业技术措施、种子、机械，民国年间已从别的地方，以及向国外引进。那时间发展缓慢，以致停滞。但这与解放后发展速度大大加快，正好形成明显对照，更可体现社会主义优越性。要补充的另外一头，是1983年以后的情况。志稿在数字上大致已凑合到1985年，而这二年具体内容没有补进去。这两年，推行生产责任制已有显著结果，比1983年大有进展，在具体史实上，也有变化。志稿中有些内容，已不能代表1985年的情况。前几天农业局召开的座谈会，许多同志已提了不少补充意见。

还有许多具体内容要补充，有的还要体现在纲目中（详下）。

必须补充的主要是有地方特色的内容。章学诚在《六合县志·凡例》中，引嘉靖《耀州志例》说"事涉国典，海内共有者不书"，就是强调写有地方特色的内容。《新编地方志暂行规定》中要求：力求体现当地环境资源和社会发展的基本面貌，反映地方特色和专业特点。评议中，普遍认为《农业志》具有地方特色，但专业特点尚不够，认为有不少"部门志"的痕迹。像"农业气象""土壤""科技成果"等不应包括在《农业志》中。在修改中，还要进一步把川沙地方特点加以突出。

表格要进一步删削修正。现有表四十六张，有些表可合并。表格的设计，要更合理些。一般表格中，不要把历年的数字都列入，要保留那些数字呢？事物发展，都有起点和终点。表格中表示事物起点年份的数字和发展到县志规定下限1985年的数字不可少。

此外要按不同要求加以采纳：

①按照政治分期：1956、1965、1978。

②按国家经济建设计划：1953、1957、1960、1965、1970、1975、1980、1985。

③按照事物本身发展的规律：如本县粮食生产，解放初到1964年，基本上是历史上"年花年稻"种植制，1965年至1969年是大力推广三熟制时期，1970年到1983年以粮食三熟制和棉花为主的轮作为特征时期，1984年开始推广单季晚稻。这些反映作物本身特征分期的有关年份数字，也是不可缺少的。外之，特大的丰收年，特大灾年的产量也要有记录。当然有的也可以放到文字中表述。粮食作物如此，其他作物也各具特征，所以数字也应各异。

《农业志》的篇幅，评论中一致认为过大。现在《农业志》，共有138页，按每页725字计，正好10万字，应该大加压缩，以控制在五六万字为宜。篇幅要压缩，但主要内容不应删除，而且有的内容要增加，要增加必要的图像、照片等。

三、纲目要进一步调整

《农业志》纲目，在实践中已经多次修改，纲目最后将整合为志书目录。现将志稿原有纲目与修改意见，对照如下（其中调整的用"〇"，删除的用"×"，增加的用"√"，有改动的地方用"—"表示）：

原　　稿	修改意见
第一章　农业生产关系变革	第一章　农业生产关系
第一节　土地改革	√第一节　封建土地私有制
第二节　农业合作化	第二节　土地改革
〇第三节　人民公社	第三节　农业集体化
〇第二章　农业分区	（互助组、农业生产
第一节　耕地面积	合作社、人民公社）
第二节　棉粮油区	√第四节　联产承包责任制
第三节　蔬菜区	第二章　耕作制度
第三章　耕作制度	第一节　耕田面积
第一节　熟制改革	第二节　熟制改革
第二节　茬口安排	第三节　茬口安排
第四章　粮棉油生产	第三章　粮棉油生产
第一节　品　种	第一节　生产布局
第二节　作物栽培	第二节　品　种
第三节　面积与产量	第三节　作物栽培
×第四节　农业气候条件	第四节　面积与产量
第五章　蔬菜生产	第四章　蔬菜生产
第一节　生产布局	第一节　生产布局
第二节　蔬菜品种	第二节　品　种
第三节　蔬菜面积及产量	第三节　作物栽培

原　稿	修改意见
第四节　技术栽培	第四节　面积与产量
○第六章　农机具	第五章　肥　料
第一节　耕作机械	第一节　有机肥料
第二节　排灌机械	第二节　无机肥料
第三节　种植机械	第六章　农机具使用
第四节　收获机械	√第一节　人力器具
第五节　农用运输机械	√第二节　兽力器具
第六节　积肥机械	第三节　农业机械
第七章　植物保护	第四节　农业电器机械
第一节　植保组织	第七章　植　保
×第二节　作物病虫害	√第一节　预测预报
第三节　病虫害防治	第二节　病虫害防治
×第四节　科学试验成果	√第三节　植物检疫
第八章　农业技术培训与实验	第八章　农业技术推广与实验
第一节　技术培训	第一节　技术培训
○第二节　实验场及技术服务	第二节　技术服务
第九章　肥料与土壤	第三节　实验场所
第一节　肥　料	第九章　经营管理
×第二节　土　壤	第一节　劳动管理
第十章　经营管理	√第二节　财务管理
第一节　管理形式	第三节　农产品成本核算
第二节　农产品成本核算	第四节　收益分配
第三节　收益分配	
×第十一章　农业行政机构	

原志稿纲目十一章三十三节，部分调整后，成九章三十一节，主要调整：

1. 第一章原名"农业生产关系变革"改为"农业生产关系"，立目中不要用动态词和表示倾向的词句，这样可以便于完整地记述县志断限之内的生产关系原貌及变革情况。原来把"农业合作化"与"人民公社"分成两节写，现并入农业集体化一节中。1981年国家农委办公厅编印的《农业集体化重要文件汇编》，把有关互助合作、人民公社等问题都包括在内。联产承包责任制是农业生产关系问题上一次伟大变革，因之根据评议意见，另立一节记述。

2. 撤并部分章节。撤掉第二章，分别并入有关农业生产的两章中。撤掉"农业行政机械"一章，简要并入"粮棉油生产"中。撤掉"农业气候条件"、"土壤"、"农业科学成果"三节，避免与"地理志"、"科技志"的重复。将其中与农业生产直接有关的内容，放在"生产"章中记述。

3. 增加部分节目。

4. 改立名目。"农机具"一章，立了六节农业机械，评议中普遍认为，这样立节，被一点具体事物，挡住了农机具使用上历史变化的总体面貌。同时，我们又感到内容不全面，因为，建国后，农机虽然有很大发展，但不能全部取代人力、畜力农具，从长远观点看，许多人力农具，还将长期存在下去。现在的立节方法和名目上作了改变，可以避免以上缺陷。

四、关于书写和体例问题

为了便于阅读，在《农业志》前面写了"编写说明"。其中对有关书写及体例问题，作了些规定．但由于时间仓促，在修改中，没有完全照"编写说明"办。有的同志批评我们是"自乱体例"。"编写说明"为了便于读者了解；但没全部照办，又使读者增加理解上的困难，这确是大问题。以前县志办发了一个《川沙县志书写规约》，这个"编写说明"又与这个《规约》不完全一致。现在看来，除了没有严格遵守规定外，"编写说明"与这个《规约》规定还有不完善之处，应该修改。《农业志》在这方面的修改中，对本县地名称谓和数字使用作重点。根据比较一致的意见，对地名称谓上的规定：

——凡称"川沙县""本县""全县"的，均指目前本县所辖地域范围；

——凡称"原川沙县""浦东县""××区"（市郊区）的系指未并县前各自行政管辖地域。

这是由于川沙历史沿革复杂，为了记述和读者理解的方便起见所作的特殊规定，别无深意。《县志书写规约》也要修订，已刻不容缓了。

关于记述方面。《农业志》是尽量按照记述体的要求行文，但是不够简洁，主要的是农业中的许多具体业务不太熟。在这本征求意见稿中，不敢大胆下"笔削"工夫。史书有"记事"、"载言"的流别，作为地方史的地方志，应是"记事"之书，就是要记述一地大大小小的"事"。而记事的根本要求是把记叙的时间、地点、人物、事件交待清楚。即要讲清什么人（或什么物）？发生什么事？在什么时间和地点发生？事情的起因、经过和结果怎么样？按照这样的要求加以对照，《农业志》在记事方面有的地方缺乏以上要素。在"粮棉油生产"一章中，关于"后季稻"一目的记述，缺要素尤多，而类于技术教科书的说明文。类似的情况，都要进一步加工修改。

关于《农业志》"概述"。评议中普遍认为"概述"的设置是好的，继承《黄志》的传统。奉贤周正人同志说，没有"概述"等于只有树木不见森林，看了"概述"，有全局感。不是简单的各章内容提要，揭示了某些规律。从评议情况看，大家对"概述"看得比较仔细，也提出了不少修改意见。陆志仁同志说，可写得展开一点，深一点。本着坚持真理、修正错误的原则来写。他还说，建设是曲线发展的，要在"概述"中有所反映，使后人看了有借鉴。总之写好"概述"，要求较高。经过评议，再仔细检查一遍，发现和应该修改的有三十一处。有事实不符，有提法不妥，有数字的差错，有语法标点问题。由此可见，《农业志》在文字上，还要认真修饰。评议志稿是提高志书质量的好方法，只有经过公开评议，才能把各方面的有益意见集起来。这是修志与一般作文不同之处。相传吕不韦著成《吕氏春秋》，令能损益一字者，给偿千金，也说明他在文字上感到并不放心。但对一部志书的评议，并不仅限损益字句，首先要在内容和体例上把握住。现在把写好的志稿拿出来评议，比吕不韦的要求高得多。

从一篇人物传记谈史笔与文辞

　　一篇新编地方志的传记，文字通顺而清晰可咏，但就事实而言，已非传主的本来面目，这是什么原因呢？请修志的同行们共同思考。

　　当前，修志欲提高质量，严格区别史笔与文辞，应为重要一环。现试从一篇新编地方志的传记，谈谈我对这一问题的看法。这篇"传记"（以下称《瞿传》）文如下：

　　瞿霆发（1251—1312）

　　下沙（古称鹤沙）人，字声父。祖籍河南开封，世为盐官，宋室南渡后，移居鹤沙。霆发自幼聪明，读书一览成诵。瞿家当时是浦东鹤沙望族。瞿霆发为人慷慨，乐善好施，仗义疏财，雅好宾朋，深得朝野人士和乡里父老的赞誉。瞿霆发26岁那年，元兵打到临安，瞿霆发率领一支地主武装，主动归附元军。元王朝建立后，霆发为下沙盐场副使。至正初年，有一年的夏季，东海发生特大潮讯，一夜间，狂风骤雨，把整个下沙场的盐场全部摧毁，盐民暴死者近万人。瞿霆发倾尽全力进行救助，对受灾盐民施赈施棺，组织力量抢修盐田，重建家园。后来，地方上发生蝗灾，瞿霆发发动捕蝗，减轻灾害，完成课税，他因功升任两浙都转运盐副使。在瞿霆发的晚年时期，有一年浙东春荒，十室九空，饿殍遍野，瞿霆发发起赈募，计户分粮，救活了很多人，这件事惊动了元仁宗皇帝，专旨召见，瞿霆发因老年多病，终于未能应诏进京。1312年（元仁宗皇庆元年），瞿霆发死于鹤沙里第。次年葬于鹤沙镇西北的祖墓之东。浙东廉访副使藏梦解为他写了传。1357年（元至正十七年），即瞿霆发去世三十五年之后，国史院编修官张蓍又为他补撰了墓志铭。

我因受命为《上海通志》人物传撰稿，拿新编的区县志参考，又以其他材料加以核对，发现了不少问题。

第一，史实问题，也是这篇传记的主要问题。

关于"世为盐官"。《瞿传》原文："祖籍河南开封，世为盐官，宋室南渡后，移居鹤沙。"据文义，瞿氏在南渡前已世为盐官。事实上，瞿氏之为盐官，是南宋嘉定年间（1208—1224）瞿霆发曾祖瞿榆维开始的。当时盐官均设于沿海产盐之处。南渡前，瞿氏祖上尚在开封，何得任为盐官，更不用说"世为盐官"了。

关于"瞿霆发率领一支地主武装"，按嘉庆松江府志载为："元兵次临安，游骑及境，霆发年二十六，挺身兵间，率众归府。"据此看来，瞿霆发二十六岁那年，元兵打到临安（今杭州），流动突击的骑兵到了今上海一带，瞿霆发勇往直前，挺身元兵中间，率领盐场归附，并不是："率领一支地主武装，主动归附元军"。关于"因功升任两浙都转运副使"，瞿霆发在仕途上有几次升迁。他率众归附元后，被任命为下沙盐场副使，并擢进义校尉，同提举上海市舶。任满后，被元世祖召见，授承务郎、两浙运司副使，这是元初对瞿霆发初期的任职。仁宗执政（1311—1319）前，曾以瞿霆发恢复盐业，遥授（即未至其地的虚职）两浙都转运盐使，又以捕蝗功，真拜（即实授）运使。仁宗执政后，以瞿缴赋税称最，又准备迁升其职，因瞿死而未果。而传记原文"把恢复盐业、捕蝗、课更以最"三事混在一起。"因功升任两浙都转运盐副使"，此副职早在三十年前已任命，此时已由副职升为正职了，这就不是一般细故的差错。

关于"瞿霆发因年老多病，终于未能应诏进京"，按之《府志》，文曰："课更以最。事闻，诏见。使未至而卒。"瞿之所以未能应诏进京，是由于他的死去，并非因"年老多病"所致。

关于至正初年救灾事。元至正年为公元1341—1360年间，此时瞿霆发死已数十年，瞿霆发何能"倾尽全力，进行求助"。

第二，评价问题。寓事实与褒贬之中，是方志评价事件、人物的主要方法。《瞿传》中对瞿氏的评价为："深得朝野人士和乡里父老的赞誉。"

由于瞿霆发在盐官任上，完成课税成绩突出，受到朝廷的赏识。但说受到"乡里父老的赞誉"，显然是言过其实的。据史载，瞿霆发在晚年，自占和佃官田达7300顷，是元代浙西最大的地主之一。元代盐场灶户煎盐，由官府拨给煎盘工具和草荡，计丁课盐，官给工本。上海下沙盐场，每丁拨给草荡十八亩左右。后来盐额增添，别无添拨草荡，灶户只得到邻场买柴，盐的成本增加，而盐民交纳盐课所得工本钞又少得可怜，每引（四百斤）盐的工本钞，只有银五分，中间又要经过各级盐官的层层克扣，灶户以"人面为灰汗如血，终朝彻夜不得歇"的悲苦劳动，换来的只是不得温饱的生活，不少盐民不得不冒生命危险，逃出团场，逃之异乡。由此可以见得，对瞿霆发这个官僚地主阶级人物说成"受到乡里父老的赞誉"，显然忽视了历史上阶级对立的事实。

在历史上统治阶级人物中，确实有一部分人曾作出一些推动社会发展，有利于国家、人民的事，凡此都是应予以肯定的，瞿霆发赈灾、捕蝗，恢复盐田等，都有益于人民，据事直书，功绩自见。他的割田资助杭州的西湖书院、上海县学，推动地方教育事业，也是瞿霆发的功绩，但《瞿传》中对此却只字不提。

第三，关于行文规范的问题。方志关于历史地名的记述，应括注今名。《瞿传》中称瞿霆发为："本县下沙（古称鹤沙）人。"这种今地名反注以历史地名的方法，为一般新编方志不取。今天的地名，在历史上可能有许多名称，把历史地名反过来加以夹注是甚不科学的。《瞿传》的另一方法，不提历史地名，把今天的地名直接写上去，记述为瞿霆发祖籍为："河南开封。"旧志载瞿霆发略谓："其先汴人，扈宋南渡，居上海"，这里所指的汴，是北宋汴梁。按照一般规范的写法应是祖籍汴梁（今河南开封市）。历史上的汴和开封，大致是同一地区，但不同时期，名称不一，因之二者不能混称。唐五代及其前，曾称汴洲。北宋建都于此，称汴京。写成"其先汴人"或"祖籍汴梁"使读者明白他的祖先在北宋时期，居于汴京，即今河南开封市。《瞿传》直接写为"祖籍河南开封"，就不能确定祖先居住于此在何年代。关于河南，最早置行省是元代，是瞿霆发时期，并非瞿氏"其先"了。地名是历史的化石，地名反映历史，地名用错了，史实也就错了。《传记》中说，瞿氏在宋元时代"是浦东的望族"。浦东这一地名也是历史的产物，浦东，顾名思义是黄浦之东，黄浦江确在南宋已见其名，但浦东这一地名，是明初夏元吉开通范家浜导黄浦及吴淞入海，"黄浦江水系"形成之后。历史上的黄浦江，其走向并非与现在一样，今日方位与历史上的方位不尽同。瞿霆发是宋末元初人，《瞿传》中用"浦东"这一当时还未出现的地名是欠妥的。

综上所述，《瞿传》的根本问题，是新编方志者，由于在修志方法上不主事实，好尚文辞的结果。我国古史，向主直书，期明事实，古代史学家董狐，写史据实直书，被誉为"良史"。司马迁的《史记》由于"其事直、其事核、不虚美、不隐恶，故谓之实录"。后人称据事直书的方法为"史笔"，这是我国优良的史学传统。章学诚继承古史传统，以撰史方法，用之于修志，指出"志属信史"，修史与撰史一样，应该用"史笔"。据事直书，首先运用资料要真实，选择资料要精当。新编地方志，近现代的史料极为丰富，但古代的历史资料，比较匮乏，因之对旧志资料要充分地挖掘和利用。但历修旧志看来也受资料不足的困扰，人物志愈修而愈简，如对瞿霆发的记载：

明陈继儒《府志》：531字；

清嘉庆《府志》：316字；

清同治《上海县志》：294字；

清光绪《南汇县志》：133字。

以上各志的记载，内容大致相同，但有互异与补充之处。把各种资料放在一起分析排比，重加去取，要比仅利用单一资料要好。加上像瞿霆发这样所谓出自"世为盐官"之家的名人，在地方志之外还应有许多史料可以挖掘利用。所以，新编地方志，完全可以把瞿霆发写得比旧志更丰满些，可惜这一点没有做到。更可惜的是，《瞿传》把瞿霆发的史料搞得面目全非，就像章学诚批评王鏊所修《姑苏志》中，有"荒谬无理，不值一笑"之处。

《瞿传》在有的地方由于加入了不必要的细节，反而不符事实，如："一夜间，狂风骤雨，把整个下沙的盐场全部摧毁，盐民暴死者近万人。"按《府志》所载为："海潮坏盐场，死者万计。"这里"一夜间""狂风骤雨""整个""全部"等，都是凭臆测添加之词。把盐民死于潮灾，说成"暴死"也不确切。字书谓，暴者，卒死也。死者"万计"是以万数计算，其数在一万至数万，而不是"近万人"。

《府志》："浙东饥，亭民死徙，霆发稽户数第物力而均之。"这是说瞿霆发管辖的浙东盐民（亭民）遇饥荒，逃的逃，死的死，瞿霆发尽地方物力，按户均分周给，使盐民度过灾荒，《瞿传》于此段记述中，关于"十室九空，饿殍遍野"等也是不假思索、信笔拈来之故。以上我就一篇新编地方志传记，表示我的一些看法，无非是为了引起同行的共同思考，绝无贬攻他人之意。就文章本身讲，《瞿传》文字通顺，笔墨酣畅，叙事有条理。但史志撰述，须以"期明事实，非尚文辞"为要旨。《瞿传》只尚文辞，而不顾事实，这正如章学诚所批评的是"浸浸于文人习气的""妄为编辑"。

从《瞿传》实例可以看出当前新编地方志，必须继续发扬史家

"据事直书"的优良传统，坚持史笔方法，避免每易夸大失实的文辞。章学诚严格区分史笔与文辞，将撰史之法用于修志，对于矫正一代志风，有很大的用处和影响，对于当前新编地方志，也还有重大的借鉴作用。

1997年8月上旬稿

横向排列门类　顺时记叙史实
——读稿随笔

　　在县物资局领导重视和局编修人员努力下，该局的编修工作，在完成资料汇编的基础上，大部分初稿已经写出来。这些志稿的特点：一是门类齐全，举凡物资系统各部门业务，无一不全；二是资料翔实，经过努力蒐罗、考证，自清末以来几十年历史资料，脉络相连而详于现代；三是文字简洁通顺。但本着精益求精的精神，物资局编修同志正在积极探讨，对志稿作进一步修改。我与该志主编章一鸣同志仔细商量了一下，取得了比较一致的意见。

　　志书的一大特点，是体例上横排门类，但至今，在一些新方志纲目中，往往采用分期的办法，把一地方的历史，分成二段、三段，或几段来写，已刊行的个别县志也如此办。更多的情况是一些纲目中，没有在各个层次中采取横排门类的方法，这仍然不是纯乎其然的志体。其原因是对志体研究不够，甚至缺乏感性知识，没有懂得志书与历史教科书不同。志书是横排门类的，史书则是分期编次的；志书详于史实，寓论于叙，史书则揭示规律，可以直发议论。目前一般新编方志采取编、章、节的形式，也容局部套用历史分期法。物资志纲目，大体上采取横排门类的方式，但在各个行业以下，仍采取以

"建国"前后，分为二段记述的方法，没有横排到底，志稿也是照此写的，这就成为主要修改的所在。《地方建筑材料》一章的纲目是这样的：

一、建国前的地方建材（砖灰、砂石）商业的分布与经营活动

二、建国以来建筑材料业的变化与发展

三、砂石料的供应

四、农房核供

这种排法，是不妥的，方志门类不能采用分期的方法。也缺少逻辑性。"砂石料供应""农房核供"，应包含在具体时期之中，不能单独分列。立目也不妥。方志立目应简洁，不能加"谓语"，不能有定语、状语，"分布与经营活动""变化与发展"等赘语均应删除。"活动""变化"等是方志记叙的具体内容，无须加在每一名目之上。有些词句，反映一定的倾向，并不与实际内容相一致。如反映建国后的历史，往往冠以"发展"二字，这就不妥，因为有时还有"折腾"。

物资局这一章写的"地方建筑材料"（由本地方生产或外采的建筑材料，以"地方"二字分别与国家分配的其他建筑材料），应通过所经营的商品以及供应单位加以具体反映。可以考虑列成三个分目：砖灰行、石作，建材商店，建材公司，然后在这些名目以下，顺时记述其经营情况。"砖灰行、石作"可反映自1911年至1956年的历史。建材商店反映1956年对私改造后至1960年的历史。建材公司的建

立，结束了公私合营商店的历史，一直至于目前。此外还有轧石厂，这是加工部类；窑厂是生产部类，是否应列二目，可以研究。窑厂在县志中应放在工业门类中，窑厂与物资局业务业有密切关系，作为局志予以列入也未尝不可（或可作为附录），各自名目下记述史实，把以上几个名目的具体历史加在一起，这就反映了我县几十年地方建筑材料的采购供应的全部历史。再用"概述""小序"的方法加以统率全体，这就完成了记述"地方建材"史实的任务，但"概述"或"小序"不能占很大的分量，否则不"概"、不"小"，势必与具体门类有重复（与其把"概述"的篇幅搞得很大，不如考虑另设具体一目或数目）。按黄炎培先生说"概述"的作用有二，一是提挈大要，二是阐明义例。《黄志》已为我们提供了可以借鉴的具体实例。

以下，我们就志稿内容（为节约篇幅，仅列出段落大意），具体研究一下立目问题。条目前数码为重新立目的次序：（1）概述，（2）砖灰业、石作，（3）建材商店，（4）建材公司，（5）窑厂。有"×"者应予取消，具体意见，另加"按"字。

第三章　地方建筑材料

（4）川沙基建物资货源

（4）建材公司下设三站一个门市部，八三年底职工一百人。

（4）经营建材品种，一九八三年经济效益。

按：以上开头一段，只反映建材公司当前情况，不能作为全章内容的"概述"。

"×"一、建国前的地方建材（砖灰、砂石）商业的分布与

经营活动

（2）建国前砖灰行、石作分布情况

按：分成"原川沙"及"沿江片"宜合并记述，下类此者同。

（2）1914~1948年砖灰砂石行号一览表

按：此表很好，宜以开设先后为序。如有大或有显著特色的砖灰行，可单独记叙。

（2）经营情况（品种、数量、方法）

（2）抗战至解放战争时期货价、货源

（5）抗战前川沙土窑情况

"×"二、建国以来建筑材料业的变化与发展

（2）建国初期的私营砖灰砂石号一览表（计四十三户）

（2）建国后的货源渠道（有五个方面）

"×"私营时期砖灰业有三个特点

按：有类似工作总结的写法，拟改成记叙体或在"概述"中适当表达。

（2）1953年后国营与私营企业经济比重的变化

（3）1956年对私改造全县商号仅二十一户

（3）对私改造后原浦东县商号组成七家公私合营商店（附表）归附于供销社。原川沙县的商店，并入并销社为门市部

按：以上两地做法不同，故应分别记述。

（3）公私合营后的货源情况，为煤建公司代销水泥

（4）1966年建立浦东县建材公司，归口领导供销社的建材商店

（4）1961年两县合并后，改名川沙县建材公司，以及当时经

营情况、职工队伍情况

（4）1963年建材公司归口建设局领导，对外采购由新成立的物资局见证

（4）增设张江建材门市部，以及这一时期建材商业状况

（4）1960年建材公司与五金公司合并办公，此时营业额下降

（5）1969年，黄楼等地窑厂先后建立

（4）1971年建材公司名称撤销，改为川沙县五金物资公司建筑材料采购供应站，原建筑公司所属商店划归供销社

（4）1972年物资局恢复，改为川沙县物资建筑材料采购供应站

（4）1975年4月恢复川沙建材公司体制

（4）主要经济指标完成情况表（1961—1983）

（4）地方建材物资供应情况表（1961—1983）

"×"三、砂石料供应

（4）砂石料供应情况

（4）轧石厂建立及生产情况

（4）十一届三中全会后的经济效益

"×"四、农房核供

（4）1981年后对危房户、无房户、困难户核实供应情况

按：三、四两节纯属建材公司业务，不必单独立节。

（5）按：可设立窑厂一目，这是与商业不同的生产部类。或作为附录，以资参考（窑厂生产情况，在县志中应归入工业门类）。

当然，具体目类，要根据实际情况和内容表达要求而定，但必须横排门类。在具体目类下，顺时记叙史实。立目中，不能有具体的时间概念的词句出现，如"建国前"、"建国后"；"文革前""文革以来"，"三中全会"以前或以后等等。要以具体名目反映史实，不要用时间概念替代门类。用"川沙堡"反映明代川沙的建置，用"川沙营""川沙抚民厅"等反映清代的建置。立目要用"川沙堡""川沙营""川沙抚民厅"反映明清时候川沙建置情况，而不用"明代川沙的建置""清代川沙的建置"这样的伪句立目。同样的要用"川沙军事管制委员会""川沙县人民政府""川沙县人委""川沙县革命委员会"等名目反映建国后川沙政权机构的历史演变，而不是用"建国初期的政权机构""文化大革命时期的川沙政权机构"为名目。这里仅举一二例子进一步说明方志必须横向排列门类，横排门类，必须"坚持到底"，采取编章节结构方式的，在编、章、节各个层次都要横向排列名目，而不应在某一层次中采用"分期"的摆法。只有这样，才便于在具体类目下顺时记叙其历史，使每一目类的内容相对独立而统一在整体之中。

志书文体杂谈

一、关于语体文

新编川沙县志，要求采用语体文记述体。只采用语体文的记述体，而不采用文言文的记述体。我国经过"五四"运动，由鲁迅、胡适、刘半农等所提倡白话文，迄今六十年，各种文章形式都从语与文相脱离的文言文中解放出来了。但是地方志则不然。现在我们所看到的旧志，全采用文言，由黄炎培先生主纂的民国《川沙县志》也是用的半文不白的文字。旧志采用文言记述，那是因为历来如此；而近代修志者，他们还是老学究居多，所用习以为常为文言体，这是不足为怪的。在修志领域内由于其特殊原因，语体文还不曾来占领过；可以说，这是被几十年前大力提倡白话文的先辈所遗忘的角落。即使近几年全国在一些地方编修出新的方志是用语体文写的，但也只是一种尝试，任何人也不会见得，在寥寥无几的新方志中，现今已出现了足可矜式语体文。就方志本身来说，语言文还无所借鉴。胡乔木同志提出，新编地方志要有新观点、新材料、新方式，采用语体文记述，就是"新方式"的一大内容。这实在是一项艰巨的任务。用语体文记述的新方志，在"简洁"两字上，要花更大的功夫。《黄志》是被公认为叙事洁明的、采用浅近的文言，全书有八十万言。新编川沙县志较之《黄志》记述的川沙史实，无论在时间、断限、疆域范围，以及门目设置方面，其幅度都要大得多。但新方志的篇幅，不能因之而有多大的扩展。

二、关于记述体

文章根据不同需要，形成各种语文体式，就是文体，也即文章体裁。"世有浇淳，时移治乱，文体变迁，邪正或殊。"（《隋书·经籍志》）文体是个历史概念，不同时期，有不同的分类法。直到目前，文体如何分类是有争论的。比较一致的意见，被分为议论文、记叙文、说明文、应用文。方志的性质决定，必须采用记述体。章学诚说："志为史裁，全书自有体例，志中文字，俱关史法，则全书中命辞措字，亦必有规矩准绳，不可忽也。"（《章氏遗书·与石首王明府论志例》）

但所谓记述体，其间还有许多分别。新闻类的通讯、报道、消息，文学类的小说、报告、散文也都是记述体，但方志不能采用这样的记述体。"史志引用成文，期事实，非尚文辞。苟于事实有关，虽胥吏文移，亦所采录，况上此者乎！苟于事实非关，虽班、扬述作，亦所不取，况下此者乎。"（《章氏遗书·方志略例》）史笔与文辞之笔不同，"志属信史"，贵在叙事真实谨严，而决不可像写文艺作品那样修饰文辞。这些主张，已为后来一般修志者所信守。

作为方志的记述体的主要特征是什么呢？这个问题，要正确表达，是困难的。一般的提法是：地方志的文章体裁，是科学的、客观的记述体，就是要让事实说话，对客观事物作真实、深刻、系统的叙述，寓观点于事实之中。

地方志不能夸饰文辞，地方志对本地的历史或时事不能直接议论，这是地方志记述中亟须注意的两个方面。地方志对客观状况的是非、功过、得失、成败、隆替的经验教训在思想上的倾向性，是在叙述内容中自然反映出来，而不是以笔者的直接议论方式表达出来，简言之，地方志通过史实反映规律，不能论述规律，这是地方志与一般议论文不同之处。现在，对这问题在认识上，大家比较一致，而动手起来，感到难办。因之往往有人发出疑问："方志能不能论述？"带着这个问题，在老的史书中找，在老的志书中找，而且也找出了"议论"之例。这是不足为怪的。"议论"在司马迁、班固这些史学大师的著作中也是免不了的。但综观其全体，这仅占其极少数，是不是为法的。让事实说话，叙事寓论，才是"史家法度"。现在，许多人同意方志叙述中，发一点"画龙点睛"式的议论，好像由此问题得到妥善解决。但"画龙点睛"，就"画法"来说，是极非易事。"睛"能传神，如无天分、功力，"睛"一定点不好，遑论"传神"了。而"画龙点睛"式的议论，不知有何矩矱？

另外值得注意的是，方志不能写成"总结报告"。"总结"也是一种文体，要写好它也不容易，但再好的"总结"不能移用于方志。"总结"属于应用文，其叙述方法、写作目的、读者对象都与地方志不同。"总结"以特定时间的方针、政策为依据，找出经验教训，指导工作，但不能移用于地方志。原浦东县志1960年编的《浦东县志》（油印本），是有一定价值的。但在叙述政治运动方面，几乎全类"总结"（有的像"史话"，也不合志体）。其取材、叙事、寓论，与地方志要求俱有不合，当前修志断断不可以为例。

三、关于编纂方法

方志按编纂方法，有纂辑与著述之分。这个问题，与地方志采用什么文体有关。

清乾嘉年间，较多学者参与修志，在编纂方法上，形成了不同的流派，主要是纂辑派与著述派。纂辑派像编类书一样，纂辑旧文，述而不作。著撰派则在占资料的基础上，对资料进行综合研究，成为一家之言的著述。纂辑派的好处是资料翔实，可资征信，缺点是文笔涌杂，篇幅冗长，在内容上往往前后重复、详略失当，著述体详略自如，笔调一致，言简意赅，便于阅读。其缺点是不能保存原始资料，有的资料经过加工，可能失真失实。这两种编纂方法，各有利弊。前者弊多利少，后者利多弊少。但这两种方法，不是绝对排斥的，编新志则要取两者之所长，去两者之所短，把这两种方法，统一在一部志书的整理之中。这一点，《黄志》已为我们开辟了路径。《黄志》"大事年表"采用纂辑体，各个专志则采取撰述体，而把重要原始资料，附属于各个门类之后。这里发生了著述与资料的比例问题。以《黄志·工程志》为例，著述与资料的比例：著述占70%，资料占30%。资料部分共收录掌故（主要是各种公文与章程等）五十四件，收录文征六件（工程开展当时私人撰写有关工程纪要等）。这也符合章学诚方志"立三书""一体"（著述部分）"两翼"（掌故、文征）的义例的。这种注重资料著述体，仍可为我们当前修志所效法。但不能照搬，不能食古不化。章学诚那时代，县署一般没有今天这样的档案馆保存文件，故采录掌故于志书对于保存地方文献有好处。现在的情况不同，大宗的档案被保存在档案馆里，则不必把一般的文件搬入志书。重要的，要把这些文件通过加工变成"著述"；著书中可选择少量、极有史料价值的"掌故"作为"附录"为是。

我们新修县志，尽管主张保存一定的重要史料，但仍以著述为主，仍然要在"著述"上下大功夫。在撰写底稿之前，严格区分各种资料的不同性质，哪些可以反映事物的实质？哪些只反映事物的假象？哪些是典型资料？哪些没有代表性？对资料经过一番去伪存真、去粗存精的选择工夫，然后在这基础上"博观约取"，对客观事物，作出真实的、能反映事物本质的规律的叙述。现在，我县各编修部门都在编集资料长编，这是古来撰写志稿的好方法，通过"长编"，将经过初选的资料，按各专题，或各事件、各人物、各地区，按年代顺序汇集成册，然后在这基础上进行删削加工，再写底稿，一些已写出一部志稿的专业志实践证明，搞"长编"资料，确实有好处的。

方志叙事初识

　　最近，在《中国地方志通讯》上看到傅振伦先生《史志叙事尚简说》一文，深受教益。由此，使我对地方志叙事，有进一步认识。以下谈谈我的一点粗浅的学习体会。

一、方志记叙一地之史实

　　就我个人看来，方志记叙什么内容，是谈方志叙事的前提。方志记叙什么内容，这个问题不是所有参与修志的同志完全明白，因之有加以讨论的必要。这实际上是对方志的性质，在认识上还有差距。方志的科学属性是什么，这是一个带有根本性质的问题，是研究和修纂地方志的首要问题，无疑地，也是方志"叙事"必须明确的问题。这和认识改造任何事物一样，只有把握住它的本质，才能纲举目张，顺理成章。方志的性质，是属地理书范畴，还是史书范畴，这在方志学历史上有长期争论。到了清代中叶，章学诚和戴东原等又起劲地争论了一番。以戴东原为首的地理派认为："夫志以考地理．但悉心于地理沿革，则志事已竟．侈言文献，岂急务者。"主张方志是史书的章学诚则反驳说："古今沿革，非我臆测所能为也。考沿革者，取资载籍；载籍俱在，人人得面役之；虽我今日有失，后人犹得而更正也。"他说，方志但重沿革，而文献非其所急，则但作沿革考已足，又为什么建以史馆，延集多士，敛费千金，旷日持久地编纂方志呢？章学诚以为修方志当重文献，若一方文献，不及时搜罗，编次不得其法。去取失其所宜，则有使史料湮没无闻之弊。他认为，"图事之要者，莫若取后人所不得而救正者加之意也。"方志是地理书还是史书，关系到方志内容取材和体裁等一系列大问题，毋庸说也关系到记述问题。或问，自新志编修以来，一般宣传上都不是说方志是历史、是"一方之全史"的吗？何曾有多少人主地理说呢？何必翻出历史旧账来呢？我的意思不在乎这一问题在历史上争论的情况，而是要看到由于这种争论造成的事实。简言之，由于上述不同主张，至今存在的数以万计的志书体裁上有很大的差异，这对当前修新志，有形无形地，或直接间接地会受其影响。从这一意义说来，对方志性质作进一步认识，尤其在我县编修工作进入到编写阶段，无疑是十分必要的。

在方志是地理书还是史书，这一各有充足理由争论不休的问题上，我们主张是史书说的。鉴于这种认识和主张，我们可以断定方志记述的内容以及记述的形式。无可置疑，方志的宗旨是记述本地区的自然环境的变化和各项事业的发展和现状。简言之，方志所记述的是史实，是历史发展过程。方志记载的史实，是对蒐集到的大量史料加工的结果，而不是史料的堆积。故方志的叙事内容，是一方之史实，这种史实是地方特征和客观规律的统一，一般的工作方法、一般的工作过程、一般的技术措施，不能反映地方特征的俱可略去。但是，如是特殊的工作方法、技术措施，与众不同而对本地区乃至在外地也发生影响的，也应作为方志史实加以记述。又如重要的工作过程也应记述，如土地改革的过程，与一般常年旧规进行的，如农业的收、种、管，冬季水利工作等比较起来，重要得多，就有记述的必要。要做到这一点，并不容易，即以旧志例之，许多同志也有堆积史料的毛病。柳亚子先生批评此类旧志："上焉者，仅得如此史料，又多半生不熟，未经烹炼；下焉者，断烂朝报而已。"

二、对方志叙事粗浅看法

地方志叙述史实，必须采用记述体。以下分三个问题来说。

1. 记述体的一般要求

文体是一个历史现象。我国文体在历史发展中，有不同的分法，就目前而言，一般分为议论文、记叙文、说明文、应用文四种。各种文体的作用与特点不同。议论文是议论的方式，运用概念、判断、推理阐明客观事物的，包括政论、学术论文、杂文等文章形式。说明文是以陈述的方式，清楚地解释、介绍事物为主的，如科技常识、科研成果介绍、实验报告、工农业产品、商品说明、各种展览会"前言""概况介绍"等。应用文以明白简易的文字，采用一定的格式写出来的，专用于处理日常工作与生活，如调查报告、工作总结、公文、书信、据条等。记叙文通过对所写对象的具体叙述、描写，给读者以真实、具体而生动的印象，使读者受到启示、教育与感染。包括新闻、通讯、方志、史传等。

记叙文有广义、狭义之分。广义的范围有：把新闻体裁中的消息、通讯，以至文学范畴的小说、报告文学、散文等文学体裁，等等。而一般所说的记叙文，不包括小说、报告文学、文艺性散文等样式，因为他们已独立成为一种文体了。记叙文以"叙述"为其主要表现方法。它在叙述和描写方面，要掌握六个要素：把一人物（人或物）、二事件、三时间、四地点（空间、场合）、五原因、六结果交待清楚。当然这种"交待"，不是采用呆板的问答式的或其他固定的格式，而是在记写的过程中，将各个要素巧妙地结合起来，可以用表露的文字，也可以隐含在字里行间。有的记叙文（如记事）就不都是明显地具体体现这六个要素的。要达到交待清楚，笔者必须对人物、事件的认识和体察清楚，否则还是不能达到记述的目的。方志记述史实，必须根据上述六个要素的要求，把所记述的人、事、物交待清楚。

2. 方志记述体的特点

方志记述体，要合乎一般记述体的规范，这是它的共性，但与一般记述体又有区别，有它特殊的个性。方志记述体的特点，依我看来有以下各点：

第一，方志记述的重点走叙事、记人。以上说过记述体有记人、叙事、状物、绘景四种职能，而地方志主要着重在叙事、记人，而不以状物、绘景为务。

方志叙事记人，必须"尚简"（下详），而不去描写人物形象和事件的情节、细节。这里不妨以人所熟知的《水浒》中的人物、事件作譬，看两种记述方式的不同。如《血溅鸳鸯楼》一回，无疑是《水浒》中精华，作者用了大量的篇幅，把武松杀西门庆的情节、细节，写得十分周到，从而把人物的形象烘托得生龙活现。但这件事如果是发生在清河县的真实历史，志书中不能像施耐庵这种记述，而必须用简练的文字记述，大致这样寥寥数字即可：

> ×日，武松寻西门庆至鸳鸯楼，杀之。

如果要表明其前因后果，则在《水浒》中有更多篇幅；而志书中记述只需这样：

> 先是，武松有兄名大郎，矮而丑；有嫂潘金莲，美而不安于室，与富商西门庆通。松他出，大郎为谋杀之；及归，察知而图报也。

我们所熟知的小说"三言"、"二拍"，作者大都取材于记叙简单的史料笔记或脍炙人口的话本小说，经过他们再创作，添了许多情节、细节，捏造人物。梁山伯与祝英台，在《宁波县志》中记述仅一二百字，并不生动，而改为小说、戏剧，变为情节复杂婉委动人的"梁祝哀史"了。史家之笔与作家之笔异，职责不相同的。方志之贵，据事直书，力戒浮词。刘知几说："虚加练饰，轻事雕彩；或体兼赋颂，词类非优，文非文、史非史……刻鹄不成，反类鹜者也。"

第二，方志叙事，不著议论，一般记叙文以记叙为主，也可发些言论，而地方志则不然。事物发展的成败、隆替、得失，作者不能用直接议论的方式，而是寓议与叙。这是史法，历来为史家所标榜，为述者所遵循。章学诚《答甄秀才论修志第二书》中说："论断宜谨严也。史迁序引，断语俱称'太史公曰'云云，所以别于叙事之文，并非专标色目……仆则以为是非褒贬，第欲其平，论赞不妨附入，但不可作意轩轾，亦不得故姿吊诡。其有是非显者，不待推论，及传文已极抑扬，更无不尽之情者，不必勉强结撰，充备其数。"有的同志说，志书要有思想性，但叙事又不能议论，这是不是有矛盾？处理议论有许多方法。上面章学诚的这段话就有好多种：一是论赞不妨附入，另标色目；二是是非显然不待推论（如用对比的史料）；三是传文已极抑扬，无不尽之情（在遣词造句上下功夫）。志书的思想性在史料的选用、资料的排比上，结构层次上，先后次序等多种方面加以表达，而不仅在于字里行间。同时，还必须认清，志书的思想性要在总体上体现，而不是在具体史料或文句上加上许多论述。千万不要把记叙体，变成议述体。

第三，运用多种表达形式。方志表述形式，一般采用司马迁、班固运用记、表、书、志、传等表述形式，用这套综合性的体裁，灵活地记载不同题材的内容，反映复杂的社会历史面貌。章学诚在他主纂的《永清县志》中运用了志、记、传、图、表、录等形式，也俱是沿用成法，稍加变通而已。1985年5月，中国地方志指导小组所讨论通过的《新编地方志暂行规定》中，对这套表达形式，充分加以肯定，第八条："新方志的体裁，一般应有记、志、传、图、表、录等。以专志为志书的主体，图表可分别附在各类之中。"并要求在实践中力求创新，提出图表尽量采用现代技术编制。

方志记叙体还有"顺时记叙"的特点。一般记叙体，特别如文艺形式的记叙，往往可以倒叙、夹叙、插叙等特殊方法，来取得预期效果。方志则不然，它叙述的历史事件，一般顺时展开。只有在对须加注释性的史实也采用倒叙的方法。此外，一般记叙文，可以带抒情的成分，但地方志则是实录，不必"动之以情"的。

3. 方志叙事的具体要求

刘知几在《史通·叙事》篇中，对叙事提出尚简、用晦、妄饰等三个要求。简者，词约事丰；晦者，神余象表；饰者，假古名以饰今。这三者，应以尚简为主。刘知几说："夫国史之美者，以叙事为工，而叙事之工者，以简要为主。"而用晦、妄饰怎么回事？这在清代史学家浦起龙也以为"难言之也"（见《史通通释》），故暂且不去管它。

看过傅振伦先生《史志叙事尚简说》，关于史志叙事尚简，言之已详，学习此文，结合实际，我感到应掌握几个要点：

一要文约事丰。叙事尚简，要做到"文约事丰"，意思是显然的。我的体会：叙事时间之长短、记述疆域的大小，与史志篇幅的多少，并不一定成正比的。傅文引据《史记》、《汉书》，司马迁作古今通史的《史记》叙三千年事，只五十二万六千五百字，可谓"辞约而事举"。班固《汉书》记两汉二百年事，约八十万字，被批评为"文繁难省"。地域的大小，也未必因此而决定史志篇幅的多少。章学诚修《湖北通志》，只有线装二十册，较一般县志不为多，较旧省志略去三分之二。清康海《武功县志》全书只二万多字。名儒陆陇其修《朝邑志》，只六七千字。二作固不能引为楷模，但志书之省，可为一例。

二要省字省句。省字省句，也是一切文章的共同要求，从来为古人所重视，《吕氏春秋·贵公》篇：

> 荆人有遗弓者，而不肯索，曰：荆人遗之，荆人得之，又何索焉。

对于这段很简短的文字，孔子和老子都认为还不够简，孔子以为"荆"字可省。老子以为去其"人"而可矣。梁刘勰《文心雕龙·练字》篇中，"权重出"也说的节省字句。宇和句是文章之基，字积为句，句积为章，章积而篇成，文章之简，当由字句着手。刘知几举了一个省字的例子，《春秋》僖公十六年："陨石于宋五。"闻之陨，视之石，数之五，加以一字太详，减其一字太略，求诸折中，简要合理。又举《榖梁》为例："称郤克眇，季孙行父秃，孙良夫跛，曹公子手偻，齐使跛者逆跛者，秃者逆秃者，眇者逆眇者，偻者逆偻者。"按照通常的眼光，这一次齐国的外事活动，用此寥寥数句，也是很简的了。但刘知几以为，宜除"跛者"以下句，但"各以其类逆"，六句中省了二句。他以为，惟其如此，才算骈肢尽去、尘垢都捐，华逝而实存，滓去而沈在。省字省句，不尽是文章修辞问题，也是一种史法。以上所举"陨石于宋五"之例，历来为史家所称颂。《榖梁传》释："先'陨'而后'石'何也？'陨'而后'石'也。

于宋四境之内，曰'宋'。后数，散辞也，耳治也。"这是史家"正名"之法。我们常说的"春秋笔法"。主要是正名、定名分、寓褒贬，而以正名为本，"名不正，言不顺"。这就是所谓"春秋"之大义。（此外，还有"微言"之说，略不赘述）

三是减少层次，文章无层次，则平淡乏味；但层次也不宜太深，太深则失于琐碎。地方志一般三层次即可。从我县设置的编写纲目，章、节、目三层次即可。当然目前设置的各分志之间，尚有层次不一致的地方。经济志中，按现行行政管辖部门负责编写的，有的综合部门，有的则直接是一个行业，故彼此层次有不一致的地方。我县财税志编写的农业税一章，资料丰富详实，文字也比较简洁，但是层次过多，设有六层。经过研究，归并为三层，反而通畅明了。这分志稿，有的地方六层，有的五层，第六层过于细小，可予取消，但顺时记叙则可。目以下之一层，用数字标出，又是一层。如果不出数目，每事分行安排又可减少一层次。

同时层次重重叠叠，也是文风问题，这就是毛主席所批评过的"党八股"的表现。也容易写成"总结式"，往往不是记述"史实"，而总结出的一条一条"经验"之类的文字，为志体所不容。

四是取材精当。方志被认为是"无所不载"的"一方之全史"，"一地之全貌"。这是概括的说法。但在实践中，要有分析地具体对待。复旦大学黄苇副教授说，无所不载，是指大的不漏，而不是"鸡毛蒜皮"都放进志书。编修人员，要善于在蒐集到的大量资料中，提炼出最有用史实，载入志书。我县编修县志工作，经过前一时期广泛蒐集资料，取得近五千万字的文字资料。一个乡镇，一个专业志往往也蒐集了几十万到一二百万字的资料。这些资料，无疑于修志是有用的。但它是庞杂无章的，不能成为直接有用之物，必须经过校核、参证、鉴别，由粗及细，去伪存真，才能成为信而可征的史实。正如马克思所说："研究必须蒐集丰富的材料，分析它的不同形态，并探寻出这种形态的内部联系，不先完成这种工作，便不能对现实的运动，有适当的说明。"（《资本论》第一卷第二版跋）对于史料，也要历史地加以分析，决定其取舍。黄炎培《川沙县志》中，记载了我县资本主义萌芽状态的工业生产等，这些史料，对考察我县工业的发展是重要的，但与今天比较起来，这些工业规模很小，设备简单，技术落后，产品单一。当时川沙工厂寥寥，从业人员也很少，而发展到目前，我县有大小工厂上千个。各方面都不能与当时同日而语。但在记述上，不能如《黄志》那时的工厂一个个得到记录。而现在则不能照办，而只能记工业行业的发展概况，记主要工厂及主要产品。若如当时那样记述，势必为县志不胜负担。商业、教育、卫生等事业也皆类此。

三、简短的结论

唐代史学家刘知几说："史之称美者，以叙事为先。"又说："国史之美者，以叙事为工。"这是他在《史通》一书中说的话。《史通》是他数十年钻研史学的结晶，也是我国最早的一部史学理论著作。清代方志学家章学诚在《方志立三书议》中把方志譬作成人的身体："事者，其骨；文者，其肤；义者，其精神也。"方志的具体内容借文字表述的，好比人之外表或服饰一样，是表露的，给传阅者以直接的印象。故章学诚在《文史通义·辨似》一文中又说："……妍媸好丑，人见之者，不约而有同然之情，又不关于所载之理者，即文之理也。"这都说明了史志叙事之重要。

方志叙事也要求有一定文采。孔夫子说，"质胜文则野，文胜质则史"（《论语·雍也》），一部好的志书，必须文而不丽，质而非野，便读之者味其滋旨，怀其德音，才能传之久远。

以上，是我学习方志"叙事"的一些粗略体会。有人问，何以只注意往古久远的事实呢？这与表述当前新思想是否背悖呢？我以为，我国有悠久的纂修史志的优良传统。《春秋》是世界上最早的一部编年体史书。几千年来，我史学和方志学积累了丰富的经验，所形成一套史志体裁，成为我们很好借鉴，也为黄炎培先生纂修《川沙县志》所取法。我以为新方志所以是新，主要在于记述的思想内容，至于形式上，并不因此而有许多突破，个别地方修志，没有注意在传统的形式上推陈出新，特别叙事不得其法，用习以为常的方法（总结式的、文艺式的，等等）充斥志书。且有强不知以为知而所谓"创新"的，而与史志之体，相比大可径庭。为此，我们不得不有稍加讲究之必要。

地理专家履勘本县

　　5月18日，华东师范大学地理系教授褚绍唐、张天麟及王先铸老师履勘本县。一同前来的还有施光宇、李新民老师，市社科院历史研究所郑祖安和市地名办李爱初同志。他们几位对我县编修地方志都作过指导和帮助。特别是王先铸老师，为编写川沙地名志，多次莅临我县讲课，作了不少具体指导。

　　午前，教授们由县志办孟学贤同志陪同，参观了"岳碑亭"。亭在城中东南角残存城墙上，亭中一碑，勒刻宋武穆王岳飞当年在大梁舞剑阁所书诗一首，其云："学士高僧醉似泥，玉山颓倒瓮头低；酒杯不是功名具，入手缘何只目迷。"诗帧原件现藏南京江苏博物馆。"岳碑亭"为本县主要名胜。

　　午后，王金祥同志陪同褚教授一行乘车出发，我聊充一名向导。车子出城沿东川路穿过钦公塘，转上川杨河南岸土公路。王金祥同志与张天麟教授并肩而坐。张教授一路上不住地向王金祥同志询问本县的情况。他与著名方志学家朱士嘉是好友，于方志学造诣很深，前不久，他对我县县志纲目，提出十分宝贵的意见，使我们得益匪浅。

　　顷刻间，车到三甲港水闸停了下来。这天，正是农历十八日，午后正好是涨潮时间，渔船满载而归，渔民们正在海滩边拣选鱼鲜。天风浩荡，海水茫茫，水闸以内，碧波涟漪；水闸外面，浊浪汹涌。客人们似乎对眼下的旖旎风光颇感新奇。王金祥同志是当年开挖川杨河的总指挥，他简洁地介绍说：川杨河1978年冬开挖，1980年春完成。西至黄浦江边杨思港，东至海边三甲港，全长三十公里，投资五千万元。川沙向以钦公塘为界，分塘东、塘西两个水系，川杨河开挖后，统一了水系，有利当地四化建设。他又指着水闸外黄色浊浪说："海水里面夹带大量泥沙，每次潮水，都要留下像一个铜板厚的泥沙。"教授们打开了本子，一面听一面做些记录。

汽车由人民塘北驶，经白龙港转弯向西至钦公塘又北驶，到杨园乡共新大队地段的海神王庙，据弘治《上海县志》称，海神庙在八团镇（时川沙称八团镇），是当时祀海之处。而之后出现的志书对此具为忽略。海神庙俗称海神王庙（新出版的地图误作"海城隍庙"）。庙宇一进三间，已很破烂，但庙后的大银杏树，干高围粗，枝叶茂盛，亭亭如盖，被当作航运标志。前年经市园林局测定树龄有四百年，无疑是明代的古树。据说，市佛教协会曾找寻海神庙，亦尚不知其具体地址。

离海神庙不远，便是黄家湾。黄家湾是人民塘、外捍海塘（钦公塘）、内捍海塘（老护塘）会合处，当地人称"合（土音鸽）护塘"。明成化八年（1472），承事郎黄祚合黄家氏族在此处筑塘数百尺，因名黄家湾。此处为旧时"宝山"（后改"上海"）川沙分界处，有界碑一块依然树立此处。老护塘一说筑于宋乾道年间。明代沿塘设有墩汛，为当时海防前线。钦公塘筑于清初，人民塘是解放后以旧时备塘为基础修固而成的。这三条塘前后修筑相距数百年，反映了东海地区地理变迁过程。唯有此处稳固不变，把三条历史"长绳"系在一处。

二时左右，到达"老宝山城"。"老宝山城"在高桥乡海滨大队，距高桥镇北约二公里，距东海岸一公里，北距吴淞口岸黄浦江一公里，"老宝山城"是我县一处重要文化遗址，上海市文管会曾有通知说："老宝山城作为一个古代卫所的城堡遗址，和研究长江陆地变迁历史的依据，还有一定价值，拟作为市级文物保护地点。"现此城已列为市级文物保护地点。历史上"宝山城"筑过多次，余已塌毁，此一处建于清康熙三十三年（1694），现仅存南城门环形残圈。城门前面，已堆成高高的土层，须下坡后始得进"城"。城内有六十多户人家。进了洞门，仿佛别是一番天地。据城门口的居民说："城内还有城隍庙。"褚绍唐教授兴致勃勃，就要看看。这位满头白发的老教授，富于著述。前不久他整理了我国地理学名著《徐霞客游记》。他慎思独往，精神矍铄，是一个不知疲倦的老学者。城隍庙已改成成衣工场，几十名女工正里面埋头做工。她们见来了陌生人，不免七嘴八舌。褚教授满不在乎，应答之余，贸然发问："有没有碑？"有一个妇女说："你们什么地方来的，讲清楚了，给你们看碑!"有的同志以为这又在开玩笑，谁知，另一个妇女同志说："是有碑，在她家里。"在大家催促下，这位女同志停了手中活，起身把大家引入了她家中。这一家户主是尹瑞祥，他在拆城门时把城门上的一块石碑取回家中。碑上刻："万历戊寅吉旦督工官镇江卫经历余姚苏□礼□□督造居民吴应麒、沈□秩、朱□□、邹□□、黄燕诩。"此碑据上海市文管会同志认为，是从明宝山城搬迁而来。志称，明宝山城始筑于万历四年（1576），二岁而成，即万历戊寅年（1578）。可谓市文管会推断有据。

最后到达点是高桥中学。校内保存着明碑一块。明永乐十年（1412）初筑宝山土城时，永乐帝亲制宝山御碑，其碑已移在高桥中学六角亭边，现高桥中学正在改建碑亭，碑被封存着，所以看不到。大家到正在兴建的碑亭处，亭基颇高，不低于两米，亭子也已建成，还在装修。

此次教授们一行对本县所作实地勘定，对于搞清本地区地理演变有重要作用，特别有助于我县地理志编修工作，我们将期待着他们对本县近一步的指导和帮助。我们在陪同勘查中，收到了不少教益。在此次考查中，看出关于文物保护工作，在我县有的单位没有很好得到落实，有进一步采取措施的必要。

浙西问道略记

浙江建德县县志已完成编纂任务，进入了首批完成的新修县志之列，为了求教，经黄苇教授介绍，我们又有建德之行，8月6日编委副主任王金祥，县志办朱鸿伯、曹元经和我，并邀请了市史志协会副秘书长邬烈勋同志，一行五人，于北站搭上了夜车。昧明到杭州站，即又改乘汽车，傍晚到达建德县城。建德县志主编、县委办公室主任周金奎，县志办主任姜善同同志对我们热情接待。因事先获悉我们要去，委派了邵小坤同志安排旅宿。建德县是著名的旅游区，时值夏末游客如流，住宿特为紧张，我们是住在农校招待所，处在寂静的山坳中，三面环山，上面树木葱郁，景色宜人。

次日上午，周主任等同志向我们介绍编修建德县志经验。他介绍说，建德县志编修工作在1982年3月开始，第一阶段是配备力量，搞好宣传发动工作。县主要领导都出面宣传发动，统一各部门领导思想，明确其任务。有编修任务的有关部门，一般配备三至五人编写分志稿。合计在一百五十人左右。县志办配备了八人（到编写阶段增至十几人）。第二阶段是搜集资料。1983年全年到1984年上半年，共搜集资料一千五百万字。分志在资料搜集到百分之七八十后，即进行编写，在编写中不断补充。分志稿到1984年6月基本搞完。7月即进入第三阶段：着手总纂，经过半年时间紧张"拼搏"，至年底始告杀青。全书七编，五十八章，总七十万字，由中华书局承印，今年9月，将打出清样。周主任介绍中说，浙江省社科院副院长，热心支持，除具体顾问外，还拍板安排出版。黄苇教授，先后三次莅临指导，为编修建德县志创造了良好的条件。

建德县编修县志积累了丰富的经验，使我们获益匪浅。他们的特殊条件，我们未必全能做到，但其中基本经验，是值得学习，我听过之后，深受启发的有二点：一是志要写好一地方特色，二是编写县志要有拼搏精神。

俗话说，"一部二十四史，不知从何说起"。县志是一方之全史，一地是全貌，又从何说起呢？所谓"全"，并不是巨细并蓄，大小兼载，为饾饤樽俎，为獭祭鱼，有何味道？建德县同志告诉我们，县志一定要写特色，建德县的特色，首先在其"概述"中告诉了读者。我们看过他们写的"概述"，全文不过三千字，其文简，其意赅，使我们素昧建德的人，一看便得其美目。

建德县的特点，他们概为四点，就是：旅游之地、水利之城、地质之商、果木之乡。他们把这些作为一县之特色重点记述，是深得叙事的奥秘的。唐代史学家说："言媸者，其史亦拙，事美者其事亦工。"此四者，建德之事美者，"绘事以丹素成妍"，之所以为建德县志生色之处。县志于本地的特色不加意，作者定是笨伯无疑。古代史学家的特殊的成就，无不借助特别有意义的重大事件。"观子长之叙事也，自周已往，言所不该，其文阔略，无复体统。自秦汉以下，条贯有伦，则焕炳可观，有足称者"。故建德县编修同志，亦可谓深得史法的。

关于"拼搏"精神。"拼搏"二字，用于修志，窃以为不妥。但这二字从中国女排获胜而风靡，颇为"时髦"语。当于"拼搏精神"，重其精神。就是下大决定，毕其功于一役。记得黄苇教授说过，屯兵坚城之下，久攻不克，为兵家之大忌。周主任说，现在各方面工作很忙，参与修志的有那么多人，实在不能拖。于是他们在去年分志稿初步完成的基础上，下大决心，毕其功于一役，惨淡经营半年，终于完成了建德县第一部社会主义新志。周主任又很谦逊地说，明知建德县志较粗，文字没有细细润泽，内容有所遗漏，只能以后再补。我以为"再补"二字，很有道理，试问，谁能说谁家修出的县志定是天经地义、万无一失呢？

建德县是值得留念的好地方，作为旅游胜地，所印国人的足迹越来越多，将来还要对外开放。境内有千岛湖，灵栖、霭云、清风三洞。由于建德主人殷勤招待，得使我们领略其风光一二。新安江下游是有名的浙水，唐代出身建德的诗人李频有《自黔归新安》一首："朝过春关辞北阙，暮参戎幕向南巴。欲将仙桂东归去，江月相随直到家。"新安江上游，资源丰富，新中国成立后，人民政府依山筑坝，造成水电站，落成千岛湖。建德的湖光、山色、洞景，一经修整，便成胜概，每一寓目，无不赏心，而非秃笔所能形状。所见画家叶浅予一首，借用于此：

老栗树下透绿香，宾主共话新水乡。
三五千岛布新棋，八十万亩起波浪。
茶竹松杉覆群岛，鳙鲤鲥鳜跃网箱。
十里姥山入画图，却听织女奏乐章。

浦 东 开 发

浦东同乡会及其对浦东的先期开发

上海开埠后，浦西一带，迅速变为繁华的"十里洋场"，进而成为世界上最大城市之一。而仅一江之隔的浦东广阔地区，发展十分缓慢，仍历久保持其古老的农村面貌。百余年来，浦西和浦东的有识之士，为开发浦东，坚持不懈。早在北洋政府统治时期，浦东的有识之士已经提出"浦东特别区"的设想。以李钟珏（李平书，下同）、黄炎培为代表的浦东同乡会，为早期浦东的开发，做了不少实际工作。本文就此试加论列，以期就正方家。

一

浦东同乡会的前身是浦东同人会。浦东同人会，清光绪三十一年（1905）上海缙绅李钟珏所创建。初为奉、南、川、宝、上五县人士之团体机关。1924年经改选，黄炎培任董事长。1928年7月，改名浦左同乡会。以宝山、上海、川沙、南汇、奉贤、金山、松江各县浦东区域内的旅沪同乡组织而成。1931年8月，改称浦东旅沪同乡会，由黄炎培起草《宣言》，并制订了《章程》。《章程》谓："本会以联络情谊，交换知识，对于旅沪同乡力谋互助，对于本乡事业共图建设为宗旨。"这标示了在浦东同乡会历史上的转折点。黄炎培在起草的《宣言》中说:"二十五年前,李通敏(即李平书)领袖群伦,成立浦东同人会。当时即着眼于外力之抵御、禁止浦东地转洋商道契、交通之规划、测勘沪金铁路、舆论之集中、创办《浦东报》。不数年辛亥革命,群奔走国家大事,此会未能尽力进行。乃者,同人会地方之多故,惧因应之无方,积极以谋建设,则有鉴于百端之待理;消极以谋保障,则更怜夫孤掌之难鸣。用是集合同乡,发起本会……"

二

开发浦东,这是同乡会的同人所深思熟虑的问题。这集中反映在由黄炎培先生于1931年8月所发出的《浦东旅沪同乡会宣言》之中。《宣言》在回顾同乡会的历史中说,二十五年前,李钟珏成立浦东同人会时"虑之熟矣"。同人们认为,黄浦江盈盈一水,迢迢百里之间,浦东人口何止百万之众。上海自通商设市,遂为世界上大都会。浦东人就浦西就业者有几万以至几十万。而地域广阔的浦东,也亟待开发。"一念过去,美哉浦左;一念将来,危哉浦左。"浦东同乡会同人们认识到,处于国内外错综复杂的矛盾之中,浦东不可能长治久安,现实也清楚表明,浦东的优越条件,正在逐渐丧失,而且隐伏的危险性,也越来越大:

第一,就浦东的"地利"来说。"天然之美而不济以人工,则大利且变为大患"。黄浦江帆樯千里,灌溉万家;从黄浦江所设海关,国家岁入数千百万金,但黄浦江受海潮浸灌,海水夹带大量泥沙,有日渐淤塞的危险……长此以往，严重的水旱灾害，必将发生，浦东人就有葬身鱼腹之险。还有沿海塘工，伏秋雨季，稍一疏虞，在在可成巨患。诸如此类的重大事情，"浦左人不自谋，谁为我谋哉"？

第二，就浦东之人才来说，浦东人文卓著。将军故垒、名士园林，载诸里乘。即乃近百年言，有功国家、社会的大有人在。清末提倡新学新政，浦东又涌现了不少著名人物……浦东广大人民群众有大批人从事水木工、缝纫工等，心灵手巧，卓著劳迹，为社会作出了可贵的贡献。但人民的生活十分困苦，他们的大多数人缺少教育，"应教之使进，导之使合，俾有一技之长，得自立而不为人侮。其聪敏优秀者，立志向上，出人头地，而不至埋没其天才"。

第三，就浦东的物产来说，浦东滨海百里，农作物以棉为主，水稻及其他作物仅十之二三。农产品一方面要讲究改良种植，须建立各种公私立试验农场。一方面要加工创造，则要建立工厂。浦东的毛巾、袜子、花边产量不少。花边最盛时，仅川沙一隅，年产值在百万元以上……

尤为严重的问题，是外国殖民势力对浦东的渗透。英、美、法等国在浦西江边建立租界后，即向浦东一侧抢占岸线，建立码头、仓库、工厂……"请看黄浦江中林立之帆樯，所悬者，何国之国徽乎？浦东沿岸撑天大厦，经营工商业于中者，何国之国人乎！洋商购地，遍于沿浦矣。"不仅如此，外国殖民者欲壑难平，其势力更进一步地向浦东腹地深入。日本轮船公司船只驶进浦东内河，夺取航利。美、英、日各国棉商进入浦东农村收购棉花，夺取商业的利润。甚至有的把浦东全境电车网，列入某国人的计划之中。"吾浦东者，本不欲为浦东之浦东以自划，奈何求为中国人之浦东而几乎不可得也"……浦东同乡会同人，在爱国人士黄炎培主持下，呼吁同乡，团结一致、合力自卫，以卫国家。他说："欲救中华危亡乎？当然须有主义，有方法。而其万万不可少之一条件，必须人人抛弃其自私自利的国人观念，先结成小群，合若干小群成大群，合若干大群成全国一大群，而国本立，国力强，国命永。"他说，同乡会分而为一方有力之公团，合而为整一的有机体。以之对外，能间接影响于国家，于民族之生存与发展。

三

浦东同乡会所开展的工作是多方面的，其主要的方面是开展对于本乡的建设事业。

第一，开发浦东交通。同乡会把开发浦东交通列为第一要务，清宣统元年（1909），李钟珏在浦东筹筑沪金铁路。计划中的这条铁路，由浦东杨家渡起，东抵川沙钦公塘。南经南汇、奉贤，至金山县境之白沙湾止。这条铁路由当时上海、川沙、南汇、奉贤、华亭（今松江）、金山等五县一厅的绅士共同发起。订有章程七条。《章程》规定，铁路的建筑是为了"保运输之权利，图沿海实业之振兴"。宣统二年（1910），川沙厅将筹建沪金铁路事由，转江苏省铁路公司。但当时由于资本不足，工程未能进行。1921年1月，黄炎培、张伯初招集同乡顾兰洲、凌云洲、张竹坪、陆莲溪等集议筹建上川交通股份有限公司，拟定股金二十万元。得到了同乡的支持，踊跃认股，股金很快筹足。顾兰洲一人，认股三万元。次年工程动工，铺设铁轨，至1926年，浦东庆宁寺至川沙一段，全线通车。之后又延长至南汇县祝桥，全长33.35公里。与此同时，同乡会常务理事穆藕初筹建浦东周家渡到南汇周浦镇的上南铁路，这道铁路于1925年建成。这两条铁路，成为浦东农村联结上海的纽带。为浦东的毛巾、袜子、网花等手工业品运销上海，带来极大方便。1937年3月，同乡会又向江苏省政府和上海市政府建议在浦东一侧，展筑沿浦公路，自杨思起，向南延伸三十里，与沪杭公路衔接。旋因"八一三"战事，此举中辍。

第二，改进农村。在19世纪20年代，全国出现成立农村改进会的热潮。黄炎培是农村改进会的提倡和热烈支持者。1934年7月，浦东同乡会在浦东建立高桥农村改进会。在高桥公园设立办事处。改进会以懿德小学为示范单位，改进农村教育。并创立了济群医院，是为高桥地区有医院之始。还举办了托儿所等。1936年12月，又会同中华职业教育社发起组织"沪东南农村合作事业促进会"，在上南川各县设立分会。因翌年"八一三"战事爆发而中止。1947年，又组成农业改进会，在川、南、奉、松等县设立分会。在上海的高桥、杨思筹建植棉试验场。同年7月，黄炎培和蒋孝义倡办新中国高级农业职业学校，校址设川沙暮紫桥养鸡场。该校以训练农家子弟，予以实用农学技能，辅助农业生产为宗旨。学校经费由同乡会和校长蒋孝义募集。上海解放前夕，国民党加紧白色恐怖，因学校有"亲共"嫌疑被迫停办。

第三，兴修水利和塘工事业。浦东濒海，多潮害，筑塘与浚河历来是浦东地方的二大工程。由浦东同乡会发起，在1929年疏浚了烂泥渡。同年下半年，又由于咸塘港新沟浜淤塞有碍卫生，又发起对之治理疏浚，许多同乡会员为此解囊捐助。长期担任理事会务的瞿绍伊先生，于抗日战争后，主任马家浜、都台浦（即曹家沟）开河疏浚工程。此二道河是横贯浦东全境的二大干河。1931年8月，沿海发生特大潮灾，造成极大危害。同年9月，浦东同乡会集议讨论护塘问题。穆藕初报告"海塘危险万状，令人心悸，倘再遇前次之暴风大潮，势必全沪陆沉"。同乡会许多同人，都输款修海塘。

第四，广造舆论，改革不良风气。浦东同乡会经常地通过召开大会，组织宣讲团等形式开展宣传工作。由会中有实际经验的同人，分赴浦东各处宣讲。有关于国内外形势的，有赴国内外各地的考察报告，有介绍先进的工农业生产技术，有改革旧式婚丧仪式、禁烟、拒赌，有为了劝募或征集的，等等。他们也经常聘请社会名流演讲，如杨杏佛、杜重远等均到浦东同乡会演说过。他们还创办了《浦东报》《新浦东报》，作为机关刊物。同乡会常举办同乐会、百乐大会、音乐会、乒乓表演会、武术表演会等文娱体育活动，寓教于乐。1938年，主办集体婚礼，先后共举行了四届集体结婚仪式。由浦东人开设的鸿翔服装公司提供婚服，这对于社会上铺张靡费的旧式婚礼时尚，无疑是切中时弊的改革。对于禁烟、拒赌、更是不遗余力，采取了多种措施。1925年5月，同乡会致电南、川、奉知事，其中谈道：兼旬以来，沪南一带公然贩土，鸦片毒物，有死灰复燃之势。浦东逼近上海，流毒漫延，自在意中，若不严密查禁，贻害地方，将何底止。同乡会痛心烟祸，欲挽狂澜，除分别派员劝导烟民入戒烟所外，调查所得，各乡镇警察所，查获之烟案，往往越权处分擅罚巨款；或请人说托，徇情轻纵，殊非郑重禁烟之道。要求各县政府按律处治，以儆效尤，而收禁烟实效。

第五，赈济和慈善事业。大要有：

1．兵灾救济。1932年初，日本侵略者发动进攻上海的"一·二八"事变，2月4日，浦东同乡会发出关于救济本埠兵灾同乡的通告。谓日兵犯境，滥掷炸弹，危害我无抵抗之商民，违背公法，惨无人道。闸北遭殃，尤为特甚。凡同乡遭殃而一时无法栖止者，可以登记，代为安插。又在周浦镇和杨思镇设立难民收容所，并在周家渡、白莲泾、塘桥、老白渡、烂泥渡、洋泾等地设站发救灾米，这两项共计支银元15540元。1937年"八·一三"上海抗战爆发，浦东同乡会立即组织战时救济团，遣送被难同乡回籍，设立难民收容所十二处，截至1939年3月收容所结束，先后收容难民4186人。其间，为了解决生计，将其中有刺绣、网花、纺织、卷烟等技能的，多方设法介绍工作，如将有刺绣技能的十余名女工介绍孙湘记刺绣工场。浦东陆家嘴纶昌纱厂将复工时，同乡会知照各收容所中该厂工人前往登记，并特约生生医院为难民产科医院。该医院为川沙同乡留日妇产科专家瞿绍衡夫妇所开设。至1937年11月，共收孕产妇五十人。由同乡会西医诊疗所各医士则逐日到收容所为难民诊治给药。由同乡陈子馨捐助被絮一千条，潘志文、张伯初经募棉背心一千二百件。并为上海救济会转发各界捐募的面粉、大米、奶糕、大饼、面包等食品。为上海地方协会代发衣服一万余件。

2．水灾救济。1933年9月2日、18日，两次强台风，沿海受灾惨重，同乡会与崇、宝、启水灾筹赈会合组为江苏川、南、崇、宝、启水灾救济会，共募得银元366563元，另加物资折合184000余元，分发各灾区。另川沙又在本邑募得22670元。解放后的1949年7月24日至25日，浦东遭受强台风袭击。由松江专员公署领导的松江分区生产救灾协会会所，就设在同乡会大厦六楼，同乡会亦组设浦东水灾赈济会。

3. 接济清寒子弟及办儿童教养院。浦东同乡会董事长黄炎培，早在1917年，联合蔡元培、马相伯、张元济等数十人创立中华职业教育社，推广职业教育，改良普通教育，达到无业者有业，有业者乐业之目的。职教社举办的中华业余图书馆暨第四中华职业补习学校，皆设在同乡会大厦内。在经费甚为困难的情况下，1944年到1946年间，资助清寒子弟助学金。1943年，在浦东龙华嘴创办浦东第一儿童教养院。同年接办川南儿童教养院，改称浦东第二儿童教养院，院址设川沙城内。

四

浦东同乡会对浦东的先期开发，对于促进浦东的发展，是有其积极和深远的意义的。从浦东处的有利条件出发，首先提出了成立浦东特别区的构想。这一构想的提出，一方面为了抵制殖民主义势力对浦东的渗透，挽回地方权利；一方面为了利用地理优势，充分利用物力、人才资源，使浦东发展成为一个富庶之区。从所进行的实际工作发生的效果来看，是合乎这个目的。某国人曾想在浦东建立电车网，自上川、上南二条铁路修筑后，野心渐戢。这两条铁路，经过之后不断整治、延伸，解放后改为公路，到目前为止，仍是浦东的主要交通干线。浦东同人会的人朱福田、瞿绍伊等还开办了轮渡和轮船公司，沟通浦江两岸。浦东的民族工业也逐渐发展，特别浦东沿黄浦一侧，到1949年，民族资本开设的工厂有50家。

从政治上看，浦东同乡会一贯坚持民主主义立场。同乡会的组织者和它的骨干力量，以进步的地方人士占多数。李钟珏、叶惠钧，是辛亥光复上海之役中显赫人物，与沈缦云被称为上海南市三大绅士。穆藕初是国内著名实业家和爱国者。黄炎培是一生追求进步的伟大的爱国主义者，他们对内反对国内腐败政治，对外反对外国入侵，在一些重大事件面前，表现出旗帜鲜明的立场。当"五卅"惨案发生后，6月2日，同乡会即致电段祺瑞政府，谓：本埠各校学生，在南京路演讲，突被西捕拘禁，开枪伤毙数十人，惨毒无比，群情愤激，以致酿成罢课罢市之举。要求政府"严重交涉，以慰舆愤，而维国体"。同乡会还召开紧急会，商议援助及善后方法。1932年"一·二八"事变后，除了开展救护同乡外，8月11日，浦东同乡会以东北义勇军苦战暴日，南中同胞不能无以为助，发通报谓："匈奴未灭，卜式输财；宗周将亡，嫠不恤纬。"同乡会正宜敌忾同仇，合力救国，集议共谋救济。14日，黄炎培、穆藕初、吕岳泉等浦东同乡会常务及理事，一致议决募捐，救济东北义勇军。凡到会者，无论自捐或经募，至少捐洋100元，未到会者，致函随同捐册劝募。为东北义勇军及难民募送捐款14754元。抗战胜利后，国民党政府发动内战中，许多进步人士得到浦东同乡会及其所属团体的掩护。

浦东同乡会对浦东的开发工作，是受着时代的局限的，用资产阶级改良主义的方法改造社会、改造地方，是不彻底的。又由于从清末到1949年解放，上海接连发生了许多重大变故，又因战事和自然灾害频繁，使同乡会的许多事业，如利用交通、改进农工等稍进即止。综观同乡会的全部历史，所能用以进行开发性工作的时间是极为短暂的。经济上又受有"资本不足"的限制。因之旅沪同乡对开发浦东资助能力较小。一条地跨浦东全境的沪金铁路未能进行。自上南、上川两路通车，交通较便，未能从速延长路线。当时期望的黄浦江面架设桥梁计划，也由于政府财政支绌，终未实现。

解放后，在党和人民政府领导下，浦东地区通过一系列对生产资料所有制重大改革，为浦东地区生产力发展扫除了种种障碍。浦东的地利、物产、人才得到充分的利用。浦东已成为全国富庶的近郊型农村。这是浦东同乡会及浦东先民所不能预料的，与浦东同乡会对浦东早期开发不能同日而语。随着开放搞活的形势，浦东的面貌将日新月异地迅速发展变化，事实证明和将进一步证明，只有社会主义才能救中国。只有社会主义，浦东才能得到充分的开发。

（原载《上海方志信息》1988年6月第13期）

浦东：历史上被不断开发的热土

在祖国古老的版图上，浦东是一块比较年轻的土地，而在历史上，她早已成为热土。

沧海桑田　先民们的不断开辟

早在公元4世纪以前的我国东晋时代，今日浦东的大部分地区，还是一片浅海，在今奉贤邬桥到金山漕泾一线上，有一道叫做冈身的沙带。那时冈身以西已经为陆地，冈身以东，还是海面，潮来成水，潮去成涂，历史上称此为华亭海。

浦东在唐代以前，文献无征。但近代考古和地下挖掘，为浦东重现了远古的历史。在今金山县石化地区海塘青村内的"戚家墩遗址"，发现东周及西汉时代的陶器和青铜器件，这是迄今为止，上海地区最早发现的文化遗址。发现时间为1935年，被考古界定为"戚家墩类型"的文化。1949年后，在浦东又发现多处古文化遗址，如在金山亭林镇东新村的"招贤浜遗址"，采集到良渚文化的遗物，证明早在新石器时代已有先民生活于此。相传夏王朝（公元前21～16世纪）六世王少康，封其庶子于会稽，其后拓城于今金山县境海中金山之麓，后世称"康王城"。《史纪》称，"禹封泰山，禅会稽"，可见夏人很早南来与有古老文化传统的越人结合，并及于今之浦东了。吴人、越人和夏人，是浦东最早的共同开发者。

公元4世纪后，海岸线不断向外延伸，沿海居民，为了生存发展，不断地在海滩上筑堤，抵御咸潮，与海争地，人为地促进海岸线的不断拓展，因此海滩成为陆地，是自然力与人力结合造成的。浦东地区有史料记载的海塘，是唐开元元年（713）重筑之捍海塘堤。之后不断修筑海塘有三十余次。清倪绳中《南汇县竹枝词》谓："唐开元筑护塘高，才交雍正决提防。延长十一年修茸，咸颂钦公德泽长？"史料记载清雍正十年七月十六夜，海潮怒涌，内塘之东，民死十之六七，六畜无存。饥民乞食苏、常、嘉、湖诸郡，树枝草根俱被食尽。清祝悦霖《川沙竹枝词》："传闻父老最销魂，雍正年间大海潮。一夜飓风雷祥吼，生灵十万作凫飘。"时以廉能见称的南汇知县钦琏，在大灾后为民请命，发内帑修筑海塘15320丈。从此潮不为患，后人呼此塘为"钦公塘"，以志不忘。

开挖和疏浚河道，使水得以宣泄，不致成患，是保护农田，人民得以安居乐业的又一重大举措。宋郏亶所著《水利书》中谓："江之南北为纵浦，以通于江，又于浦之东西为横塘，以分其势。"《水利书》中所列港浦有二百六十多条，其中三林浦、杜浦、南跄浦等，均在今浦东地区。明顾彧《上海竹枝词》：

江流两岸尽平川，荞麦如云树如烟。

不是青龙任水监，陆成沟渠水成田。

又：

潮通支港晚潮平，商可行舟陆可耕，
郎是前朝濠寨户，疏浚河渠过一生。

这两首竹枝词，记咏明初良好的水利状况，其中讴歌了元时担任青龙水监的任仁发的治水功绩，同时又可见当时已有称作"濠寨户"的专业水利队伍。

在浦东长期的农业经济社会里，渔、盐、耕、织各业为其支柱，随着社会的发展，各业互有消长。值得称颂的是浦东先民们在生产实践中充分体现出的智慧和创造能力。由于特别重视生产工具的革新，随之生产能力不断地得以提高。

东滩鱼汛四时鲜，春鳜秋鲈各斗妍。
独到黄梅看街上，白虾银杖不论钱。

这首竹枝祠，反映浦东渔产的丰富。上海简称沪，沪是一种捕鱼工具，陆龟蒙《渔具咏序》"列竹于海澨曰沪"。上海惟浦东近海。看来上海简称沪，与浦东不无缘分。

盐业在浦东有悠久历史，早在浦东成陆之前，居在海滨的先民，就开始熬波煎盐。五代时期，浦东陆续出现了一批盐场，有浦东场，袁浦场、青墩场、下沙场、南跄场，俱在今浦东，统称华亭场。

木棉在元初已传入上海，浦东沿海土地高广宜棉。而且很早形成"年花年稻"轮作习惯，有利土地休闲养护，获得棉稻双丰收。有竹枝词为证：

半载禾稻半棉花，丰歉远徵谚语嘉。

白露看花秋看稻，农家卜岁未全差。

元末，乌泥泾（在今闵行区）人黄道婆从崖州（即现海南岛）带来了制棉纺织技术，随着技术的推广，也大大促进了棉花生产。

上海开埠　造就了浦东新机遇

黄炎培先生在《川沙县志》中说："川沙滨海，天然之利，不后于人。兼以近邻上海，扼中外交通之冲，农工出品销路惟何？曰惟上海。人民职业出路惟何？曰惟上海。"上海开埠，给浦东的发展，造就了新机遇。由于城市人口急剧增加，适应市民日常生活吃穿用所必需的农副产品的行业，在浦东迅速兴起，促进了浦东经济的发展和农村居民的就业机会。

首先，城市要求在就近地区提供新鲜蔬菜。浦东沿浦一带，历来以生产粮棉为主的农民，逐渐转为生产蔬菜的菜农，并在本世纪20年代，出现了规模性的蔬菜生产，1921年，在浦东杨思乡黄浦江边的杨淄楼一带，开设了东大蔬菜农场，占地二百多亩，依西法专种自外国引进的蔬菜瓜果，收获独早，为上海市蔬菜之最。租界菜果之需，有以赖之。随着蔬菜销售范围的扩大和数量品种的增加，社会上相继出现菜贩、批发商和地货行。他们把从菜农手里收购的蔬菜，转售给城市居民。这种新的销售机制的出现，对生产和流通，都有很大的推动。广大菜农由自产自销变为自产批销，把自销的时间节省下来，集中于发展生产，促进了蔬菜面积的不断增加，蔬菜产量的不断提高，品种不断创新，供应量年年递增。据统计，1949年全市蔬菜供应量2157万担，浦东上市的蔬菜占25%。

喝牛奶是外国人的习惯。开埠后洋人日增，一部分华人也逐渐改变饮食结构，喝起牛奶来。川沙奶牛生产正是适应这一社会需求，应运而生。浦东饲养奶牛，始于20世纪80年代。开埠后，洋人由本国运来奶牛，在上海开设牧场，生产牛奶。牧场主基本雇用中国工人。后来有一二头小奶牛流入浦东农村，与当地"塘脚牛"杂交，经过四、五代优选繁殖，改良成"川沙杂交黑白花奶牛"这一名种。因饲养奶牛可以获利，奶牛业便在浦东兴起。30年代是浦东奶牛业的黄金时代，在抗日战争前夕，浦东沿江一带，华商牧场有七十七家之多。

浦东是本帮菜的发源地。本帮菜的特色菜肴品种，以水产和蔬菜见长，烹调以红烧、生煸为主。本帮名菜有八宝辣酱、炒三鲜、炒什锦、糖醋排骨、肉丝炒蛋、竹笋腌鲜汤、肉丝豆腐汤、荠菜豆腐羹、白斩鸡。上海市肆中饭店、酒家林立，本帮菜有相当的号召力。上海开埠后，洋行中的厨师，大都由浦东人充当，当地把西菜称为大菜，厨师被称为大菜师傅。浦东厨师以服务洋场而闻名，又以善烧本帮名菜称誉。

从事制作衣服的，俗称裁缝。裁缝有中西之别，中式裁缝，专制传统服装。上海开埠后，西式服装行销，制衣采用机器缝制，款式极多。西式裁缝，又称红帮裁缝，在浦东也有相当的历史。据统计，在1949年原浦东的川沙县，从事服装为生的有三千余人。浦东服装，以开设在今上海南京西路的鸿翔时装公司为代表。创始人金鸿翔是川沙孙桥乡（今属浦东新区）人。他起初在上海开设成衣作铺，专做女服。1917年，他在静安寺路开设鸿翔时装公司，后又在今南京东路开设分店，经营女式西装呢大衣，极受市民欢迎。到三十年代，已有"女服之王"的美称。1931年在国际博览会上获银质奖。

　　黄炎培在《川沙县志》中说："川邑工业，水木两业，就业上海，卓著信誉。"浦东建筑业由来已久，清光绪六年（1880）上海出现了近代第一家营造厂——杨瑞记营造厂，创办人是浦东人杨斯盛。他出身贫寒，学做泥工，刻苦向上，后来成为营造厂主。1891年，英租界当局筹建江海北关榷署，用最新款式招标，群匠无敢问津，杨斯盛毅然订约承建。在他的督领下，经过三年不懈努力，终使一座现代化的海关大楼，雄峙于黄浦江滨。杨斯盛由此声名鹊起，一跃成为上海建筑界的领袖。杨瑞记营造厂的成功与发展，一时使浦东的营造厂纷纷而起。著名的有宣统二年（1910）高桥谢秉衡开设的裕昌泰营造厂、1929年高桥周名莹开设的周瑞记营造厂，以及顾兰洲的顾兰记营造厂，陶桂松的陶桂记营造厂、张兰堂的张兰记营造厂，承造的工程有著名的商业大厦、银行保险公司大楼、电厂、煤气厂和各种工厂、机场、码头、无线电台、电影院、学校、里弄和外国领事馆等，为被称为"万国博览馆"的上海建筑群，充实了无数景象。

浦东因产棉花,妇女纺纱制造土布,行销外地,"衣被天下"。鸦片战争后洋货倾销,土布生产难与匹敌而渐趋衰落。清代末年,川沙城厢镇沈毓庆有鉴于此,在上海虹口日本工厂里买得两台毛巾机,聘请技工,教授乡邻亲戚习织毛巾,人皆踊跃,遂于1900年,仿日本式样制毛巾机三十余台,在宅内创办经记毛巾厂,成为我国毛巾业的嚆矢。城乡妇女,争相传习,经三四年时间,在川沙城乡及附近的江镇、合庆、青墩、蔡路、小营房等地相继办起了十余家毛巾厂。浦东的毛巾业由此崛起。至1920年二十年间,当时川沙县境内有毛巾厂七十五家,从业人员三千七百多,年产毛巾五十万打。三友实业社、经纶厂等生产的雄鸡牌、三角牌、川字牌、帆船牌、双喜牌、宝塔牌等名牌毛巾,能与日本铁锚牌争夺市场,并开始销往东南亚地区。抗战之前,在提倡国货、反对洋货爱国主义浪潮推动下,浦东的毛巾业,进入一个兴旺发展时期。到1937年抗战爆发时,川沙境内有毛巾厂二百〇二家,年产毛巾二百六十万打,从而确立了浦东川沙成为我国"毛巾之乡"的地位。

乡贤呼号 启动浦东近代化的轮子

上海开埠后,沪北一带迅速变为繁华的"十里洋场"进而成为世界上最大都会之一,而仅一江之隔的浦东广阔地区,发展十分缓慢,大部分地区,仍保持其古老的农村面貌。近百年来,上海和浦东的志士仁人,为了打破这不平衡的局面,长时期地作坚持不懈的努力。孙中山先生早已注意到浦东的优越地位,在他的《建国方略》一书中,提"东方大港计划"，设想在上海杨树浦下游一侧，建造顺岸式和控入式相结合的港口码头。30年代上海市政府提出的"大上海计划"中，也有在浦东开辟交通等设想。按照这个计划划定的区域，在浦东有高桥、高行、陆行、洋泾、塘桥等六个区和三林、陈行、周浦三镇，这个计划，后来有部分已实现。40年代，一部分城市建设专家，也有在浦东建立新城区的设想。先后以李平书、黄炎培为代表的浦东同乡会，把建设和开发浦东视作急务。

清末，由于政治腐败，国家贫穷，无力支援地方建设，李平书、黄炎培等浦东士绅，到处奔走呼号，以组织公团、集积民间资力的对策，谋求地方开发，其间，浦东同乡会发挥了重要作用。浦东同乡会的前身是浦东同人会，是清光绪三十一年（1905）出身浦东高桥的李平书所创建，初为奉贤、南汇、川沙、宝山、上海五县在浦东地区人士组成之团体机关。1924年同人会由南市王家码头迁望平街。经改造，黄炎培任董事长，1928年7月，改名浦左同人会，以宝山、上海、川沙、奉贤、南汇、金山、松江各县浦东区域的旅沪同乡组织而成。1931年8月，又改称浦东旅沪同乡会。

上海开埠后，火车、汽车、电车等现代化交通工具，在浦西次第兴起和发展，而未及于浦东。清宣统元年（1909）同人会首领李平书等筹划在浦东建筑沪金铁路。计划中的这条铁路，由浦东杨家渡起东抵川沙钦公塘，沿塘向南至南汇、折入奉贤，止于金山县境之白沙湾。由当时上海、南汇、奉贤、华亭（今松江县）、金山、川沙五县一厅的绅士共同发起，目的是为了"保运输之权利，图沿海实业之振兴"。但由于当时资本不足，工程未能进行。1921年1月，黄炎培召集同乡，商议筹建上川交通股份有限公司，拟定资金银二十万，同乡对此大加支持，踊跃认股，资金很快筹足。次年工程动工，铺设铁路。至1926年，庆宁寺至川沙城一段全线通车。之后，又延长至南汇祝桥镇。全长33公里。与此同时，同乡会常务理事穆藕初，偕其胞兄穆恕再等筹筑了上南铁路，由周家渡到南汇周浦镇。1930年，按照"大上海计划"沿浦江东岸筑成浦东大道，南起上南路，东折至东沟，全长十七公里。浦东大道与通向浦东腹地的上南、上川铁路相接，构成了浦东交通的大动脉。1937年3月，同乡会又向江苏省政府和上海市政府建议，在浦东构筑沿浦公路，自杨思镇起，向南延伸三十里，与沪杭公路相接。旋因"八一三"战事而中辍。

黄浦江阻隔了东西两岸，鸦片战争后，浦江两岸工厂、码头增多，两岸交往愈频。清末以前，浦江两岸俱以舢板、划子船对江摆渡。清宣统二年（1910），浦东塘工善后局开辟从浦东东沟，经浦东一侧的庆宁寺，西渡到上海外滩铜人码头的长途轮渡线。在当时浦江两岸尚无沿江公路的情况下，使两岸有了进一步的沟通。

公路、铁路的修筑，轮渡线的开辟，以及汽车、火车、轮船等机动交通工具的使用，标志了浦东现代化轮子的起动。由于交通条件的改善，以及此后不久浦东沿江水、电等基础设施的逐步建立，又促进了浦东沿江工业的发展。到1949年时，浦东一侧，已有五十余家工厂，其中有钢厂、船厂、毛纺、棉纺、造纸及日用工业品厂等等，且大多是民族资本。在陆家嘴、东昌路、塘桥、庆宁寺等处，不断兴建里弄、街道，人口骤增。1949年后，人民政府在对沿江两岸实行改造的同时，又进行了大量的工业投资，使浦东沿江地区逐步实现城市化。

　　国务院宣布开发开放浦东以来，浦东正一日千里地飞速发展，这是与历史上发展速度不可同日而语的。浦东开发的高起点在于开发目标是将浦东新区建设成为世界一流的现代化国际大都市新城区，成为未来上海新发展的象征。不久的将来，整个浦东地区，也将是世界上经济最繁荣的地区之一。

（原载《世纪》1996年第1期）

风 俗 艺 文

沪上《清明上河图》
——介绍《上海城隍庙竹枝词》

　　一本翔实记咏上海城隍庙风土历史的《上海城隍庙竹枝词》，前不久由复旦大学周振鹤教授从上海书市购得。这是上海竹枝词的孤本抄件。作者蒋通夫，近代海盐人，居上海邑庙数十年，擅诗书画，兼通碑版、金石、篆刻，尤究心于地方掌故。全书包括一百四十余首竹枝词，每首俱有注记，凡邑庙园林之胜概，地方风俗之沿革，医卜星相之派别，大如碑碣木石，小如鱼鸟草虫，无不搜讨而记载殚洽。此书当是陆续写成，结集于20世纪50年代末。有平江（苏州旧名）尤志逵为之序，作于己亥（1959）年十月。

　　"由来淡井城隍旧，改建明时永乐年。裕伯成神后裔考，诰封显佑勒居先。"上海城隍庙前殿祀金山神汉大将军博陆侯霍光，正殿供城隍神明待制泰裕伯，诰封显佑伯。金山神庙，相传建于三国时候，千余年来，殿宇兴废不可考。城隍庙原名淡井庙。今址城隍庙为明永乐时知县张守约所建。《上海城隍庙竹枝词》记载了城隍庙及庙之内外各寺庙群体的兴废和祭祀民俗。

　　上海城隍庙是上海旧城民俗的大观园。《竹枝词》对种种民俗行事，俱详有记咏。旧时上海的岁事活动，以一年三度的"三巡会"

为最热闹。三巡会由会首组织，会首轮流更换。众皆争当会首，创制执事竹头，以贴钱为荣，贴愈多愈体面。入会皆壮年，扮演刽子手、衙役、皂隶、巡街夜叉等，会前排练操作。出会之晨畅饮社酒。出会途中，相戒不得便解。《竹枝词》咏出会情形："三元每季出巡会，会首多来酒可浇。相约途中禁便游，积成淋病病难消。"又："骑得骟骡扮执事，行头制得触新鲜。""阴皂扮来白眼扬，搭班同步挺胸膛。""铁链拖街著草鞋，自明力气是堪嘉。"此等等不一。三巡会盛行于20年代前，之后稍减。又有黄衣会、城隍会、晒袍会、鲁班会、灯会、花会、鸟会。黄衣会由明时士兵子孙后裔举行，绵延已四五百年。此辈地位较低，前辈均不能取得功名而入仕途者。城隍庙常年有江湖艺人献艺谋生，有所谓变戏法（"卖野人头"）、套扦子、西洋镜等："揽网绷围卖解流，江湖戏法打拳头，丛丛药末锉刀响，挤轧朝朝看客稠。"城隍庙又是工艺品、小玩物、小玩具集市，有许多玉石轩、笺扇庄、笔墨砚店、撑纸工场等，还有卖秋虫络纬、金鱼、小龟的。"发售秋虫池上骈，马头各处窜来前。山东蝈蝈苏州蚱，蝉噪无声也换钱。"有捏面人者，作者曾遇一人唤"石师傅"，所捏面人像久而不坏、不裂，可藏之百年。尝仿国画捏像，放之一起，上图下像，观者叹绝。城隍庙多风味食品，有火烘鱿鱼、南翔馒头、葱油面、蛋煎饼、蟹壳黄等，咏油酥烧饼："油酥烧饼余姚派，迥异鲁东三寸丁。价目昂贵手段好，当场烘燥认分明。"还有时令小吃，如暑风菜馒头、素馄饨、冷拌面、冬日鱼生风炉。

城隍庙与潘氏豫园相邻，清乾隆中叶后，豫园逐就荒圮，潘氏后裔渐见式微。上海开埠后，通行海舶，商贾云集，潘氏豫园急于求售，为他人贱价购得，归入城隍庙作西园。并分地修葺，辟为各业公所，游人渐见增多，商人竞设店铺，而成闹市。《竹枝词》具体记载了庙中一些楼阁被辟为各业公所所在地。群玉楼成为铜业、牛羊肉业、法兰点翠业三公所，香雪堂辟为肉业公所，飞丹阁为帽业公所，受和堂为酱园业公所。其中所祀行业神之场所，成为各该行业之公所。药王庙成为施药公所，祀奉炼丹太上老君的老君殿改为牛痘局。有的还成为同业公众活动场所。上海的水木作业为各业之冠，鲁班（公输子）诞日，鲁班殿赴会最为热闹。且有自外路而来者。轩辕殿为缝工所奉，农历每年六月六日天贶节有晒袍会。《竹枝词》谓："鲁班阁在群忠祠，别有轩辕庙貌支。咸识公输香火盛，看来输较壁邻时。"

由于作者蒋通夫是书画家，《竹枝词》中记咏了许多有关上海书画社活动的状况，其范围不限于城隍庙和城内，其中记咏到的书画团体有：海上金石题襟馆、萍花书画社、停云书画社、宛来山房书画社、振青书画社、他山雅集会、蜜蜂画社、素月画社，而于高邕之当时创办于豫园、影响久远的"豫园书画会"记咏尤详，其中一首："飞丹阁上谈书画，继续萍花集社来。不待重新再建筑，许多前辈赴泉台。"词中记咏了各书画社历史沿革、地址迁变与活动状况，被提及的"上海画派"著名画家有任熊、任伯年、俞达夫、吴友如、吴硕石、王一亭、张大千、黄宾虹、高邕之、钱慧如等几十人，是研究"上海画派"的可贵史料。作者并对昆曲有研究，《竹枝词》对昆曲的历史作了追索，并对此有简要介绍，记咏了近代由徐凌云、穆藕初等举办昆曲传习所惨淡经营的情况："可叹昆曲传习所，曲高和寡憾松滨。当年子弟班传字，翘企何时继续新。"直到新中国成立后，在"百花齐放"方针指引下，昆曲重获新生。

《上海城隍庙竹枝词》如此详尽地记咏上海旧城的风俗习尚，犹如《清明上河图》之图画北宋汴京景象。改革开放以来，上海城隍庙正在和已经发生迅速变化。一些旧的建筑、旧的街道，正在被更加宏伟壮丽的建筑群所代替，被废止了几十年的城隍庙大殿、神像，正在恢复之中。《上海城隍庙竹枝词》所记咏的景象，使今昔历史有了鲜明的对照。从《上海城隍庙竹枝词》所体现出的有深邃内涵的"城隍庙文化"，使后人也可从中得到启示和借鉴。城隍庙所祀的神像，大多在历史上实有其人，多数有功于国家、民族和地方。若群忠祠之所祀，有许多抗倭英雄，其事可歌可泣。旧时正殿后面之陈化成神像，以及九曲桥荷花池中之李平书铜像，前者为我国近代史上的民族英雄，后者在辛亥光复上海中有奇功，事迹昭彰，有利于爱国主义教育，凡此在《上海城隍庙竹枝词》中俱有记咏。

（原载上海《修志向导》1996年第1期）

茶与中国民间礼俗

我国是一个重礼节、讲礼貌、有优秀文化传统的国度。礼仪渗透在社会生活的方方面面，体现在种种举止行为之中。茶作为"国饮"，在我国各地形成了丰富多姿的饮茶习俗，进而变为礼俗的一部分，体现了人们美善的心灵和高尚的道德品格。

一、人生历程中的茶俗

家庭亲族之间的礼仪是传统礼仪中间一个重要的侧面，茶礼也陪随其中。由于我国历史悠久，幅员辽阔，人生礼仪显得异常复杂缤纷。每一个重大礼仪，都呈现众多的仪式，且内涵异常丰富。我国古代，以冠、婚、丧葬、祭、乡饮酒、相见六者为"六礼"，其中尤以婚礼更为重要。《礼记·昏义》谓："昏礼者，礼之本也。夫礼始冠，本于昏。"

先说冠礼及冠礼中的茶礼。

冠礼与笄礼，是成年人的仪式。古人以冠礼为"礼之始"，"嘉事之重者"，据《礼记》记载，古代男子，年二十行冠礼，其仪式有加冠、取字、见母亲兄弟和乡大夫乡先生等关目。

冠礼在我国早已废除，二十世纪五六十年代出版的台湾《基隆县志》、《诸罗县志》中有所记载，其中有关于行"敬茶"的场景：

> 古时男女有别，男子冠而女子笄。女子无冠，故无冠礼。冠礼者，即成年之开始礼。男冠女笄之礼，多于婚嫁时行之。至期，婿坐堂上，置冠履鲜衣于竹筛，以香醮之，谓祓不祥。宾三梳婿发而加之冠。既冠，拜祖先、次拜父母。父醮以酒申诫辞。是时，女亦行笄礼，挽发作髻，以笄弼之。礼如前仪，惟宾用童子，母为醮酒，教以敬奉舅姑尊长之礼，谓之"教茶"。凡冠笄之礼，俗曰"上头戴髻"。唯此礼久已废行。

在我国古代婚礼的各个进程中，男家去女家都要以雁为礼。《仪礼》："大夫执雁取其候时而行也，婚礼下达，纳采用雁。"雁性丧偶不再，寄喻妻从夫之意。茶与雁，性相似，故后来婚礼遂以茶代雁。《天中记》："凡种茶树，必下子，移植则不复生，故聘妇必以茶为礼，义因有所取也。"故婚礼径称为"茶礼"。

茶礼贯穿于婚礼之全过程，成为我国民间的普遍习俗。民国《衢县志》记载之婚礼与茶礼有一定的典型性：

> ……男家之礼，繁于未娶之前，女家之礼，繁于既嫁之后。如议婚，先置酒邀媒，必遍迎宗族之有望者，聚而觞焉。饮讫而造于妇家以求，又数四往后留茶（其始实为"问名"，其帖曰"通名帖"，名与茗同音，故借称之）。或谓"种茶下子，不可

移植"，故采用之。

又，婚礼纳采曰"行茶"。《大兴县志》载：

    婚礼古有六：纳采、问名、纳吉，纳征、请期、亲迎。朱文
公《家礼》止用纳采、纳征、亲迎，以从简要。丘浚谓："问名
附于纳采、纳吉，采迎附于纳征，六礼之日自在焉。"士民悉遵
之。纳采曰"行小茶"，纳征曰"行大茶"。

有的地方，婚礼行聘礼曰"下茶"，江南之江苏、江西、安徽，
北方之山东、河北一带内行之。有曰"送茶"，如贵州某些地方，男
女十余岁时，由男家请媒向女家求婚，数次始允，至第三次时，男家
备礼双色，请人携往女家，曰"送茶"。浙江一带，正聘时，纳白
金若干，不拘数，谓"定茶"，或曰"受茶"。江苏《巴溪志》：
"聘日，致文定帖入求允帖，男宅曰送盘，女宅曰受茶。"又曰"正
茶"，康熙《公安县志》："婚礼尚俭易，礼用钗钏。茶礼、问名，
男女家皆以庚帖付媒妁，谓之草茶。次纳采礼，倍于前俗，谓之正
茶。"曰"过茶"，光绪《上犹县志》："将婚，男士具书及饼饵、
羊豕、币帛、衣钗等物，送至女家，俗曰过茶。"曰"定茶"，光绪
《龙岩州志》："继而行聘，佐以茶椒、蜡烛、首饰等事，又备团饼
若干为礼饼，女家报以整圆、红糖，视饼之半，谓之定茶。"福建、
台湾等地，有"压茶瓯"行"茶盘钱"之俗。台湾《基隆县志》载，
订婚之时，女家将男家聘礼供奉神明、祖先案前，男家坐定席位后，

即由受定女拜甜茶上厅，男家各送以红包，为"压茶瓯"礼。

以上为婚前所行礼。婚时有"交杯酒"、"闹茶"及"新娘奉茶"等俗。按《俗礼解》古时有合卺之酒，三酳成礼。近时有以糖茶相代者。民国《余姚六仓志》载有"入房诣簪席并坐，女御奉盏进糖茶，先饮婿，后饮妇"，饮各三杯，为古合卺酒之遗意。民国四川《江津县志》："闹房之说，不知所自起，然已成通俗，不独邑中也。女之将嫁，奁具之外，有最要之事曰点茶，盖闹房，俗亦名闹茶。""婚之夕，来宾男妇杂沓，于新房谐谑调笑，无所不至，伴嫁取钥匙启椟，将各果品取出，主人则瀹茗为佐，席之与者，以数十计，谓之摆茶。"闹新房之俗各地皆然，五十年代出版的台湾《苗栗县志》载：新婚之夜，客家地方有闹洞房之俗。晚餐后，新郎之兄弟友好，齐集洞房之内，接受新娘献茶，并由新郎一一为之介绍。受茶者即致颂词，祝贺新婚。饮毕，新娘捧盘收杯。于是，复各命难题，请新娘解答，花样繁多，或加戏谑。认为满意后，始将茶杯放回盘中并赠红包，谓之"茶钱"。

据台湾《南投县志》，台湾到今婚礼中流行吃茶仪式，谓婚宴席散后不久即行吃茶仪式。所谓吃茶，即夫家亲友与新娘的正式会见。由于亲友众多，乃常将吃茶分成多次进行。参加吃茶的座位，与辈分有关。舅父身份最高，可坐大位，其次由夫家的伯叔公依大小位秩序就座，新娘以次奉茶，不能差错，通常由媒人陪随。亲友饮毕，将预先备好的红包，连同茶杯，送与新娘，还要加些祝贺新婚吉利话。新娘则将自己的裁绣品，如烟袋、钱包、拖鞋、手帕等回敬客人。

古礼，婚后三日，新妇有庙见谒祖的礼俗，谓"拜茶"。我国南方各省如广东、广西、四川、江西、福建、台湾等地都行之。道光《万安县志》载:"越二日,鼓吹拜天地、祖宗,妇人厨用五色布抹拭,日扫灶。出,当遍拜亲族,曰拜茶。"台湾《彰化县志》:"庙见日,新妇献茶于祖先毕,献舅姑亦以茶,执袜履之属以为贽,皆拜。次拜诸父、诸母,长亲卑友,以次答之;致袜履于尊长,分荷包于卑友,名曰拜茶。既毕,舅姑宴新妇,诸母姑妗与焉。酒数巡,彻新妇席送妇家。是月,妇家以食物馈女,俗名探房,亦曰散茶。"

拜茶,有曰"拜水茶"。湖南《永州府志》:"……行庙见礼,俗谓拜水,奉舅姑衣履巾带,待众客茶果,谓之拜水茶。"河北能县等地要过三日,女家送果饵,曰"点茶",浙江曰"待茶饭"。《衢县志》:"娶三日,遍迎妯娌、媪妪、闺阁以宴新妇,新妇立,竟席不得坐(此古礼也,入席后亦可坐)。进汤必拜,曰画汤(今称'换汤',本唐人'三日入厨下,洗手作羹汤'之句,故是日宴曰'羹筵'),统而名之曰'待茶饭'。"湖北宜黄一带曰"新人茶饭",应城一带曰"送看茶"。浙江《玉环厅志》曰"泡糖茶":"新婚三日,新妇出拜舅姑,有庙者拜于庙,行庙见礼。予宴亲戚,各献以茶,曰泡糖茶。"又有"进门茶"等名目。民国《丹阳县续志》:"……三日入厨烹鲫鱼,七月为婿制里衣,其女家所馈赠,谓之茶,有进门茶、七朝花、十四朝花、满月茶、节茶、年茶……"

我国少数民族婚礼中的茶俗丰富多彩。在回族聚居区,有"下定茶"的习俗,回族叫"纳台勒威赫",系订婚之意。订婚当天,男女双方各备糕点招待内亲。也有在女方允婚后,由媒人于吉日将茯茶、衣服、化妆品及红绿头绳送到女家,表示已经订婚。东乡族风俗，订婚时以一份彩礼送给女方"亲家伍"中的某一户，即表示向每一女方家伍成员送了礼，此份采礼谓之"总茶"。旧时，东乡族有早婚习俗，女了到七八岁，父母作主为之订婚。如父母早亡，则由"亲家伍"叔伯、兄长作主。先由男方请"找赤"（媒人）到女方说亲，女方应允后，就要送"定茶"，定茶一般是几斤细茶、几件衣物。云南盈江景颇族婚礼中，有一种春茶的习俗。婚日午夜，新郎新娘分别在邻居家中休息，村寨里的青年人将他们拉到新郎家楼下，两位新人共同持一木杵，春捣一盛有茶叶、鸡蛋、姜、蒜等食物的石臼，须连捣十下。由于围观青年的嬉闹，需往返数次，始能捣满十下，众人才肯放过新婚夫妇。甘肃裕固族婚姻中有"烧新茶"的习俗，婚礼次晨，新娘初次到婆家厨房中点燃灶火，称"生新火"。接着用新锅熬一锅新茶，由新郎请来全家老少，按辈分一一向新娘自我介绍称谓，新娘则为全家每人舀一碗酥油奶茶。若是怀中婴儿，由新娘喂酥油一小块。

茶在丧礼祭礼中也占有重要位置。传统的丧礼，在出殡路上要扬纸钱、摆茶桌、设路祭等。茶桌和路祭，都是丧家亲朋等所摆设，表示哀悼和慰问。出殡日期于所经路途，摆出茶桌，设茶壶、茶碗、茶盘，等灵柩走近时，端水给孝子。孝子无论喝与不喝，都要下跪叩谢。

我国少数民族丧礼中，有特有茶俗。毛南族的发丧仪式十分慎重，其仪节有盥洗、上香、奠酒跪叩、读祭文等。祭供有三次：三叩首时进茶酒、饭、豆腐等；六叩首时，敬茶酒、面条、黄豆和各种水果；九叩首时，进茶酒及种种肉食类等，然后告别亡灵。民国《续修兴化县志》载：丧礼中有苦茶的行事。至戚闻赴哭临，馈遗果饵之属，谓之"苦茶"。西南纳西族，人在将断气时，由孝子往死者口中放"含口"。含口是一个小纸包，里面放大米、碎茶叶和银屑。分装三小包，第一包作渡河船费，第二包送给守阎王殿的两个大将，第三包带给祖先。

在我国祭礼中，祭礼时，通常献茶酒为礼，献茶即供清茶三杯，亦有仅供干茶叶者。供献日子，一般每月在初一、十五日，间有每月逢三、六、九日供献者。甚者，则每日供奉不断。祭典是祭祀活动的最终表现，道具是祭典中首要，有祭器、祭服、祭品等，祭器中有椅、桌、床席、香炉、香盒、香匙、灯檠、茅沙盘、祝版、酒注、茶瓯和架子火炉等。岁时致祭，以年节为最重，在供桌上需摆上山珍海味、各地风物食品、时令果品等，都要奉茶献酒，飨祭祖先。

二、社会交往中的茶俗

茶在礼宾待客，各种社交活动中有十分广泛的内容。古礼迎宾客，如高官峻爵、社会名流，或结婚时的亲家新到，主人不能坐在屋里急候，需快步急起，亲自出迎，随后缓步随客陪入室内，让贵宾于首席，亲自"举茶齐眉"奉敬来宾。如遇年谊、世交、戚友来访，知已进院，主人需出屋下阶相迎，然后陪入屋内献茶寒暄。

中国人待客，包括迎客、敬奉茶酒、宴饮、送客四个阶段。客来敬茶以示礼貌和热情。各地和各民族敬茶方式各有不同，讲究禁忌习俗。江南对客人无论远近亲疏，首先必泡上一杯茶，以示礼节，这杯茶含有"君子之交"的高谊。江南人沏茶待客忌满杯，水须斟至七分上下，否则有厌客或逐客之嫌。主人为客人殷勤斟茶，客人喝过几口，便要斟一回，决不能使杯中茶叶"见天"，以示茶未尽话有余款款情意。浙江金华民间，以"鸡子茶"待客，碗中放三只"余蛋"为敬，忌放四只，四只为轻侮客人。湖南人待客，茶中除茶叶外还杂以炒熟之黄豆、芝麻、生姜。吃这些东西，以手拍杯，用嘴吸出，忌用筷子。我国民间有远地寄茶，以示问候、敬怀的礼俗。这在唐代已经形成，唐诗人李群玉有《答友人寄新茗》诗："满火芳香碾曲尘，呈瓯湘水绿花新。愧君千里分滋味，寄与春风酒渴人。"宋王安石《寄茶与平甫》诗："碧月团团堕九天，封题寄与洛中仙。石楼试水宜频啜，金谷看花莫漫煎。"

我国少数民族以茶待客的习俗，也是多种多样的，蒙古族人待客的奶茶，藏族人待客以酥油茶，云南佤族以苦茶待客，傈僳族以醋茶待客，德昂族以煨茶待客。云南哈尼族习俗，客至，主人先敬一碗"闷锅酒"，客人酒尽，主人从火塘中取出茶罐，向客人敬浓茶。闽西客家人备茶，有嫩粗两种，粗茶置于暖壶内冲泡，自饮解渴，嫩茶为待客之用，客来先递上一杯茶，以小茗壶冲泡，用小杯品茗。鄂西土家族待客礼俗，在油茶汤里加几个荷包蛋，谓"鸡蛋茶"。荷包蛋少于三个，不超过四个，因为当地人认为吃一个荷包蛋是独吞，吃二个是骂人，吃五个是绝五谷，六个丧禄，七、八、九个则是"七死八亡九埋"，这是忌讳习俗。新疆一带哈萨克族待客：客人坐定，女主人跪于地毯给客人倒茶，客人喝完第一碗，女主人又给斟满，这时客人先喝一口，再将其回敬女主人。女主人喝过后，客人喝茶就可随意了。东乡族在客人坐定后，即端上盖碗茶。茶水茶叶加糖，主人提沸水为客人殷勤添水。开水冲入，沸腾如花，因称"牡丹花"。在我国，茶与酒都可成礼，二者往往相通。在古代有以茶代酒，以酒代茶的习俗。我国有民族中，至今有以酒代茶的习俗，如土家族，进门三杯酒，即以米酒代茶。布依族人，专门以茶代酒，接待临时来访即刻就走的客人。

三、岁时节令中的茶俗

岁时礼仪是中国人千百年来的传统习俗。它以民族信仰为基础，是我国古代民族活动的重要组成部分。像许多节食、节物在岁时节令中占有重要地位一样，茶也是毫无例外。我国岁时节令中，以过年最为隆重，各地有"吃年茶"的习俗。道光《商河县志》载："正月元旦，鸡初鸣，长幼皆起，陈牲牲、酒醴、肴果、香桔，虔祀上下神祇，叩拜父母、尊长、亲戚，邻里交拜、履新，互相请席，名曰吃年茶。"也有称"会年茶"的，亦于正月内行之。主人定期具柬邀客，届时宾至，主人肃客堂下，揖让而升。敬烟递茶后，请宾入座，或以齿序，或以主宾、陪客为序。主人酌爵献宾，宾酢主人，筵终，宾谢主人辞出，主人送至门外，即古之乡饮酒礼也。

元旦日，各地茶俗名目各异。江南风俗，过年给客人敬茶，把两个青橄榄放入茶碗，示新春祝福之意，称"元宝茶"；有以两枚青桔放入茶碗的，意义相同。江苏东台地区新春拜年以红糖、红枣茶，也名"元宝茶"，曰"奉元宝茶"。陕西西安及浙江等一些地区习俗，元旦客至，以枣汁代茶，曰"嘴头甜"。台湾《基隆县志》也载有新年喝甜茶之习俗：元旦贺客登门，即请尝甜料（有甜仁、红枣、糖果等类，盛以朱漆木合或九龙盘），喝甜茶（红枣茶），以示圆满亲密，俗称"食甜"。贵州安平一带，元旦吃擂茶，以苏麻子擂之极融，熬汤曰"擂茶"。有的地方，元旦以米团饷人，谓之"欢喜茶"。有的地方元旦客至点茶，有留饮者，谓之"传杯"。

初七为"人日"，广东赤溪县一带，妇女撷园菜煮之，和以年糕、米饼、花生，召诸女伴联饮，名曰"饮菜茶"。

杭州风俗，正月十三夜，祀床公床母，荐鸡子、粉团、寸金糖，并设茶酒，俗传"母嗜酒，公癖茶"，谓"男茶女酒"。河南《偃师县志》载其地元宵有食"面祭"习俗，是日，设脯，备果醴，蒸面枣如山形，曰"枣山"，粉米作饭，曰"面茶"，供献毕，合家咸食，曰"完茶"。《陕西通志》："元宵，用熟面汤杂果菜，曰元宵茶。"

二月二十日，俗谓天穿日，旧时妇女罕出闺门，家家啖年糕，饮菜茶，名曰"补天穿"。

四月初八，"浴佛会"，旧时北京寺院在待衢"搭苫棚庄"，向民人"施茶水盐豆"，以"善结良缘"。

四月夏日，江浙一带各行"立夏茶"。民国《杭州府志》谓："立夏有新茶，新笋朱樱、青梅等物，杂以枝圆、枣核诸果，镂刻花卉、人物，极其工巧，各家传送，谓之立夏茶。"民间谓：是日饮立夏茶，利昼眠。民国《南昌县志》："立夏日，妇女聚七家茶相约欢饮，谓立夏茶，谓是日不饮，则一夏苦昼眠。"有谓可免疰夏之疾。

光绪《石门县志》："立夏，饮烧酒、啜新茶、啖新梅、樱桃、芽谷饼，云可解痊夏之疾。"

五月，江浙一带有蓄梅水烹茶的习俗。万历《嘉定县志》："芒种以后遇壬为梅，多蓄雨水，为烹茶之用"。《涌幢小品》："梅后积水烹茶，甚香洌，可久藏，一至夏至，便迥别矣。"端午日有午时茶。民国《宣平县志》："端午，是日午前采草药之能散风化食者，曝干藏之，谓之午时茶。"夏至，各供茶，曰"夏至茶"。

五月天气转热，我国南方地区，有施茶会的民间慈善组织，在过往行人较多的凉亭或棚舍安置茶缸，供行人饮用解渴。四川《广安州新志》："夏日凉亭，路旁施茶药，解渴救病，曰施茶水，曰送痧药。"其施茶送药的时间，直至七月止。据《杭俗遗风》，杭州市五月十五日庙会时，有茶会之设，备果点邀接。

七夕，有"七夕茶"及"茶盐祀祖"的习俗。民国《闽清县志》谓："七夕，童子以瓜果作乞七会，学童各奉茶于书馆相啖，用果置茶中，或鲜或干，共七种，谓之七夕茶。"康熙《连阳八排风土记》："七月初七，谓之七月香节，备酒肉、茶盐、米饭各二碗，箸二双，祀具先祖，此节傜家最重，有事于外者必归其家。"中元烹茶祀祖，光绪贵州《荔波县志》："七月自初十至十五日，名曰中元会。每日焚香，设馔烹茶，礼奉祖先。"

八月中秋，我国也有以瓜果、饼茶祭月的习俗。腊月二十四日，有夜焚香烛、敬茶果饼"祀灶神"的习俗，除夕也然。

我国礼仪中的茶俗，具有特殊的形态和深刻的内容，首先是外延的扩大。它不仅是以茶叶煮泡的饮料，有时还杂以其他土物。如以樱桃、新茶荐祖庙，杂以诸果相馈遗，谓之"立夏茶"。景颇族的"春茶"，石臼所春除茶叶外，还有鸡蛋、姜、蒜等。有的茶竟无茶叶，如台湾基隆等地所行的元旦"喝甜茶"，是尝甜仁、红枣、糖果等甜食。有的宴席与酒筵也称为茶。如过年的合家宴、吃年酒，有的地方叫"吃年茶"、"会年茶"。二是内涵更为深刻，各种茶俗、礼仪相异，作用不同，意义不一。江南风俗，元旦待客，茶碗中放橄榄两枚，表示新春祝福。古代行冠礼、笄礼，父母醮酒，申诫辞，教以做人之道，谓之"教茶"。不少地方饮茶的忌讳习俗，反映了当地人们的意愿与心态。又如茶亭、施茶会等，已经是社会慈善事业，其意义是显然的。第三，由于我国幅员广大，又是多民族的国家，各地茶俗，因不同的生活习俗、地理环境、文化背景而有所变异。

茶礼是我国茶文化的一个重要部分，茶礼是茶道精神的内核。茶礼的研究，有利于发扬我国良好的道德风尚和优秀的民族文化传统，对我国两个文明建设具有重要的意义。

（原载《上海国际茶文化节论文选集（1994—1997）》）

区域茶文化漫谈

——从"茶树王国"走出的古道茶文化

我国是世界上主要的产茶国家和茶文化的发源地，从生产的角度出发，我国共划成江南、江北、西南、华南四大茶区，茶文化作为精神文明，与茶业产区既有联系又有区别，它的范围又超过产区，且具有深层次的意义与影响，与自然环境、生产活动相联系，并受时代的政教、礼俗、习尚等种种不同文化背景影响，生成不同的茶文化区域，大致可分为：从"茶树王国"走出的古道茶文化，由广阔的茶乡凝聚的传统茶文化，以茶馆为主要标志的都市茶文化，以供奉御廷为特色的京师茶文化，以高山大漠为依托的牧民茶文化，这五种区域茶文化。在历史层面及区域本身，又有许多相互交错、层叠、穿插之处（从另一种角度看来，又好像是几种茶文化的类型），呈现了我国茶文化发展史上复代纷更的状态。

中国是茶的故乡，我国西南茶区的云贵高原，是中国茶的原生故地。尤其在我国有"植物王国"之称的云南，生长的古老茶树，也以这里为最多。世界上茶科植物，共二十三属，三百八十多种，分布在云南的就有二百六十多种，而云南腾冲一县，就拥有八属七十多种。大茶树是印证茶的原产地的标志，云南四十多个县都发现有大茶树。

我国茶的传布即从云南开始，也由此走向世界。从物质向精神转化，我国西南地区，是我国古道茶文化区域。

我国西南地区，是少数民族聚居的地方，在少数民族中，有长期形成的许多不同茶俗，这些不同的茶俗，又有不少近似之处，由此积聚形成共同的茶文化氛围。西南地区少数民族的茶俗主要有：

竹筒茶。云南南部地区傣族、哈尼族、景颇族，有以竹筒茶当菜食的风俗。将采下的新茶叶经过蒸煮或日晒，待茶叶柔软后搓揉于竹帘上。然后装入竹筒，用棒舂实，筒口用石榴叶或竹叶加以堵塞，将竹筒倒置，使其中之茶叶余水淌出。过两天，用灰泥封住筒口，使茶叶发酵。两三月后，竹筒中之竹叶已发黄，劈开竹筒，取出紧压的茶叶加以晾干，装放瓦罐，加香油浸腌，随时取作蔬食。

盐巴茶。云南纳西族、傈僳族、普米族、彝族、怒族、苗族等日常饮料。其做法：将当地的饼茶掰下一块，砸碎，放入特制的小瓦罐内放在火塘上烤烘，至有焦香味时，向罐内慢慢注入开水。煨煮五分钟后，加入盐巴，使之味咸。然后将浓茶倾于瓷杯，加开水冲淡，即可饮用。喝盐巴茶时，一般边吃玉米粑粑。民谣谓："早茶一盅，一天威风；午茶一盅，劳动轻松；晚茶一盅，提神去痛；一日三盅，雷打不动。"

打油茶（又称"吃豆茶"）。流行于湖南、贵州、广西等地侗族地区，制法各地略有不同，一般以茶油炒茶叶、糯米，待糯米焦煳后，加适量清水煎熬，煮沸后滤出茶叶。饮用时，将糯米蒸熟晒干后焙成的米花，炒熟的黄豆、花生米、核桃仁、蒜叶、肉末等配入碗中，冲入滤好滚开茶水即成。根据各人口味，可甜可咸，香鲜可口，为吉庆待客的佳品。打油茶也是这一带苗族、瑶族人的传统饮料。

打擂茶。居住在四川、贵州、湖南、湖北四省交界区土族人民的传统饮料。其制法：先将生茶叶、生姜、生米，按各人口味，按比例倒入山楂木制成的擂钵中，用力来回研捣，直至物料混研成糊，起钵入锅，加水煮沸，便成擂茶。有清热解毒、通经理肺的功效，有益于高寒多湿山区人民的身体健康。故喝擂茶成为当地人民的习俗。

西南少数民族饮茶习俗尚多，不能一一。

茶在西南少数民族礼俗方面，也有相当广泛和深刻的反映：

云南白族人民，凡宾客上门，先后敬三种不同的茶汤，谓之"三道茶"，即：清香微涩的绿茶，红糖、牛奶加核桃片制成的奶茶，可以咀嚼回味的米花茶，故有"一苦、二甜、三回味"之说。再如饮"打油茶"也是待客示敬方式。主人将茶碗在桌上排成圆圈，以油炸花生、油炸排散、猪肉碎、猪肝末、鸡块、爆米花，分别装入碗中，待油茶打好后，便趁热注入碗内，请客品尝。茶必三巡，有"三碗不见外"之说。广西龙胜各族自治县中，流行"十五打油茶"的习俗。农历每月十五日夜晚，男青年三五成群到他村走寨，寨中姑娘聚于某一家，小伙子到后，以打油茶款待。吃茶前先对歌，女问男答，答对了，才许喝茶。历次献茶，以在一个碗上放两筷、一筷、无筷不同方式谈爱示意，以歌征答，传递感情。云南盈江景颇族婚礼中，有一种名叫"春茶"的仪式，新郎新娘被周围青年拉住，持木杵去春捣一盛有茶叶、鸡蛋、姜、蒜等食物的石臼，以之打闹嬉笑。侗族有一种"斗茶"的礼俗，与汉人之斗茶不同，是一种隆重祭祀祖先的仪式。

我国西南地区茶文化，反映了它处于古初历史层面的特点，这是从以下几个方面的观察得出的答案：

　　首先从饮茶习俗的演变看。早在原始社会，茶已进入人类生活，古代茶的发展，起源于对人体的解毒治病作用，人们直接含嚼新鲜枝叶，取得治病效果，这"含嚼阶段"是茶之为饮的前奏。随着人类生活的进化，由生嚼茶叶的习惯，进而为将茶叶盛放在陶罐中加水生煮的"羹饮"或"烤饮"（或称之为"粥饮"）。又经过相当长的时间，人们又进而养成煮煎品饮的习俗。这便是饮茶习俗的几个阶段。"秦人取蜀，始知茗饮之事"。巴蜀一带是我国较早传播饮茶习尚的地区。秦统一六国后，饮茶的知识和风习向东延伸，经过千百年的流传，茶成了我国的"国饮"。而我国西南少数民族中流行的如竹简茶之"取作疏食"，打擂茶、打油茶之相类于"粥饮"方式，都十分明显地保留着秦汉以前生煮羹饮和烤饮之习俗。其次，以我国西南少数民族对茶叶的生产加工看，他们摘取新鲜茶叶，用土罐、石钵、木棍、火塘等简陋的器具烧烤捣研，对茶叶进行加工，都是比较原始的手段。再次，从茶文化的流传看。中国茶文化包括茶艺、茶道、茶礼，以及与茶相关的众多文化现象，如反映茶科技和历史的大量茶书，与文艺相结合，有无数的茶诗、茶词、茶画，这些反映了历史进步的载体，在西南少数民族中是甚为少见的。在他们中，所可以找到的，是有关茶文化的、口耳相传的传说、民谚、民歌等，这也是只有在较为古朴的民族中所有的现象。

从《祝氏宗谱》说开来

最近，我向祝文浩先生商借得《祝氏宗谱》一册。家谱在"文革"期间，被看成"封资修"的黑货被查抄、付之一炬的不知有多少。这本《宗谱》是祝先生在外地工作带在身边而幸存下来的。他所交付我的是他早年恭楷誊录的一本，原本他另为珍藏着。"国有史，地方有志，家有谱"。宗谱、家谱是志书的一种。唐代史学家刘知几说："盖可以为志者，其道有三焉；一曰都邑志，二曰氏族志，三曰方物志。"谱牒之作，始于后汉赵歧《三辅决录》。三辅，今陕西省中部地区。《决录》记载了自东汉初年以下累世官属门阀的谱系。至晋又有《挚虞旅姓记》，是挚虞的子孙，在汉末牒传多所亡失后，追忆而成的家谱，先后共十个世系。同时此外还有记载江南谱族的两王《百家谱》、记北方氏族的《方司殿格》等。我国历来有修氏族家谱的传统，一直延续到解放初期。有些地方还在续修。由于建国后阶级关系发生了根本变化，人员在全国范围内大幅度的流徙，以及"左"的观点的影响，家谱不被重视，也基本上停止了续修。现在先不说家谱该不该续修，但就其发生的效用来看，是值得研究的。新修川沙县志，在搜集资料的范围中，就包括族谱、宗谱。因为它可以丰富县志的内容。前不久，我从上海县林德昭同志要了一本《上海陈行秦氏支谱》，是该乡编志组翻印的。我们在蒐集县志资料中，也发现了多种族谱、宗谱，如杨思镇杨氏宗谱东沟乡的《曹氏宗谱》、王港乡的《顾氏家谱》、江镇乡的江氏家谱、黄清士先生保存的《黄氏支谱》等。

前人修志是很重视家谱的，黄炎培先生主纂的《川沙县志》载录了陆炳麟先生所作《族谱一斑》，扼要记录了川沙的十五个氏族。"调查谱牒有两种价值：一以明氏族之迁流，一以供优生学之考证"（见《黄志》、《户口志》）。现今的社会，是由过去的氏族社会发展而来的。一个民族是由许多氏族构成的。常言说同姓"五百年前是一家"，这是有道理的，一个姓无论氏庶如何繁盛，支系再多，必定是同属一祖先。我们只要翻一翻郑樵《通志》即可明白；浅近一点的，《中国人名大辞典》，对一些大的氏族流徙情况，都有扼要的记述。眼下的《秦氏支谱》。其一，世祖秦观（宋代大词人），居淮海。六世秦知柔避宋末兵乱迁来上海。明洪武时，九世秦世杰又迁浦东闸港。十四世秦钺迁居上海陈家行。之后子孙又散处于南京、松江、南汇、川沙、奉贤、七宝、九团各城镇。现龚路乡以医世业的秦家，为其支脉。《祝氏家谱》载其一世祖居浙江海盐袁化里，二世迁居南汇滩石桥，三世祖居周浦，六世祝寿殷又迁居今本县六团湾西牌楼。祝寿殷是个孝子，这牌楼就是旌表他而立的。以后祝氏后代基本上分居于我县县城、六团乡（牌楼村）及南汇周浦镇。现在川沙县城东南一角有祝姓成员七八十人。我县现有不少姓氏，其渊源流徙，其中不少的都有家谱可按。这些状况，在县志中应该有所记载。浙江省萧山县在编修县志过程中，编成《萧山姓氏录》，这是不无意义的。

据1982年全国第三次人口普查，我县除汉族外，有蒙古、回、苗、满、朝鲜、侗、瑶、白、哈尼、傣、傈僳等十一个少数民族，比1964年第二次普查时，多了彝、壮、哈尼、傣、傈僳五个少数民族。这大多是"文革"期间，由于知青外省插队等原因，与当地少数民族青年结成伴侣迁来本县的，这反映了"文革"期间人口变动的特征。这部分人数不多，却改变了本县人口的民族结构。这些少数民族，在本县开始有了历史。

《黄志》认为谱牒的另一作用，为供优生学之考证，这是一个很复杂的问题。同一血统所出的叫做同一祖先。从遗传因子考察同血统的上一代对下一代的影响，对于优生学无疑是有意义的。这是一个十分复杂的问题，要请懂遗传学的专家来作解释。但我们还可从谱牒中找到另外对我们有用的东西。家谱的唯一对象是人物，历史人物的出身行状往往于家谱中及之。家谱中有显要名人，如秦观、黄炎培及其远祖黄山谷（与秦观同时人），载之于《黄氏支谱》，更多的是地方的名人。如生前有功地方死后被封为上海城隍神的秦裕伯，其后世秦荣光、泰锡田父子是近代上海教育界名流，名医秦伯味是其家谱的最后主修人。祝氏九世祖祝椿年是清嘉庆年间解元。现原兰芬堂东尚有解元府的痕迹。著有《玉堂山馆诗钞》、《来复轩诗稿》；其稿解放前曾为祝文浩先生收藏。其八世祖祝悦霖，著有《川沙竹枝词》，载于本县厅志。家谱中还可看到当时社会政治情况。"六世秦知柔……避宋末兵乱奉先世图象谱牒由邗沟渡江居松江之沪渎"（《秦谱》），沪渎，即今上海，但那时尚无"上海"之名。"祝锦先于明嘉靖三十一年。……尝为广南指挥使，忤严世蕃（按：即严嵩之子），诬以娶苗女事，故破其家，公避祸迁居，或云避倭乱而迁，初迁上海县之龙华镇……"（《祝谱》）由此可以得知宋末元兵在扬州一带流动和明末倭寇扰乱于浙江海盐的情况。有的家谱中记载了宗族之间利益冲突的史实，这也是研究氏族社会的可贵资料。家谱中辑录的墓志、行状、著述，丰富了地方史志资料。

总而言之，家谱是值得蒐集和研究的。在国外有些国家很重视中国的家谱，收藏了不少我国的家谱。美国成立了家谱学会，他们把收藏我国的家谱，作为研究我国历史的信息和工具。美国曾把《柴氏家谱》，作为礼物送给我国驻美柴泽民大使。这是值得我们中国人深思的。长期以来，由于"左"的观点，视家谱为异端。这至少是历史的偏见。当然，我们对待家谱，要用历史唯物主义的观点加以分析研究，绝对地肯定、绝对地否定都是不对的。首先我们要研究的是前人留给我们的大量家谱在当前四化建设中有什么可取之处。要深入、系统地研究。当然，我们也要看到，《家谱》毕竟是旧时代在封建阶级思想指导下的产物，有着阶级与时代的局限。从表面看，家谱对氏族中每一人员都有记录，但偏重于头面人物的业绩。这些业绩，大都是有利封建统治的思想行为准则。二是家谱只记载男子的世系，不记载女子。因此《黄志》认为它在优生学方面，也只能起百分之五十的作用。第三，家谱在我国虽然有悠久传统，但往往只有一些望族才有记载，家谱的记载往往自一个显要人物开始，以后庶族繁荣，便不断地继续下来。而且还有不少支谱。我国的孔氏家谱，流传至今已有七八十世。黄志中载录的顾氏谱系也有七十五世，顾、陆、张、朱是上海地区的四大族系。但一些小姓、僻姓，自祖先以来，往往因没有地位，没有形成家谱。一些大的姓氏，也不是每一个成员都有家谱记载，这是因为氏族在发展中，有些支脉陷落了，无人，也无力修家谱了。

在党的领导下，人民翻身当主人。氏族、宗族统治的社会已经一去不复返了。在党的领导下，特别党的十一届三中全会以来，人民的创造力智慧，正在不断地被开拓发挥。人们的功绩，正在用新的方式被记载着，但决不能也不可能按照过去的方式修家谱了。总之，我们不能对于家谱这个历史遗产弃置不管，如果在新编县志中，像《黄志》那样，对新发现的家谱，列入有关门类中作介绍以便后人查考，看来是很有必要的。

杨光辅与《淞南乐府》

——铁沙艺文丛谈一

　　《淞南乐府》六十章，是专咏上、南、川三邑风土习俗的词集。作者杨光辅，"字心香，二十保二十六图人，岁贡生，勤攻书史，手不释卷，品以学养，著述颇多，惜早散逸"（光绪《南汇县志》）。这本词集，被收入《上海掌故丛书》中。上海通志馆对杨光辅生平尚略有补充："字徵男，号心香，嘉庆丙辰（1796）岁贡"，"能文工诗，著有《鹤书堂诗词集》《琼台集》《雨轩稿》"等。清二十保二十六图，即今我县北蔡地区，故杨光辅是现本县北蔡人。

　　《淞南乐府》是用《忆江南》词调咏风土习俗的一部词集，但在形式上颇为特别。词调在唐初都是咏本意的，词调名称，就是词的内容。后来逐渐离开本意，与所咏内容了不关涉，词作者需在词牌名以下另标题目（如毛主席的《沁园春·雪》）。到南宋姜白石等人在词调前面，写上一段序文，与词的内容相配合。《淞南乐府》的特别之处，就是在每首词作之后，有一段类似注解的文字，这些文字本身也可当作风土志来读，对于我们当前修志也有借鉴作用。

　　下面概略介绍《淞南乐府》的主要内容。

　　《淞南乐府》首先是关于历史沿革和地理形胜的描述。开卷第一首便是：

> 淞南好，沿革辨纷笼。溯本华亭胪两晋，探源震泽定三江。
> 浩森水云乡。

吴寿梦，筑华亭为停泊所，由越而楚，为春申君食邑，遂开黄浦。晋安帝隆安三年，孙恩入寇，内史袁山松始修沪渎垒，筑东西芦子城于吴淞江，其时江与浦尚未相连，寇至自海，不经黄浦，故御诸吴淞。元至正二十九年，割华亭之东为上海，清朝雍正四年，又割上海之东为南汇，淞南疆域，今不隶华亭。

《禹贡》有"三江既入"之记载，略谓太湖上游有三江流入，其下游又分三江入海。但具体所指，历来众说纷纭。作者对此作了长长的考证，可以看出作者对于上海地区地理沿革有宏博的知识和深刻的见解。对于形胜的描写如：

> 淞南好，薄海靖神奸。淞江秋笳连勒口，洋山夜火应舟山。
> 干羽格倭蛮。

《书·大禹漠》"舞干羽于两阶"，干羽是古代舞者所执器械，这里被指作武备。词意从吴淞口至南汇大勤口海岸一线，以至到舟山的东海海面上，布满严阵，随时准备歼灭入侵的倭寇。

对于海塘的描述："民听海氛须内徙，官闻塘圮务先修。"记曰："沿海向筑内外护塘，前明循塘御寇，多著奇功。若遇海潮泛涨，民亦赖以全活……"

其二是生产习俗和生活状况的描写。上、南、川三县濒江沿海，有具体的生产特点。《淞南乐府》中对木棉、渔业、盐业和棉布以及冬季狩猎等等都俱有所咏，在一定程度上体现了人民的疾苦。"淞南好，妇苦最农家。午汗花田锄蔓草，宵深饥蚊纺棉纱。商女弄琵琶。"炎夏歇午时刻，需于暴赤日中，妇女芟除棉田杂草，才能使草萎死，到了夜晚，又要纺纱以换米，所以农家中最苦的是妇女。"盐贩荷枷凭役卖，桃佣抱瓮听官封"，这一章中，描述了"盐侩"及官府之剥削盐民及农民生产的水蜜桃的情形，由此发出"乐岂与民同"的呼喊，驳斥封建官吏所谓"与民同乐"的伪善口号。此外还有商人盘剥农民等情状。

《淞南乐府》中大量的是对名迹、风物、时令活动情况的描绘。名迹如豫园、南园、丹凤楼、龙华塔、也是园、静安寺，工艺如丁娘子布、顾绣、谈笺，方物如玉簪鱼、四跳虾虎、六跳蟹螺、鲥鱼、枪鱼、河豚、虿蟹、无须虾、羊眼豆、四角菱。作者写来，风趣横生。对于炒羊肆及糟钵头等有关烹调术的描述，说来令人津生颊内，对于元宵、清明、重九等时令活动的描述，可以想见当时节物之盛，而知古今风俗之异，《淞南乐府》中还对陆逊、徐光启、陆锡熊等邑内往哲先贤，也有所咏，录鬼点将，别出一格。

但《淞南乐府》中在对于妓场及习俗的描写方面，颇有欣赏之意，是作者没落阶级世界观的反映，颇失词人风雅。《忆江南》中之七字二句，是对仗形式，作者为了牵合这种形式，故所咏内容也有比类不当之处。

《梅花山馆诗钞》
——铁沙艺文丛谈二

试问九生修得到，孤撑傲骨许谁知。

影敧冻月朦胧候，香冷斜阳浅淡时。

老鹤梦迷庾岭雪，疲驴人觅灞桥诗。

却怜迟与逋仙遇，已负江南第一枝。

这是我县清末诗人徐光发咏梅七律一首。我国历代文人，每多以爱梅自任。"却怜迟与逋仙遇"，是说诗人与林逋，生不同时。林逋是宋代诗人，钱塘人，恬淡好古，不求名利，隐居西湖孤山，植梅畜鹤，时人有"梅妻鹤子"之赞，他的"疏影横斜水清浅，暗香浮动月黄昏"，被誉为咏梅绝唱。

徐光发（1819—1861），号顺斋，世居本县，负贩为业，天资敏妙，酷嗜咏吟。足迹遍及江、浙，览其山川名胜，为之俯仰上下、凭吊古今，以开拓胸次。纵谈时事，一一纪之于诗。其《观海》诗：

一气混茫茫，穷流万里黄。

晴云开岛国，初日挂扶桑。

水立鲸鱼舞，山沈海若狂，

蓬莱何处是，终古叹秦皇。

现我县孙桥公社境内原有一建于元代的大圣寺，诗人写了一首七律《至大圣寺即日途中感赋》：

散步寒村欲访禅，江乡风景画难得。

夕阳篱竹穿鱼簖，秋水芦花放鸭船。

一塵白云间有意，半生黄石遇无缘。

年来足迹虽难定，不负苍苍听自然。

徐光发诗风格以恬淡胜：

萤飞深碧夜迢迢，遥听秧田罢桔槔。

热客不知人意冷，一窗疏雨读离骚。　　　　《消夏杂咏之一》

蓼花红淡鹭鸶眠，写出江南七月天。

一角斜阳新雨过，绿阴如梦水如烟。

诗人胸次旷达，对历史上的贫士高人如司马相如、严子陵、弥正平、谢安、陶渊明、王嘉、徐稺、刘伶、林逋等，在诗中注倾慕之情。"敢希徐稺称高士，只许刘伶作醉侯"（《和唐禹门感怀原韵》），"悠然啸泉石，谁信布衣尊"，"难得陶元亮，幽居共一村"（《迁居陶村》）。

《梅花山馆诗钞》是光绪三十一年，其子经镕结集付印的，上、下共二卷，上卷为序文、传记及题词，下卷载诗二百首。"丽句清辞来络绎，笔端豪气自纵横"（于仲甫题词），徐诗风格恬淡为主，但也有豪放的一面。其《渡江》诗：

> 潮声浩浩渺无边，一道飞帆独占先。
>
> 低树远衔沧海日，怒涛直接大江天。
>
> 乘风破浪推豪举，作赋题诗属少年。
>
> 寄语蛟龙休起舞，夜来星斗正高悬。

清代大学问家张文虎题其诗，"壮游历山水，寄托多高情；感古兼伤时，往往寓不平"，这也是事实。如有些诗篇，反映了作者消极遁世思想，"想我风尘原幻梦，看人富贵亦浮名，不如归去移琴鹤，租得山田几亩耕"，等等。

南汇于畅跋（《诗钞》）谓"清浅近人"，"大类小仓山房一派"，以为入其诗于袁枚集中也是难以分辨的。袁枚，字子才，曾筑室小仓山下，有《小仓山房集》《随园诗话》。袁诗主"性灵"，为清代形式主义流派。徐诗在形式上"结构精严，研炼工细，独擅其胜"，但就其内容看是缺乏社会意义的，反映本县风物的篇章也极少。作者所处的年代，正是鸦片战争前后，在清廷腐败政治统治下，国内外矛盾空前尖锐复杂，中国人民处在水深火热之中，忍受最大的痛苦，但从全部《诗钞》看来，作者无一篇是反映这种社会现状的。而对耳闻目睹的当时太平天国革命活动，则采取敌视态度。他在《武陵舟中即事》一诗中说，"骨肉警离乱，干戈发运筹，可怜天下士，谁解至尊愁"。他不体贴人民的苦难，而为岌岌可危的清朝统治担忧，可见作者所处的是士绅阶级反对农民革命的立场。惟其如此，1861年徐光发在抵抗太平军战斗中丧失了性命。这是作者在没落阶级落后世界观的支配下所得到的可悲结局。但我们不能以此而因人废诗。

《清溪三十二咏》
——铁沙艺文丛谈三

    《清溪三十二咏》作者程上选,字卓夫,《宝山县续志》有传,不著生卒年月,从序文看来,是清光绪年间人,壬辰(1892)为岁贡。其父名尔松,是一个很有才学的人,早年中过童试,以艺文教授卓夫,而卓夫能绍薪传,善墨兰及行草,以为交际。他性好吟咏,豪于饮,书稿颇多,而已散失,《清溪三十二咏》是民国年间吕笛仙从他的外祖赵家得到的,1935年刊印成书。

    高桥,旧名清溪镇。《清溪三十二咏》是歌咏高桥胜迹习俗的诗集,共收录律诗三十二首,题材的来源,作者著明:一为志书所载,二为父老所传,三为目之所见、耳之所闻。对于故乡的风物景象,深切爱慕而尽情讴歌,即使是习常所见,形诸笔端则意象非凡。他说:"我乡濒海而居,每于春秋佳日,东游海上,见夫波澜壮阔,与风帆、沙鸟随波上下,实足以开拓胸襟。尤妙在旭日初升时,光华掩映,澜作五色,观者莫不目迷。"其《东海观澜》一章:

        杰阁高登豁远眸,惊涛一线涌当头。

        风帆飘缈飞空际,沙带横斜界浊流。

万道霞光明捧目，百重蜃气都成楼。

扬波不尽鲸吞势，试问伊谁为国忧。

诸般景物，一一以韵语记之，使乡人读之，桑梓之情油然而生，真所谓"雅人深致，足为枌社润色"。（谈寿《序》）。

《清溪三十二咏》不仅歌咏了当时景象，而且也为我们展现了历史的画卷：

五百年来旧筑城，桑田沧海几纷更。

依山壁垒曾开府，负郭人家半隶兵；

残堞斜敧秋草绿，崇墉空峙夕阳明。

而今樵牧歌讴起，犹似当年画角声。　　　《荒城晓角》

作者写的是这样的一段历史：明洪武三十年（1397），太仓卫指挥刘原奏筑土城于青浦（在今高桥地区），正统九年（1444），都指挥翁绍宗奏建砖城。万历四年（1576），兵备右参政王叔杲请筑新城于宝山之下，十年（1582），新城为海潮所决，新旧两城均没于海。清康熙三十三年（1694），苏州海防同知李继勋又督建新城，即今老宝山城遗址。

对于民族英雄陈化成的歌咏：

五十年来事莫论，萧萧壁垒半犹存。

荒台夜闪青磷影，秋草寒凝碧血痕。

昔日寇氛惊厉鬼，百年遗根泣忠魂。

须知误国由权相，今古沉冤等覆盆。　　　　　《故垒寒烟》

道光二十二年（1842），英帝侵犯上海，为了防御，高桥沿海及沿江，随塘及堤都筑土垒，中筑大炮，由陈化成督师抗御，由于清廷官吏得贿，纵敌入犯，五月初八日陈化成于兵溃中殉难。

清朝末年，政府为"赔还"外债，财赋枯窘，从而嫁祸人民，增加税赋，在高桥天灯口也设起一厘卡，谁知地方官吏，趁此机会，以厘卡所入，大半中饱私囊。作者记曰："天灯口一卡，系东沟分设，本系分卡，乃近来车辆所过及肩挑贸易小民，偶带零之物，亦必霸阻纳税，不给捐票。时事如此，可胜浩叹！"其诗：

牙旗高卓任风舒，茅舍三间傍水居。

为助军需开虎帐，竟充私橐饱狼胥。

初心只救当时急，流弊何堪竭泽渔。

讥察未遑专肆暴，可怜悉索尽舟车。　　　　　《税卡风旗》

清末，高桥镇分东西北丁字式三市，作者在"三市朝喧"一什中描述了因"界河"设卡"重利轻，市面大坏"，妇女被迫上街谋生的情形，"……若问生机惟粟布，可憎上市尽裙钗；今关况又专为暴，何怪经营百计乖"。以上这些，在一定程度上，反映了当时真实的政治风习的篇章，无疑是诗集中的菁华部分。

作者对当时高桥中秋、重五、元宵等时令风俗各有描写，且有记述。使我们今天不仅从诗中得到感受，也从记述中了解真实的情况。对于"界河竞渡"的记述是："俗于端月，有龙舟之戏，舟凡三，曰青龙、曰黄龙、曰白龙，于界河空阔处，参伍错综，往来游骋，莫不目为之迷。且龙头又甚灵活，可左右视。"对于元宵的记述是："元宵节前后，各庙各植塔灯，曹宅一带，更设桥灯两座，望之如双虹亘天。又有鱼、龙、兔、马灯，诸式毕具，一时争妍斗丽，色色形形，几于目不暇给。"对于高桥地区祠庙香火，也各有记咏。诗集中还有的是对高桥掌故的记咏，凡此等等，对今天都有一定参考价值的，"此诗流传，可借作青溪章故，后之览者，将数典不忘。"（谈《序》）

　　但诗集中，反映作者吟风弄月、敲棋垂钓等闲情逸致的诗篇终居多数，这是为今天的读者所不足取的。

蔡钧培《竹石草堂诗稿》
——铁沙艺文丛谈四

　　"诗情磅礴写篇章"是近人蔡钧培《八一抒怀》中诗句。蔡钧培，字经纬，本县蔡路公社人，生于1897年，1980年3月22日因病去世，终年八十四岁。蔡钧培毕业于暨南学校（见《县志》），一生从事教育事业，是本县友仁中学（后改铁沙中学，即今川沙中学）创始人之一，曾任该校校长。抗战前，蔡钧培先生曾参与编辑《少年百科丛书》。黄炎培先生主纂的民国《川沙县志》，他也曾著力，有职名。

　　我认识蔡钧培先生，是最近几年的事。老人家住在跃进大队，在新开浦东运河的西侧。1978年春天，我拜访了蔡先生，虽然初次见面，但彼此神交已久。1972年他就有"交缔忘年逢盛世，嘤鸣求友好绸缪"赠句。这一次访问中，他把手头现存的复写的诗稿送给了我。这些诗稿展读后，一直珍藏箧内，至今已五年，而蔡先生也溘然长逝三年多了。蔡先生诗，播散甚多。其亲友如蔡凯声、沈志文、郁逸轩、周觉先等同志曾倡议予以结集。今从蔡凯声、陈明昌两同志处借得一部分，先此介绍，以概其余。

　　蔡钧培诗所咏题材是多方面的。从他的诗稿中，可以看出一个有丰富经历的老年知识分子对于新社会、对于党和党所领导的事业的拥戴心情。他有一首题作《榆钱》的白话诗，这首诗开头：

> 榆钱、榆钱！
> 你是榆树上落下来的嫩叶青钱，
> 因为形象的酷似，
> 掀动了历史上许多财迷。

接着他对历史上的"财迷""守财奴""全世界所有百万富翁"的崇金迷财，在字里行间，充满揶揄；对古诗人李商隐、杜牧等于"榆钱"的歌颂亦鄙夷不屑。

> 待到商品和货币政策改革以后，
> 财奴们的迷梦破了，
> 资产阶级的末日到了，
> 便再没有人把你叫作"榆钱"！

我们知道，诗是形象思维，作者把"榆钱"这一形象，用"历史"这一尺度加以评判，实际上是对几千年私有制的鞭挞，对中国共产党消灭剥削制度的歌颂。现实生活是作者创作诗歌的丰富源泉，"诗情每向工农得，梦寐都为景物牵"（《退休咏怀》），本期刊载的他的《川沙竹枝词》二十首，更以解放以来亲眼所见，个人所闻川沙的巨大变化，逐一记咏，正是他热爱党、热爱社会主义、热爱故土思想的体现。1977年冬，他为我县浦东运河的开凿，写了《开河什咏》十章，写了开河即事二首。其《河成偶成》一首：

　　　　一水横南北，迢迢气势骄。

　　　　河深两岸陡，路贯一桥高。

　　　　货运航行便，秋收产额高。

　　　　人民多壮志，开凿有吾曹。

　　蔡先生关心国家大事，关心祖国的前途，"乡居虽好静，大事极关心"（《感事读王维诗，反其意而和之》），对于一些重大事件，往往有所咏。如1971年10月27日，他从广播中欣闻联合国大会通过恢复我国席位的决议，喜赋一绝：

　　　　美帝阴谋惹恨深，一朝"通过"见一心。

　　　　从今国际家庭里，好听神州正义音。

　　这首诗表达的方式（用语），或有不当，但真情溢于言表。

　　十年动乱中，蔡先生受到冲击。当他退休回乡村居时，1970年1月15日召开小队会议宣布其无罪，他即用苏东坡蒙恩诗原韵，感赋二律，其一：

　　　　不须旧事更重提，自审平生位分低。

　　　　早日惭非千里马，晚年欲学五更鸡。

> 吟诗斟酌需良友，乞药奔波为病妻，
>
> 策杖殷勤觅新句，竹篱南□板桥西。

作者当时还不知"四人帮"极左路线对于国家、人民所造成的灾难，但出于对党的信赖，对于他所遭受的非难毫无怨怼情绪，"恩沾退老感无边，留得余年好着鞭"（《退休咏虾》）。他仅能以吟咏惰性为自足，读来真令人嗟羡不止。

蔡先生诗，多有诗友应酬之作，这些诗一般多溢美之词，但由此可以看出与作者交的诗人、画家、名医的思想风貌，这些人，他们大都热爱党和新社会，兢兢业业于本职工作，有的又酷爱吟咏，"学来马列情舒畅，写得诗歌句老苍"（《次韵答桐侯》），"黄花得道多良友，恰似中华运不穷"（《依韵答兼夫叔》）。"新华伟绩皆诗料，彩笔从头写未休"（《赠王仲渊诗家》），与蔡先生赓和的姜文熙、徐廉夫、陈桐侯等人。他们都先于蔡先生，逐一作古，作者对他们怀念不休，"读来遗著人如玉，想到交情泪若麻。流水高山声寂寂，不堪萧瑟对霜花"，"欲作登高无伴侣，篱边就菊过重阳"（《八一抒怀》）。1971年7月13日，市文史馆馆员，我县姜文熙先生患肠出血症逝去，享年九十七岁，蔡钧培十分悲恸，作七绝十首悼亡诗："斫轮老手夺天工，玉尺量才兴自浓，木坏山颓伤溘逝，吟坛冷落大江东。"

蔡钧培一生从事教育事业，为我县教育事业贡献了力量。由于他不废吟咏，酷爱诗歌，对于提携诗歌后进，也十分着力。他常常把自己精心力作，作为求学者的范例，他于1973年5月21日写道："近来为青年改诗，每年将近百首。"其《七七咏怀》："七七年华诗兴浓，行歌郊野乐无穷。拈将时彦新裁句，吟入唐人杰作中。"这实际上是手把手的教导方法。至今我们还能看到他代人改写的诗章，可以想见他循循善诱的情景。

　　蔡钧培先生诗有杜甫之清丽、渊明之恬淡，成就虽远不如，风貌则近之。由于作者晚年生活面狭隘，所咏题材只眼前即景，没有写出足能反映时代特点的巨幅画卷。他在粉碎"四人帮"后所写的篇章，有当时特定历史条件的思想缺憾。但我们今天是不能作求全责备的。

张伯初《面子戏》
——铁沙艺文丛谈五

张伯初先生1903年罹南汇党狱之难后，"五十年不死"，集各个时期留影于一帧，感慨系之，赋《面子戏》诗有序，成为一段佳话。

1903年，在南汇发生了"党狱案"。本世纪初，孙中山先生领导的资产阶级民主革命活动，动摇了清王朝的基石，但清王朝依然采取种种措施，竭力维持其岌岌可危的局面。清王朝把革命党人视为心腹大患，只要抓到革命党，就要处死，甚至一些怀疑对象，往往也不得幸免（鲁迅先生小说《阿Q正传》中阿Q这样的冒牌革命党被杀头，就是反映这种历史状况）。这年5月，南汇顾次英，川沙黄炎培、张伯初，赴新场演讲，宣扬改革。当地痞棍与南汇县知事狼狈为奸，诬陷四人为"革命党"，罗织罪名，有被"搜出军火"等不实之词，一面将四人拘捕，（其中张心九，是周浦赶至新场听讲的青年，当局不问情由，也叩陪被捕）一面禀呈南京江督。此事引起上海、浦东社会各界非议。江督魏光焘为向北京清政府邀功，电令就地正法。幸而电令到县时，四人已在杨斯盛资助活动下，被美国教士步惠廉救出。这就是南汇"党狱案"。

俗话说："大难不死，必有后福。"这话并不见得，但大难之后，别有一番情怀这是真的。时至解放后的1953年，此时距"党狱案"已五十年，张伯初先生有感于斯，写下了《面子戏》诗文，伯初老在肇自"党狱案"几个时期数人合影照片及本人照片上题句谓，"我一人同时有五副面目出现，堪称'面子戏'云"，其诗：

自对庐山想象中，百般啼笑总成空。

记曾醉态增妻恼，怕作愁颜诉我穷。

画里传神"呆若木"，镜头留影快如风。

江东父老羞相见，今昔观河迥不同。

又，自题《行香子叠前韵》：

无端写入画图中，色相原来即是空。

莫问须眉何状态，不知性命有穷通。

一身以外惟余杖，两袖之间只透空。

再廿五年称百岁，彭殇自古总相同。

"党狱案"同难四人被美国教士步惠廉救出后至上海，步惠廉为四人摄影留念。1932年党狱三十周年，寻梦欢宴步惠廉于松江醉白池，又为之摄影，张伯初后又有诗曰：

同难当时师若友，两回留影最堪珍。

未成四皓今谁健，左右相看只二人。

四皓者，秦末有四商士（东园公、角里先生、绮里季、夏黄公）避乱隐商山。四人年皆八十余，须眉皓白，时称商山四皓。此诗作于1933年，被难四人俱未年至八十而顾次英、张心九已作古人。惟作者本人及黄任老健在，《面子戏》诗文传之张心九表弟上海李右之手中，此老才人伎俩不穷，以张诗一绝四句，展为四首，分别以张诗为起首句，录之如下：

　　　　其一：
　　　　同难当时师若友，拘成党狱官僚丑。
　　　　吉人终遇任侠人，间不容发占无咎。
　　　　其二：
　　　　两回留影最堪珍，屈指流光五十春。
　　　　年少翩翩今已老，报图纪念证前因。
　　　　其三：
　　　　未成四皓今谁健，叔度汪洋犹树建。
　　　　老鹤守梅病已痊，眉间英气现风宪。（张君名志鹤）
　　　　其四：
　　　　左右相看只二人，何堪对影忆前尘。
　　　　当年同志今怀旧，莫自兴悲善自珍。

　　李右之，名维清，又名味清，上海闵行人。清儒李松林孙，早岁以诗文鸣于世，中年潜研史学，历任《上海县续志》、民国《上海县志》两届志局主任。生平尚气谊，重然诺，与人交肝胆相照。与黄炎培、张志鹤交往逾五十年。李右之又有"前题赠黄任之君"：

党狱于今五十周，冰心作古事堪愁。

欣看老鹤精神健，叔度尤领布政优。

时间又过去三十年，诸人俱已作古，追想前人坎坷遭际，恻然有所感，展读诗文，前人情谊，实也可师可风。《面子戏》诗文及三影合帧照片已收入张伯初先生《我生七十年后自白》一书中，为我们当前新修地方志提供了珍贵资料。

（与陈金林合作）

读黄炎培先生诗《我的故乡》

6月18日，县志办应沈敬之先生之约，前往本城姜文熙旧居搜集史志资料。姜文熙先生已于1971年作古，生前原为上海市文史馆馆员，掌握我县掌故资料颇多，惜在"文革"中遭乱散失。黄炎培先生《我的故乡》这篇诗文，是我们从满地狼藉的废纸堆中拣出来的。扉页上有黄先生的亲笔题名，吉光片羽，实是稀有之珍。

搜集名人著作是编修县志任务之一。这篇诗作为我们展示了川沙的一幅历史图画，历史的图画是极其复杂的。诗中的历史图画是作者经过选择的，"放风筝""看烧香"地方风俗画，引起了诗人美妙的回忆。但同时他在当时又看到了封建官吏毒打乃至杀害民众的惨景。随着历史的激流，川沙开办新学，创建实业，我们知道其间渗透了作者的心血。清光绪末年，黄炎培以及我县的一些进步人士，联名向当时川沙厅同知写了一个公呈，要求改观澜书院为川沙小学堂。当时科举未废，遭到守旧势力的阻挠反对。光绪二十八年（1902）腊月间，黄炎培等齐集南京总督衙门投文，经过一番努力，在光绪二十九年（1903）正月，终于将观澜书院改为我县第一所公立小学，即现城厢镇小学的前身。

在封建社会里受压迫最深的是妇女，提高妇女的地位，这又是黄炎培等当时进步人士的主张，一方面办教育，开发妇女智力，一方面举办实业，提高妇女经济地位。我县女工一向以纺织土布为大宗，帝国主义入侵后，洋纱盛行，机器生产棉布，土纺土织濒于破产。当时我县有识者，即提倡织毛巾。1900年，在城区办起"经纪毛巾工厂"招收女工，风气为之大开。渐次机户林立，遍及城乡。随着工业生产的发展，有赖交通工具的发展，在黄炎培等创导下，1920年，我县创建了上川铁路。但当时当地人民的种种努力，由于半封建半殖民地的社会制度，还是没有出路。而解放后，在党的领导下，川沙才雄鹰展翅飞翔、扶摇直上，工农业生产大发展，兴办了开河筑塘的巨大工程。

这篇诗作是献给党的颂歌。作者经历了晚清、民国和中华人民共和国三个时期。他在这篇诗作的过程中，谈到他心里满满地"装着新旧对比的现状"。他对党的歌颂是以形象思维方式的。他对晚清政府的贪污、腐败深恶痛绝，把那些剥削人的统治者，斥之为"万恶的官吏"。辛亥革命后，社会"依然黑暗"，而且又陷入资本主义的泥坑。只有在中国共产党的领导下，经过革命战争，中国终于解放，走上了社会主义革命和社会主义建设的大道。解放后的种种成就，与旧社会的腐败、黑暗，成为鲜明的对照。他把这一切归功于党的正确与英明的领导。

这篇诗作寄托了作者对故乡的深情，黄炎培先生原籍川沙，是我县历史的见证人，对我县有诸多贡献。解放后他在北京担任国家重要职务，但对故乡仍百般关注。他深情地唱歌："川沙是我的故乡，川沙，川沙，他是我的故乡。"川沙的一切使他难忘，他难忘幼时天真嬉玩的情景，难忘川沙人民在旧社会遭受的苦难，难忘川沙人民在旧社会艰苦奋斗的业绩。难忘在党的领导下，川沙取得的新成就。

诗是1959年写的，他十分高兴地看到，从建国到此时还只十年，川沙出现了一片新兴气象。今天我读起来，仿佛使我们抚摸到作者因热爱川沙故乡而跳动的脉搏。读了黄炎培先生的诗，激发起我们对自己故乡的桑梓深情，在党的领导下，把我县四化建设搞好。

史 事 人 物

《明清时期上海地区著姓望族》序

　　吴仁安同志的专著《明清时期上海地区著姓望族》，即将付梓，我作为第一个读者，首先得益，有必要作些介绍。

　　仁安同志毕业于华东师范大学历史系，对于我国明清史深有研究，成果迭出，已发表此方面的论文60余篇，举凡明清时期海外贸易、社会风尚、官制、马政、科举诸领域，无不周臻而见解独到，得到学术界同行的好评。堪称研究明清社会经济史的专家。他又在对上海明清社会史了然于胸，并为之作出相当研究的基础上，从极不容易而终于搜集到的大量家乘、年谱、族谱之中，爬梳剔抉，辨伪考订，经过了七八个春秋的艰苦劳动，终于完成了这部50余万字的力作。此书着重介绍了明清以来诸如潘恩、徐阶、董其昌、徐光启、王鸿绪、张照、钱大昕等一大批望族名流的生平、三百余家明清上海著姓望族的门祚，详细阐述了这些望族的生成条件、发展变化、盛衰兴替及社会影响。作者对明清上海地区的政治、经济、文化诸方面，均作了深刻的考察。此书实际上是明清时期上海地区社会经济的总体发展史，而以望族的盛衰变迁为主线贯穿其中。本书内容丰富翔实，而史料处理极有法度，绝无史料堆砌之流弊，以非常简洁、典型的资料，恰到好处地显示出明清上海望族在各个不同时期变动的轨迹。对一些代表性的名门望族，均作出世系图表，能使读者收一目了然之效。仁安同志不惜花费个人的大量精力、财力，周咨遍访名门望族的后裔，既使本书内容充实，又使研究工作具有了许多的现实意义，如本书通过对明清望族深层次的历史考察所揭示的有关人才的内容，可为今天优生优育、国民素质的提高，提供历史根据，同时也为散处世界各地的炎黄子孙寻根认同，提供线索，从而可以进一步增强海内外炎黄子孙的凝聚力，共同为祖国的统一大业、中华民族的进一步繁荣昌盛，作出应有的贡献。

　　仁安同志年富力强，才思横溢。此作之问世，不啻为明清史之奇花，抑亦上海史之异葩，学界同仁，必当刮目相视。我们当共同期待他有更多的学术精品问世。我与仁安同志相交有年，当此书出版之际，仁安数四征序于我。小子何人斯，敢膺此责?！推卸不获，聊以数语搪塞，仁安谅我!读者谅我!

丙子仲夏于浦东之清苦书斋

（原载《上海地方志》1997年第5期）

川沙城鹤鸣楼记碑[1]

　　鹤鸣楼记。川沙公园建园七年，乃有增筑鹤鸣楼之举。随着浦东之开发，川沙需要踵事增华者，日维千端。是楼之建，盖其一也。川沙有城，自明嘉靖三十六年始；有专官，自清乾隆二十四年设海防清军同知始；其区域划定，自嘉庆十五年设抚民同知始。民国元年，改厅为县。其初也，为海防冲要，而斥卤之地经济未见发达。洎上海开埠，亦未能与浦西比翼双飞。乡先辈黄炎培有言：川沙滨海，天时地利，人工物力，种种优势，不后于人。迨至新中国建立之四十年，全县上下、群策群力，以为其历史之见证也。川沙建筑业驰名宇内，延誉海外，楼之设计、之施工，及臻于成，皆吾川沙人之智、之力。其形制规模，与武昌黄鹤楼相仿佛，而细部做法益加改进，巍巍然一独特之建筑也。上海，鹤之故乡也，沈存中《梦溪笔谈》载之明矣。楼名取语《诗经》"鹤鸣于九皋，声闻于天"。夫鹤者，吉祥物也。汉儒淮南八公《相鹤经》谓："羽族之宗长，仙人之骐骥。"鹤又奋进之化身也，《墨经》言：蛤蟆日夜鸣，口干而不听之。鹤虽时夜而鸣，天下振动。诚谓多言无益，惟实干能兴邦。我川沙濒海，风光旖

---

[1]　1992年，碑立于川沙城鹤鸣楼底层。

旎，"海天旭日"为沪城八景之一。乾隆时李行南有竹枝词状云："海日初升恰五更，红光晃漾令人惊。须臾已见腾腾上，碧落分明挂似钲。"此昔时护塘观日出之景象也。如今结伴登楼，弥望吴淞口外，舳舻千里，疾驰扬波，穿梭破浪，此乃今日江东之妙境，海港之雄风哉。楼由川沙县人民政府集资兴建，于一九九一年七月动工，历时一年半告竣。

川沙抗倭史略

当我国元末明初，日本西南的封建诸侯，组织了一部分武士、浪人、商人，经常在我国沿海进行武装掠夺和骚扰，历史上称为"倭寇"。明永乐十七年（1419），总兵刘江于辽东把登陆之倭寇一举歼灭，从此倭寇不敢大规模的骚扰。明嘉靖年间，我国东南沿海豪富中一部分人，为谋取利益，与倭寇勾结，狼狈为奸，以致倭患日炽。倭寇中杂有我国沿海岛屿中匪类。浙江寇首是汪直、徐海。汪直，安徽人。徐海原是杭州虎跑寺僧。徐海之叔徐碧溪，是海盗头目。徐海领其众，自称"天差平海大将军"，陈东、萧显、叶麻为其羽翼。嘉靖二十六年（1547），浙江巡抚朱纨，兼督备倭，以为"江浙大姓"的通倭，是乱源所在，就逮捕了部分豪富与奸商。又加强练兵，防击倭寇。然而，这触犯了在朝闽浙官吏的利益，反诬朱纨残横专杀。诏下狱，被迫自杀。以致寇乱大作，东南糜烂。

我县当洋山、马迹之冲。明初洪洼深阔，直达护塘，为倭寇出没潜藏之所。

嘉靖三十一年（1552）闰四月，倭寇犯嘉定，破南汇所，北掠过川沙境。同知任环、守备解明道，于吴淞大败倭寇。三十二年（1553）三月初一，寇犯青村（今奉贤境）、下沙（今南汇境）等处。五月三十日，寇深入上海，焚毁县署。六合知县董邦政，信阳人，善骑射，以勇著，擢按察金事，奉檄讨倭，驻节上海。六月二十四日，寇焚掠上海西境，董邦政率兵追击，直到本县小湾地方。十月，萧显据南城（今南汇），官兵失利。兵备任环，字应乾，潞安人，进士，由知县迁苏州同知。倭患起，长史不娴兵事，环慷慨独任。三十三年（1554）二月，任环统民兵及少林寺僧八十人来川沙，击寇于八团（今本县蔡路、合庆乡一带）。短兵接战中，任环受伤三处，屠户徐佩救任环出险。任环不断进击倭寇，每战奋勇先登，寇见之畏若神明，呼为"拼命官人"。寇首萧显退据史家浜（疑是施家浜，今施湾乡）。浙江巡抚王忬也派参将卢镗从海面来援，战于界浜，焚寇船七只，杀死八十人，追寇至南汇城。寇溃退入浙境。三月，寇首刘三率众入吴淞江，总兵杨克宽迎击之，寇全部被擒。群寇由黄浦江出海，遇大风雨船覆，遂又返岸。此时萧显据下沙、新场，陈东、徐海据柘林，叶麻据周浦，相互成犄角。

倭寇猖獗气焰，朝野震惊。大学士徐阶，力主进剿，殄灭丑类，从各地调集了援兵。三十三年（1554）七月，倭寇屡攻南汇城，屯集在现本县境内之寇，拆民屋为营栅。参将卢镗率河朔兵来，进剿失利。力士"丁千斤"、"马八百"战死。冬，倭寇又连败官军于青村（今奉贤境）、朱泾（今金山县城）。

嘉靖三十四年，朝议以倭寇猖獗，改兵部尚书张经总督南北诸军。以瓦氏兵隶总兵俞大猷，以南丹兵隶游击周继芳，以东莞兵隶参将汤克宽。分屯金山卫、闸港、乍浦，犄角三面，等到"保靖"兵调至，以与倭寇决战。当时从各地调沿海官兵，有数万之众，由于地利不熟，常中倭寇埋伏。而佥事董邦政、把总娄宇、国子生乔镗所使士兵，因能识地势、晓敌情，屡立战功。三十四年（1555）正月，在川沙之寇，攻南汇所，董邦政率兵捣毁了在川沙洼贼巢，杀寇五百余人。乔镗又追击倭寇于六团湾。贼寇收拾残部，不敢轻出。二月，寇从南汇所北走，被把总娄宇如数歼灭。三月，兵备任环，参将解明道，在南汇又打败倭寇，斩杀百余人。四月初七日，朝廷命工部侍郎赵文华至松江察军情，到海边"祭海"。张经因从各地调集之兵初至，不谙地形，兵力尚不足，以为决战时机尚未成熟；赵文华邀功心切，急欲与寇战。其中从广西地区征集来的"瓦氏兵"是苗、瑶族人，瓦氏兵贪婪战利品，乐于战。在漕泾，吃大败仗。当时，在今上海郊区的倭寇，以川沙洼（在今川沙城东）、柘林（今奉贤沿海）为大本营。四月间，在川沙之寇，驾舟出海时，被官军将其老巢焚尽，五月初一，柘林之寇，在南犯嘉兴时，张经分别遣汤克宽、俞大猷、卢镗出击，大败倭寇。残寇还奔柘林，川沙寇自川沙，劫周浦、闸港，转掠泗泾、北竿山。董邦政、娄宇及游击周蕃追寇至唐行镇（今青浦县城）。倭寇趁官军半渡之际袭击，先登岸数百人被杀。周蕃落水而死。寇焚官船，屯于古塘桥，流劫昆山等处。赵文华是严嵩的义子，颠倒功罪，以暂时失利劾张经"糜饷殃民，畏贼失机"。这时，按张经部署，"保靖兵"调至。当即有石塘湾之捷。倭突奔嘉兴，张经遣卢镗率保靖兵为援军，以俞大猷所督永顺兵由泖湖直趋平望，汤克宽从水路居中进击。几路合击于王江泾，斩敌一千九百余人，许多倭寇被烧死、溺死，成为抗倭军兴第一战功。荒淫的明世宗，不问情由，不听大臣劝谏，偏听赵文华密疏，论经死、论汤克宽下狱。应天巡抚周珫代张经。六月十九日，周珫职又被夺，为兵部侍郎杨宜所代。六月二十四日，川沙、柘林之寇数千犯杭州，不久又回老巢。八月十八日，柘林寇载舟五百出洋，被俞大猷、董邦政、卢镗打败；寇还柘林，而船已不满百。登陆之七百余寇，败走川沙，被乔镗率士兵三百人及南跄巡司弓兵七十人，击于潘家桥（今川沙城东近处），截塘攒刺。此时，又有嘉定县丞所率上海兵来巡檄，绕出敌后夹攻，七百余寇俱歼，只五人跃塘东遁。十月初一，从柘林出洋之寇，还据川沙，游击赵克新率四川兵来大破。任环又追寇至吴淞口斩俘大半，残余之寇，走青水洼（今本县三甲港左近）。十一月二十日，倭寇二千余人至川沙。闰月初二，周浦之寇，为金事焦希程、游击赵克新所败寇合于川沙，初八，出吴淞江。总兵俞大猷、副使王崇古、把总刘堂追击于老鹳子（今本县高桥地区），俘斩二百余人，溺死者上千人，焚大船八艘。其余船只伏入吴淞江，官军用火烧之。

嘉靖三十四年（1555）十二月，赵文华奏称寇息，还朝。三十五年（1556）二月初九，夺杨宜职，以兵部侍郎王诰代；赵文华并忌曹邦辅之功，反谮于帝，逮曹邦辅，发配，以湖广按察使张景贤代曹。三月，浙江省巡抚代王诰。朝廷并命赵文华督军，加兵部尚书、副都御史。不久，浙江、直隶遣来之官兵，攻破陶宅（陶宅今在奉贤境，为寇首徐海所据）。寇从崇阙出海，参将娄宇、把总王应麟于今本县九团洋追败倭寇。这年秋天，寇首徐海、陈东、叶麻、王直，先后被胡宗宪诱俘到京后杀掉。倭寇树倒猢狲散。江浙倭患稍息。

在抗倭斗争中，沿海人民同仇敌忾，配合官军，共赴斗寇，其中以盐民最坚决（明时本县沿海以煮盐为利）。盐民驾舟海上，数围敌寇，使之丧胆。据说寇至岸抢掠时，以盐民为戒，如见家有盐包，必仓皇退出。我县人民中，出现了不少抗倭"义士"。九团人张元恺（今龚路乡直一村地方），组织民勇抗倭，一次把误入歧路的几十名倭寇尽数歼灭。

倭患于沿海人民是一次空前的劫难。当时，上下恬嬉，文武旷废；一当警变，束手无策。进剿之中，奸人掣肘其间，邀功得赏；忠义者勇奋于前，反罹祸害。后人秦荣光有一首竹枝词写道："朱纨死复杀张经，偏地倭氛血洒腥；差赵文华来祭海，宫深醮自奏词青。"明世宗失政，是招致倭乱的根本原因，尤可惨痛的，倭乱中，人民还遭受官兵的杀害，《上海县志》载："沿海官兵，遇倭出掠，具伏不敢动。及贼去，乃搜杀居民，割取首级以冒战功，故民之糜烂于官兵，尤甚倭寇。"

（原载1986年12月川沙县志编修委员会编印的《川沙乡土志》）

癸卯党狱案

清末，百日维新失败，康有为亡走，清廷严饬各地搜捕"康党"。1903年7月，邹容出版《革命军》一书，上海"苏报案"发生。由于有关"苏报案"的章太炎、邹容诸人，因事出上海租界由会审公廨审理，清廷想通过引渡将"反叛者"处以极刑，却难以办到。在北京的落拓官吏庆宽等，诱捕革命志士沈荩，伪称捉到了康有为，冒功升赏。沈荩惨遭杖死。为此引起了国内外公愤。清廷为捉不到真正的"革命党"恼怒不止，因而，继闻名中外的"苏报案"后又发生了"南汇党狱案"。

川沙、南汇接近上海，一批激进的知识分子，为救亡图存，积极提倡新学。1902年冬，黄炎培、张伯初等呈准江苏督抚，将城内观澜书院改为小学堂，又设开群女校。不半年间，一县风气为之大开，影响深远，尤为邻近的南汇士人所瞩目。南汇城中，有一肇兴学堂，挂名新学，一切仍虚应故事。总理（校长）顾忠宣于1902年派教习顾冰一去日本留学。多方考察日本教育，受到西方资产阶级教育方式的启迪。由日本回国后，在新场、周浦、大团、北蔡、川沙各处演说，深受欢迎。到川沙演说的时候，正是川沙小学堂开办后第一个暑期。由南汇新场镇到川沙听演说的新场青年，看到川沙小学堂的景象，邀黄炎培到新场演讲。

新场设有讲学会，成立已两个月，有会员数十人，每星期举行演说，旨在为一方之兴利除弊。同镇有耶稣堂，堂中设有益赛会，不论何人，均可入会。牧师陆子庄与讲学会友善，故讲学会会友，都入益赛会。两会的演讲会，会友互相参加。8月11日，黄炎培、张伯初被邀到了新场。这一天正是农历六月十九日，乡俗为观音生日。张伯初、黄炎培与讲学会中青年，到镇北永宁寺观看。永宁寺中有先天门教，以"符水"惑人，诈骗钱财，青年人颇不满。黄炎培等到永宁寺看到了种种不良情形，以为这是地方公害，报告了营汛（驻军）。营兵把弄神弄鬼的先天门教教师抓去关了起来。不料事情由此闹大。新场有土棍黄德渊，与"教师"勾当一起，"教师"受逮第二天清早，黄德渊赶到讲学会，要求转阘营汛释放。这时顾冰一也赶到新场讲学会。顾冰一与讲学会中人，俱以为事干法纪，应受处分。黄德渊拍桌破口大骂，悻悻而去，一面讪讪地说："我必要做到手方罢。"

演讲会照例进行。县境各地闻讯来听讲的有几百人。会场设在城隍庙。由顾冰一讲社会改良，黄炎培讲结集团体。讲话中都谈到永宁寺迷信活动必须破除，要捅黄德渊的马蜂窝。认为此类事如不当机立断，何以推行新政。群情为之沸然。至下午散会，已过五时。

晚七时半许，黄德渊手提木棍，率众二三百人，火把齐明，蜂拥包围了讲学会，扬言要索黄炎培、顾冰一等人。口喊新场事不容外人干涉。经地保劝阻，黄德渊又率众至耶稣堂，捣毁玻璃窗等具，又继至营廨，将什物捣毁一空，劫走了先天门教师。又转至河边觅黄、顾等座船。投石加瓦，击毁周浦来听讲人乘船，打伤舵工。新场镇被搅得六街鼎沸，居民们都躲进家中怕惹是非，扰至半夜过后，始静声息。黄炎培、顾冰一等人愤愤不已，决定赴县呈诉。

8月13日黎明，黄炎培、张伯初、顾冰一、张心九离开新场。午后至南城，借住肇兴学堂，缮写公禀。去顾忠宣家吃过晚饭后，黄昏时候向县署报递。县令戴运寅看过禀子，叫黄炎培等先回，听候处理。14日下午，戴令将黄德渊传到。老奸巨猾的黄德渊边哭边诉，编造了黄炎培的演说造反的胡话。黄炎培等过了一日，又去见戴令，戴运寅变脸发问："你们在新场干什么事？"四人回说讲学。戴冷笑说："你们哪里是讲学！你们毁谤皇上、皇太后，你们是革命党，你们想造反，我有凭据。"说着，手出两纸掷于几案。黄、顾二人取来看过，原来是水师营务处札饬，严命地方官查拿东洋留学生及上海爱国学社革命党。不等分辩，戴运寅顿足大骂四人是革命党：革命党！革命党！立即将四人拘入捕署，幽禁一室。张心九是从周浦到新场听讲的，也被关起来。戴运寅以为捉住革命党，可大受升偿，因之不顾事实与否，一意孤行。隔了一天，县署照墙上贴出六言告示："照得革命一党，本县已经拿获。起获军火无数……"戴令一面飞电禀告两江总督及江苏巡抚，他还到处放言，说四人将处极刑。还扬言要搜余党。因之许多人纷纷走避上海。报载："浦东士类，为之一空。"

四人的亲友听说，慌忙设法营救。也有到戴运寅处说情的，但被一概回绝。

新场耶稣堂牧师陆子庄，至沪急告慕尔堂美国人总牧师步惠廉。川沙乡绅陆逸如托上海建筑业巨子杨斯盛，贿通了美国律师佑尼干。步惠廉与佑尼干议定营救方法。8月16日早晨，步惠廉领了陆子庄等牧师至南汇县。戴运寅听外国人到，惶恐出见。寒暄过后，步惠廉说：四青年热心教育，我外籍人也甚崇敬，贵令理当赞许，何故反被拿？戴说因是革命党。总牧师问：证据何在？答说：有黄德渊禀告。步惠廉要求一看。戴支支吾吾说，禀子还未送到。步惠廉说，禀子未到，人已被拿数日，是何法律？接着步惠廉又反问：黄德渊扰教堂、毁营廨，知道么？戴令伪说不知。步惠廉说，如此大事，竟然不知，非得把老公祖公堂毁了才知道么？戴运寅是湖南人，只读过三年书，不通文墨，本绌于文辞，又加理屈，被步惠廉劈面责问，无言答对。步惠廉说，四人是教友，要加保释。戴运寅怕闹成教案，连忙说，诸位既来，兄弟总有一点面子，必要将他们保出，请写保证书一份，以便回复上宪。步惠廉说：此事可行。即缮写保证书一份，讲明若查得四人是革命党真凭实据，准即将四人交还。十二时三十分，步惠廉带黄炎培等人上汽轮船，开往上海而去。

不料在十二时三刻，两总督将四人就地正法的电令到，急得戴运寅双脚直跺。6月30日，戴运寅亲至慕尔堂要人。他不通外语，又无人作翻译，步惠廉只当听不懂，不肯理他。四人隐住在某牧师家。稍过一时，佑尼干对步惠廉说，清政府可能通过会审公廨将四人要去，青年们不如远走高飞的好。杨斯盛决定资助费用，叫黄炎培等出走日本。9月13日，黄炎培、顾冰一、张伯初三人，搭"西伯利亚"号轮，去到日本。此时张心九因未参加演说，不被追究，回周浦了。

黄炎培等当时都是年轻人，积极赞成推行"新政"，却被当成革命党险而送命。通过这一件事，使他们更加看清政府的腐败不堪。在流亡日本期间，结识了不少在日本留学的中国学生，思想感情发生了不少变化。一天雨夜，黄炎培、顾冰一与上海刘季平联句赋志，其中有"兴酣起舞挥长锬"，"还我江山乐且湛"之句，已有进而推翻清政府的决心了。南汇县令戴运寅，为此一案，先是降级，后被革职。

到1905年，黄炎培在上海经蔡元培介绍入同盟会，成为真正的革命党。

南汇党狱案，发生在农历癸卯年，故称癸卯党狱案。又别于"苏报案"（称大党狱案），为"小党狱案"。

（原载1986年12月川沙县志编修委员会编印的《川沙乡土志》）

黄炎培小传

　　黄炎培，字任之，别号抱一，本县城厢镇人。幼年家境清寒，父母早丧，寄居外祖父家，励志向上，勤奋攻读。1901年，考入南洋公学特班，受知于蔡元培、张元济；次年中江南乡试举人。1902年，返乡兴办教育，呈准两江总督张之洞，将川沙观澜书院改为川沙小学堂。1903年夏间，他在新场应聘作救国演说，被诬为"革命党"被捕，经杨斯盛、步惠廉营救脱险。后流亡日本，救国思想更坚，萌推翻清政府之念，他有诗句写道："兴酣起舞挥长锬"，"君不见，黄虎之酒味醰醰"。1906年受杨斯盛之托，办浦东中学，以成绩优异，驰誉一时。自此他即以教育为救国之途径。1905年7月，经蔡元培介绍加入同盟会，不久受托为上海总干事。同年，和张謇、沈恩孚、袁希涛等创设"江苏学务总会"（后称江苏教学会），任常务调查干事，深入江苏各地，调查教育情况。1909年，被选为江苏咨议局议员、江苏地方自治筹备处参议等职。

　　1911年，辛亥革命成功，协助江苏巡抚程德全改组省政。旋任江苏民政长官公署第一任教育司长。1913年，写出《学校教育采用实用主义之商榷》《小学校实用主义表解》《实用主义小学教育法》等文，倡实用主义教育，此为其后来提倡职业教育之发端。1914年2月辞官，倾力教育，深入考察皖、赣、浙、鲁、冀五省教育，所到之处，广结同道，吸取众长，并将考察结果，辑为《黄炎培考察教育日记》。1915年4月，随农商部"游美实业团"赴美。尽游美国各地考察教育，撰《旅美随笔》，认为美国教育特重体育和实用，以考核学习成绩，为升黜的标准。回国后，总结实用主义教育经验，推广成就。他说，不实之用，不得谓之教育。

1917年5月，他联合蔡元培、马相伯、张元济等数十人创立中华职业教育社，推广职业教育，改良普通教育，以达到无业者有业，有业者乐业之目的。他始终主事和关心中华职业教育社和其附属的事业，直至逝世。

1921年冬、1922年6月，两次被任命为教育总长，俱辞而不就。

1931年"九一八"事变发生后，他联合上海各界人士，从事救亡运动。先后组织上海市民地方维持会，上海市地方协会，任秘书长。并创办《救国通讯》，传播抗日消息，激励抗日意志。

1937年，全面抗战爆发。他随国民党政府西撤汉、渝，坚持为中华职业教育社筹办各种事业，并不断为各大学青年讲演，激励抗日意志。1939年11月，与沈钧儒、梁漱溟、章乃器、章伯钧、周士观等，组织"统一建国同志会"。不久，又组建"中国民主政团同盟"，创办《宪政月刊》；积极为和平、团结、统一工作。

1945年下半年，他先后和胡厥文、章乃器、杨卫玉、孙起孟、施复亮等酝酿而建立中国民主建国会，他以中间性政团的一分子自居。"中立偏左"是他一生立身行事的基本态度，曾有诗句曰"立身那管人推挽，铄口宁愁众是非"。1945、1946年间，内战有一触即发之势，为此他努力奔走，力图和平。1945年7月1日，他和褚辅成、冷御秋等五人飞往延安，居间沟通国共和谈。返回重庆后，以其见闻，先后写成《延安归来答客问》《延安归来》，如实报道延安情况，使后方人士对中国共产党的政策和解放区得以真实了解。他痛恨国民党的贪污腐化、物价飞涨和民不聊生的局面，有"江山留得豪门在，四万万人狗不如"之句。

解放后，他参加新政协筹备工作，任政协全国委员会常委。中央人民政府成立后，任中央人民政府委员、政务院副总理兼轻工业部部长。1954年后，当选为全国人大常委会副委员长、全国政协副主席，在中国民主建国会担任主任委员。他在《八十年来》一书中说：解放后"在党和毛主席领导下，一分精神全为国，一寸光阴全为民"，他逐步认识到他的一生所为，是改良主义，不能推进中国革命，只有中国共产党才能领导全国人民建设繁荣昌盛的社会主义国家。

他一生倡导的文化教育事业见在东南大学、同济大学、暨南大学、河海工程学校、人文月刊社、中华教育改进社；所办刊物如《生活周刊》《国讯》《职业与教育》《人文月刊》《展望》《宪政月刊》等均有声于时。

黄炎培天资聪颖，自幼勤奋好学，汉学有深厚基础。文章峭拔清健，傲岸不群；笔歌墨舞，酣畅淋漓。诗，初学温、李，继复寝馈李、杜。思力沉厚，趣味隽永，音调铿锵。有李之飘逸为少，有杜之沉郁为多。兴到落笔，虽语必工，为时辈倾服。黄炎培先生富于著述，文集有《实用主义教育法》《黄炎培考察教育日记》《中国商战失败史》《中华教育史要》《抗战以来》《中华复兴十讲》等，诗集有《苞桑集》《红桑集》《天长集》等。晚年所著《八十年来》是其一生回忆录。1935年，由他主纂的《川沙县志》，于内容，体例上俱有创格，为民国年间修纂的地方志翘楚。书法黄庭坚，深得颜字神髓。所书诗文格言，必寓规箴，资人警惕。喜游历，所至必细心体察，发为诗文。他长于处理事务，少年时，凡亲戚邻里有丧葬事，必以繁剧事务自任。稍长儒而好侠，急人所急，拯人于难，爱抱不平，至老始终不渝。

黄炎培先生，生于1878年10月1日，1965年12月21日病逝，骨灰安放于北京西郊八宝山公墓。

　　　　　（原载1986年12月川沙县志编修委员会编印的《川沙乡土志》）

乔镗小传

乔镗，字子声，号春山。太学生。明嘉靖时人。慷慨有志略。他说："大丈夫当殉知遇，赴缓急，功在社稷，利于桑梓，乃不虚生天壤间，负此七尺躯。"明嘉靖年间，沿海倭势日炽，从各地征集的数十万官兵，由于不习地利，常中倭伏失败。嘉靖三十二年（1553），乔提议团练士兵，招募民勇，抵抗倭寇。幕府（进剿倭寇时设的将军府）大为赞赏。凡骚扰本地之寇，大多潜伏在川沙洼（即今县城直东海口）。洼口直达护塘（今老护塘），倭寇自洼口入，登岸掳掠。乔镗建议沿塘开一濠，用以阻隔倭寇。幕府采纳了乔镗之议，命镗督浚濠之职。受命之后亲自畚锸，与役民共劳苦。外濠不日开成。此濠沿老护塘东侧，北自九团黄家湾，南汇一团止（今南汇境），长九十余里，得备清野以待倭，使倭寇不能逾越而无所逞其肆虐。故此濠被称为"御寇河""备难河"。濠开成后，又便利农田灌溉，大有利生产。幕府又使乔镗练士兵。当地人民由于备受倭患荼毒，一时踊跃当士兵的乡勇有上千人。乔镗"各从所亲为伍、所习为技"。又经过他的周密部署，出与寇战，无不一人当百，斩获无数。其中以嘉靖三十四年（1555）正月的一次战功最为卓著。这一年初，川沙之寇攻南汇所，金事董邦政乘机捣毁了寇巢，杀死五百余人。乔镗败倭寇于六团湾。至八月份柘林（今奉贤境）出洋之寇，被俞大猷、董邦政、卢镗大败，余寇七百人窜川沙，被乔镗所率之三百士兵及南跄巡司弓兵七十人，邀击在今县城东潘家桥；这时，嘉定县丞张潮所率领之上海兵来巡檄，从寇后夹攻，七百余人，全部就歼。乔镗因军功，朝廷授赐五品衔。

明时，浦东的倭寇，主要以沿海的川沙洼及柘林为据点，有人建议塞川沙洼，以绝后患。乔镗认为塞洼口不如筑城，以抵其冲要。幕府称善，命镗领筑城事。他编召一方父老子弟，克日受版筑，于1557年终于成城。

乔镗的儿子也是抗倭英雄。名木，字伯梁，号元洲。少年英特，十四岁即补博士弟子员。倭寇入犯，助父备御，屡出奇计。一次，倭犯城东门。乔木领兵西备。至夜寇果然犯西门，乘梯登女墙，乔木发炮轰击，寇溃逃而去。他有《从父镗御寇口占》一首：

> 一城斗大计难施，变起仓皇势莫支。
> 兵法守障防不备，书生摩垒致偏师。
> 铿鋐炮石从天下，震慑么魔向海驰。
> 凭仗皇威各努力，庶教万姓免疮痍。

乔镗领事筑城，严加督促，不分亲疏，一律对待。但他秉公办事，反受到诽谤。乔镗怨恨异常，含冤而死。乔木痛切父冤死，刻苦读书，后中隆庆戊辰（1568）进士。知安吉州，有循声。官至井陉兵备道，成为庆、历间名臣。乔镗因子显贵，赠奉政大夫，福建参政。

当时江南沿海，著力抗倭的有三太学生。乔镗外，尚有一团盛际春，二团潘元孝。秦荣光《竹枝词》谓："海滨三太学齐名，能胜倭寇善用兵。独有春山才杰出，筑塘设堡利民生。"倪斗南《竹枝词》："掘起海疆三太学，盐丁团练中相宜。筑城开塘九十里，堕水焚巢贼势衰。"乡人感乔镗的功绩，在川沙城西门建仰德祠纪念他。道光年间，川沙同知何士祁对祠重加修缮。他在《重建仰德祠碑记》中，有一首祝辞，表达了川沙乡民对乔镗世代敬仰之情：

> 睇高城之嵯峨兮，畴筑之以御倭。
>
> 历太平之繁庶兮，隄屹嶂而徙鲸鼍。
>
> 灌良田以万顷兮，宜木棉兮稻禾。
>
> 城之岊岊，倚公之力。
>
> 海之不溢，氓食公泽。
>
> 公之灵兮在天，风下降兮有几筵。
>
> 有子从公兮两旆，福我惠我兮屡丰年。

（原载1986年12月川沙县志编修委员会编印的《川沙乡土志》）

何士祁小传

　　何士祁，字仲京，号竹芗。浙江山阴人。道光二年（1822）进士。在道光十二年、十五年、二十八年曾三次任川沙厅事。政才明敏，治绩卓著。到任川沙第二年（1833）的麦秋时节，淫雨不止，木棉歉收，稻谷不登。何士祁倡捐廉俸，赈恤灾民，详请缓减漕粮，使川沙人民得养生息。在第三次回任这一年，川沙又逢特大灾害。六月二十一日，暴风大雨，海潮猛涨，至二十三日，风雨仍不止，忽有雪。入秋，风雨甚多，棉花到九月始开。九月十六日，天气骤冷，见冰，是岁饥荒。次年又连续遭灾，自四月二十九日起，连续下五十天大雨，棉田尽淹，米价腾贵，每石至七千文，较平时增五六倍。六七月间，地震屡发。秋冬又发生大瘟疫，何士祁自捐廉俸，买杂粮，并劝典商富绅捐赈，设局平粜。城乡设粥厂，拯救了不少人的性命。

　　当时上海县有敬业书院、南汇县有惠南书院，而川沙有地几十里，士风朴淳，弦诵不绝，尚无书院。何士祁认为，"五步之内，必生芝兰，不敢谓海滨一隅，文教可缓"，即在川沙城东南隅，鸠工庀材，自捐廉俸一千两，终于在道光十四年建立了一座书院，取名"观澜"。他说，混沦磅礴，一纵千里。汛羽觞于昆仑，合归墟于渤尾。风霆鼓荡，蛟龙群游，气势不凡。澜是湍急之水，水有源须清，源清而澜始大，"未有源之不清而其流不至溃涸者；未有源之既清，而大波小波不自然贯于脉络者"。川沙官费学府，实由观澜始。何士祁又在书院增经义策略，谆谆训迪士子。道光二十九年（1849），本邑祝椿年秋闱中解元，何士祁赠诗云："天上文章斗牛焕，壁间丝竹管弦新"，此一时传为盛事。邑人以为，川沙文教得何士祁振兴之力。

何士祁又为川沙纂修了第一部地方志——《川沙抚民厅志》。川沙在明代屡遭倭寇蹂躏，自建城而患息。清代以后，设堡、设厅、屡经变迁，因是海防要地，川沙安堵，则苏松高枕。何士祁认为，要把川沙的事搞好，而"前无所考，无可为兴感之资，其欲有新效法者，将何以征信乎"。于是就罗致一邑人才，自任总纂，在道光十六年（1836）完成了十二卷本的《川沙抚民厅志》，并独立捐镌。虽然该志尚不详备，但其后光绪五年（1879）同治陈方瀛延请大学问家俞樾纂《川沙厅志》、1935年黄炎培纂《川沙县志》，俱称一代名志，而莫不以何士祁《厅志》为基础。

何士祁在川沙兴修不少水利，其中以浚白莲泾为功最著。本境水利遥籍黄浦，以通潮汐。川沙之长浜、吕家浜与通浦之白莲泾相连，白莲泾自乾隆年间开浚之后，逐渐淤塞，绅衿百姓屡屡吁请开浚，因当时白莲泾属南汇县而相互推诿不果行。何士祁任川沙后，与南汇县积极磋商会同详请获准，于道光十五年（1835），前后花了四个月时间，开浚了白莲泾等河。河开后他成诗数首，其一：

廿里长渠一镜涵，从兹水利溥东南。

绿云晓径驰秧马，红雨青溪驻篠骖。

极浦旧痕轻染黛，剪淞新涨净拖蓝。

欣看鼓腹安腴壤，终是汪洋帝泽覃。

何士祁急公好义，凡有益地方事业，无不乐从。建义仓，立义学，设恤孩局，俱一件件进行。他性格和平，勤于为政，故能洞知民隐，而采取相宜的措施，是封建时代不可多得的廉明官吏。

（原载1986年12月川沙县志编修委员会编印的《川沙乡土志》）

杀虎墩

本县毗连大城市上海，晚近以来，人口稠密，工业发达，经济繁荣。但在上海开埠以前，是僻处海隅的穷乡。明代以前，沿海一带，蒹葭苍苍，灌木丛丛，居民煮盐为利。那时人烟稀少，为各类野兽栖息之所，甚至还有老虎潜迹。今本县六团乡湾镇，处于老护塘转折处，在明代为防范倭寇有一个驻兵的墩汛，属金山卫中后所，是金山卫指挥侯端的戍地。侯端是明代著名的抗倭英雄，刚毅勇猛，臂力过人，能把重达千斤的石狮子抱走十余步。一次他骑马过城门，两手挽住城门洞上的横木，两腿夹住，坐骑连同身子一齐挂起来。他与倭寇交战，屡次获胜。有一次，有大股倭寇来犯，侯端一边应战，一面遣人偷偷抄倭寇后路。倭寇自海上来，船泊海滩，他们以抢劫为目的，掳掠一番后，载货以去。侯端把停在海滩的倭船，全部烧毁。倭寇见绝了后路，乱作一团，被侯端尽数歼灭。

明正统十二年（1447），在今湾镇附近的墩汛，出现了老虎。清李延昰《南吴旧语录》载：

> 南汇有虎、渡海至。长面白额，啖牛马以百计，伤十余人。南汇滨海，居民从来未见虎，相戒不敢出户，人迹断绝。

侯敬庄闻之，笑曰"虎自来送死，我当除之"。跨马至其地，马闻林木飒然，即伏地丧气。公去马，持棍待之。须臾虎至，从者失色。公独步而前，乘隙以棍横揬虎腰。虎大叫，卓尾而坐，其实死矣。从者以虎文献卫将，公摇首曰："杀一虎何足示勇，待问及，呈之未晚。"人服其勇而不伐，至今人呼其地为侯公墩。

侯端把擒到的老虎，在离此墩以西半里左近宰割，后来此处被谓作"杀虎墩"，勒石为记。早先，年长的人还看到铭刻有"侯端杀虎处"五个大字的石碑。南汇倪斗楠曾有竹枝词专记此事：

　　手挈狻猊行府署，股横健马挂城门。
　　倏逢暴虎能徒格，地号侯公杀虎墩。

这一故实，也载于《松江府志》《金山县志》之《侯端传》中，可谓明代本县有虎的明证。差不多与此同时，我县今高桥地区，也有老虎出现，《嘉定县志》《宝山县志》《江东志》俱载此事。其时在明朝初年，我国资本主义经济已经萌芽，与海外各国的经济交往日益频繁，海运事业逐渐发达。我县高桥处长江海口，地势平坦，为了便于海船收航，明永乐十年（1412），在离今高桥镇东北十五里处，筑起了一座高达三十丈的上山，这就是永乐皇帝亲自命名的最初的宝山。山顶平广，种植了许多奇花异卉，林木翁郁，叶生微凉。山上建有龙王庙，一时香信颇盛。但不过二十年光景，到正统年间，"庙宇颓颓碧瓦落，祀事不修苔鲜荒"，此处竟成为老虎产育的地方。大小老虎十分轻健地在山上蹿跃。发出的咆哮，声闻十里。后来竟缘村舍，先后被吃掉的村民有六十五人，伤害的牛羊猪犬，难以尽计，深夜间老百姓号哭之声，透达半空。百姓纷纷向县诉告。县、郡、行台侍御，一级级诉告上去。皇帝老官闻奏，即命襄阳伯李隆遣吴淞千户王庆、县丞张鉴前去捕捉。二人带了上千名兵丁，刀枪罗列，铁骑森列，挽弓引矢，吁呼啸喊，寻踪觅迹，驱逐攫杀，终于把两只作恶多端的挚兽捕获。为了平息民愤，当众把虎杀死。张鉴为此写了一首《宝山杀虎行》的长诗，其中写二虎被戮的情形："食其肉兮刳其肠，行人聚观集如市。歌者快者声琅琅，居民从兹称乐业。鸡豚犬豕始安康，日出可作日入息，耕田凿井歌虞唐。"

自侯端、王庆等为民除害，此后川沙沿海虎患遂绝，人民对先辈功臣，终是寄以深沉怀念之情。清方广《吊侯都督诗》：

漫说东倭犯顺年，危城百战获重全。

阵开龙虎双飞剑，骨化鲸鲵一炬烟。

属国贡琛通赤壤，古帆列市到乌蜒。

干戈一自陵成谷，甲第荆榛泣杜鹃。

但在封建制度下，像侯端、王庆、张鉴这样的文臣武将，虽然为保障黎民，作出过贡献，在根本上不能为人民解脱被压迫被剥削的苦难。有一首《云间竹枝词》，写出了人民心声：

杀虎墩边宿草枯，将军英略冠三吴。

近来人更猛于虎，愿付灵风一剪屠。

（原载1986年12月川沙县志编修委员会编印的《川沙乡土志》）

高西村重视文化历史：专辟名人李平书葬地

　　浦东新区历来名人辈出，当代的黄炎培、张闻天、宋庆龄为众所周知。而近代名人，当推李平书第一。李平书（1851—1927），原名钟珏。祖籍江苏昆山，出生高桥。1927年前，高桥属宝山县，不了解建置沿革的人，都称他是宝山人，而不知他是道道地地的浦东人，他在广东遂溪县知县任上，眼见法人入侵，调集民团，力挫敌人，保卫领土主权。可是腐败的清廷把他革职。一些投降派的官员，还在刚上任两广总督的李鸿章前诋毁他。李鸿章对之怒呵说："天下州县，皆如李钟珏，洋人敢要中国土地邪！"李平书与林则徐一样，是我国近代史上的爱国者。上海辛亥光复，端赖李平书领导的商团之力，其功绩不下于沪军都督陈其美。李平书的主要功绩，还在他担任上海内外总工程局总董期间，在华界进行大规模的市政建设，是我国近代市政建设的先驱。他死后，沪人纪念他，为铸铜像，伫于城隍庙荷花池中，直至解放以后。他于光绪三十一年（1905）组织浦东同人会，规划浦东的建设，最早提出开发浦东。李平书晚年寓居昆山，临终时，嘱后人将他葬于浦东，可见他对浦东的眷恋之情。

　　1991年12月30日，《新民晚报》刊登了一则李平书墓在川沙被发现的消息，引起了许多人的重视。著名史学家唐振常先生获悉后，向上海文管会等相关单位提出予以保护，还打电话托我把情况了解一下。我也把初步了解的情况，同时告诉川沙文管所，吁请设法保护。《新民晚报》所刊载的发现李平书墓，实是李平书的移葬之所，李平书生前，托印家桥（在今东沟镇高西村）的印仑北，在印家桥南浜购就坟地，为其死后葬所，"文革"期间疏浚虬江，因李墓靠近河道，又因建设规划的需要，将李平书墓移至万家堰。浦东开发宣布后，规划建设同高路（现名航津路），万家堰在开发之中，李氏葬所，又将波及。《新民晚报》的报道正是这个时候。新闻媒介和各方人士，提出种种保护意见，均未得实现。

今年李平书逝世七十周年，学术界动议开纪念会，李氏葬所是否保存，又为大家关心。7月11日下午，浦东新区史志编纂办公室的同志，冒雨到东沟镇高西村了解实情，女村长张琴热情接待了我们，并向我们介绍情况。她说李平书迁葬的万安堰，原是一块义冢，当时为了筑同高路，乡政府通告坟主迁走各家的坟墓。后来所有的坟墓都被迁走。李平书的后裔也到万家堰看过，但没有表示态度。高西村干部，考虑李平书是个名人，就把李平书的葬所就地保护起来了。张村长介绍了过后，又领我们到万家堰。我们走到航津路316号（公路管理署）停下来，张村长指着公路管理署西墙外靠公路的一块荒地，说就是李平书的葬所。我们估量了下，这块荒地约有五十平米，呈三角形，长满绿草和蓬蒿。这里交通方便，有似太平天国烈士墓所处草高支路一侧，完全可建成一处新区的文化景观和爱国主义教育基地，我们因高西村能重视文化，为李平书保存葬所而感到高兴。浦东新区有许多文物景观，需要加以调查、发掘，或加以修缮，或立碑塑像，有利于爱国主义教育，激励人们开发浦东、创造未来的积极性，这无疑是新区文化建设的一项重要内容。更需要群策群力，各方努力，像高西村一样在抓经济建设的同时，重视文化工作，李平书葬所的受到保护，是一件意义极为深远的大好事。

建议成立黄炎培研究中心

1993年10月23日，上海地方志办公室、上海中华职业教育社和中国社科院近代史所黄炎培研究课题组，邀请本市部分学术界、教育界和企业界人士在浦东川沙镇举行"黄炎培和浦东早期开发学术座谈会"。与会者认为，黄炎培作为一个民间知识分子，对浦东的早期开发作出了多方面的贡献：一是提倡和促进新式教育的发展；二是提倡并组织近代经济实体；三是传播新思想、树立新道德、发展新文化。有的同志还谈到黄炎培是中国近代向西方寻找救国救民真理的先进知识分子，是中国近代化身体力行的实践者。但是，上海对黄炎培的研究未能引起重视。与会者倡议，黄炎培是上海浦东人，上海应该把黄炎培研究提到议事日程，建立黄炎培研究会或研究中心，集中力量、统一筹划。希望这一倡议能得到上海企业界，尤其是浦东新区企业界有识之士的关心和支持。

（原载《浦东开发》1994年第1期）

浦东新区名胜古迹图文说

浦东之有地名，自唐开元筑捍海塘始。据宋乐史《太平寰宇记》载，这一带曾称华亭海。千载以来，留下不少名胜古迹，既有水乡滨海地方特色，又具时代风云历史风貌。约而言之，可分五类：

一为兵防型的。如川沙城墙，以及今沿海墩汛，均为明代防御倭寇遗迹。高桥的老宝山城垣、吴淞口南岸的东炮台，则是清初海防设施。

二为工程型的。唐捍海塘，已无痕迹，但宋代老护塘（内捍海塘）、明清钦公塘（外捍海塘）依然可见。

三为祭祀型的。浦东在宋代已"幢刹之严，参错相望"，至今还存的有三林乡的崇福道院（建于宋代）、顾路的潮音庵（建于明景泰年间）、严桥钦赐仰殿（相传唐时敕建，今为上海最大之道观）。浦东又是天主教最早传入我国的地区之一。明万历年间，大科学家徐光启和外国传教士郭居静即在浦东布道，因而教堂林立，至今有洋泾乡老金家巷无玷圣母堂（初建于崇祯年间，与韩国的天主教有亲缘关系，为该国教士寻根朝宗所在）、唐墓桥的露德圣母堂（建于清同光年间，其式样仿法国露德山教堂，故名。旧称"江南教堂之冠，统摄浦东南川各教堂"）。

四为纪念型的。有为缅怀革命先烈，建国后建立有太平天国烈士墓、高桥烈士墓、川沙烈士墓。川沙人杰地灵，不少近现代名人出生于此，并为早期开发浦东殚精竭虑。其中有清末毁家兴学的杨斯盛（1851—1908）、著名教育家黄炎培（1878—1965）、无产阶级革命家张闻天（1900—1976）。

五为娱乐型的。浦东历史上多名园，明大学士陆深，可称浦东历史上第一大名人，他曾在今陆家嘴浦江滨建"后乐园"，中有"俨山精舍"等景，其名句"俨山楼阁镇吴淞"即指后乐园对江的苏州河（原名吴淞江）。明王长史王观光，在川沙镇曾建有"南有园"。此外，高桥、高行、杨思等大集镇，都不乏私家园林。

（原载《浦东开发》1994年第二期）

川沙沿革浅谈

川沙《沿革表》，载于光绪《川沙厅志》，反映了我县清代以前建置演变；公元纪年是现在所加，并标点注解。又作续表，以一贯古今。现尽个人所知，就有关问题，略谈己见。

一、吴地简史

上海历史上为古吴之地。吴的开山祖是西周吴太伯，《史记·吴太伯世家》记载甚详。吴太伯是西周开发者周太王的大儿子。周太王想把王位传给他认为贤能的第三个儿子季历，太伯和他的二弟仲雍，便以采药为名，逃到南方"荆蛮"之地，"文身断发"，自称"句吴"。"文身断发"是怎么回事？原来南方与北方不同，南方多水，为了适应这种环境，太伯把自己的头发割断；又在身上画上了"龙"的图像，表示他是龙的子孙。吴太伯定居的地方曰梅里，据《一统志》称，其地在今无锡县东南四一里梅里平墟。太伯死后，到季历之子周文王即位，承认吴为周朝诸侯。太伯后十七传至寿梦（公元前585—前561），始称吴王，吴才有纪年可考。公元前473年。吴为越王勾践所灭，即为越地。公元前306年，越又为楚所灭。考烈五十五年

（前248），上海地区为楚国贵族春申君封地。自秦至唐，吴地皆属扬州。唐末，钱镠为吴越王，领地称吴越。由唐及宋，以至于今，其间沿革，已历历于表，不再赘述。

二、县治沿革

秦灭六国，置会稽郡，今上海地区分属娄县、由拳县、海盐县。娄县包括今昆山、嘉定及青浦北境和松江南境。娄，音流，据字书，娄有烧种、水耕及丰收的意思，这表明，在历史上这些地区农业经济很为发达。汉王莽时，娄县改为娄县。以后的名称，又有许多变更，已详于《沿革表》。

我县成陆时间较上海西部（过去叫做"西乡"）地区晚。据考查，唐代海塘在今嘉定盛桥，宝山江湾，我县严桥、花木、北蔡，南汇周浦、下沙，奉贤航头、柘林以东十余公里一线上。到了宋代，陆地逐渐向东扩展，当时的海塘在我县黄家湾、顾路、龚路、城镇、南汇祝桥一带，这就是大家熟知的"大护塘"一线。川沙原为上海屯堡，明代川沙洪洼深阔，直达护塘，为倭寇出没潜藏之所。倭寇是日本籍海盗，那时经常骚扰海隅。明嘉靖三十一年（1552），倭寇侵犯嘉定。入寇南汇，川沙第一次遭受倭寇抢劫。为了防备倭寇，明嘉靖三十六年（1551），筑建川沙城，以南汇把总，移来川沙驻守。清朝初年，川沙改堡为营。乾隆二十四年（1759）在川沙设了清军海防同知的专官。川沙在历史上是海防要地，境内沿海及大护塘一带设有许多烟墩。今东门仍有十一墩的名称。沿大护塘筑墩，至北蔡家路为十七墩。今东运盐河，过去叫做御寇河。在我县内，曾发生许多抵御倭寇的战事。清嘉庆十五年（1810）设抚民同知，为抚民厅。川沙才正式成为行政建制。辛亥革命后，又改厅为县，设县知事。之后的沿革，为不少人所知，不多讲了。

三、疆域变迁

我县东濒海，南与南汇、西与上海县为邻，北及西北与上海市区接界，解放前，川沙县份很小，"较之邻邑南汇、上海、宝山皆不逮甚远"（民国《川沙县志·舆地志》）。出城南半公里即为南汇县，西南至于孙小桥，离城6.5公里，北至黄家湾与宝山县为界，离城十二公里，全境最长直径十五公里，最短直径6.5公里，全县只115平方公里。解放后1950年由南汇划分部分地区归本县，1960年浦东县建制撤销，除沿黄浦一带，其余划归川沙，由此县境大大扩展。自县城至施湾东南海滨12.5公里，至洋泾17.5公里，至杨思西境22.5公里，至凌桥北境26.5公里，全县最长直径37.5公里，全县有470平方公里，比解放初期扩大三倍以上。顺便再谈谈人口，清末宣统年间，全县10.5万人，1935年为14.3万人，解放初期约17万人，由于地域扩大，1981年底全县人口约65万人。至于其他方面的变迁，本文不能尽述。

以上所述，仅供参考。不当之处，恳请鉴正。

《沿革表》补注：

1．置，设置。例："越君置"，越国君主所设置。

2. 阴，"娄江之阴"，即娄江之北。

3. 寻，不久之意，例："寻废"，不久后废除。

4. 省入，并入之意。例："省入常熟"，即并入常熟。

王港陆逊墓约谈

最近，王港公社组织人力，把埋在地下的陆逊墓碑挖掘出来，这块墓碑长二米多、宽五十二厘米、厚十七厘米，重达千余斤。此碑是五十年前南洋归国华侨顾廷桢所立。关于陆逊墓，在道光《川沙抚民厅志》、光绪《川沙厅志》中均有记载，两志记载相同。

陆坟，在二十保绿雯庵大银杏树下，相传为吴昭侯陆逊墓。黄炎培《川沙县志》则采取宁缺毋疑的态度，对此没有入志。绿雯庵，在今王港镇以北约一公里处，现为川沙电镀厂址。“文革”前，此处为了扩建厂房，把两棵银杏树砍掉，将陆逊墓碑弃置深坑中，后为土所掩埋。陆逊墓是否在此处，这是不可信的。因为：第一，陆逊是三国时人，那时川沙王港地区尚未成陆，陆逊墓不可能筑在海滩边；第二，上海地区最早的一本地方志《云间志》（成书于南宋）已有记载，说陆逊墓在县城（松江）西北七十里；第三，解放初，龚路有一前清秀才郁宗汉先生，据他告诉我，他曾对陆逊墓进行考证，稿子寄到江苏文管会，答复是，已发现标名陆逊墓的有十三处，川沙一处无疑是假的。道光、光绪两志中，记为“相传”，亦不以为真迹。

不过陆逊墓在川沙地区是有一定影响的，大家对陆逊墓很感兴趣。五十年前顾廷桢先生大概为了迎合这种兴趣，就在绿雯庵处立下石碑，一者可招徕香客，二者他自己也标了名。这虽然是一件假事迹，但王港公社把碑从地下挖掘出来，对编修新县志就文物古迹的考证工作是有好处的。有人对碑文很有兴趣，这里再稍作介绍。陆逊墓碑其文是：

　　　陆先生，苏州人，书生相大将。深有谋略，屡干暴敌。民国纪元前1665年，枭雄刘备，不听孔明、赵云苦劝，无理出兵七十五万，暴侵吴境。曰"削平江南，杀尽吴狗"，残害生灵。江南良民，尽皆胆裂，日夜号哭。谋士阚泽，保举陆公，督军大破刘兵，全国覆没。又破曹军三十万，救江南危亡，有功国民，立碑纪念。民国二十二年夏日　川沙顾廷桢敬立。

文中原无标点，这段碑文，文义粗俗，略如说书人口气，显非高手所作，且与史实甚有不合之处。陆逊参与的吴蜀彝陵之战发生在公元222年，即民国前1690年，并非民国前1665年。其战场是在今湖北省地域。此后一次破曹兵之战，在今安徽省。所谓"有功国民"是民国年代的说法。此外，无需再论了。

据王港公社编修组汪学贤同志说，此次挖掘陆碑，震动很大，现场围观者有数百人，还引出了附近有的居民在挖开时挖出了古代文物等情，这是意外的收获。王港公社正在组织人力，对此进行考察。

痛失良师

黄清士先生不幸逝世了，噩耗传来，使我震惊、悲痛！他遗愿：将遗体捐献给国家，不开追悼会，不举行遗体告别仪式。他的品格如此高尚，令人敬佩。他的逝世，使学术界失去了一位老练的专家，使我县编修县志失去了一位良师！

我与清士先生神交已久，我早从蔡钧培老先生处看到过他的大作和他收藏的书刊。而拜识他还是在本县编修县志以后，时间是1982年8月初，我和王听浩同志在他的寓所拜见了他。他得知家乡新修县志非常高兴。

清士先生是黄炎培先生的胞侄，五十年前，他曾参与由黄炎培先生主纂的《川沙县志》编纂工作。《黄志》是民国年间地方志的翘楚，对当前修志仍有很大的借鉴作用。清士先生在我们访问他不久，写了《四十八年前参加修志工作的回忆》一文，以他亲身经历，介绍了当时纂修川沙县志的情况。《黄志》编成至今已半个世纪，参与其事者已寥若晨星，黄先生的文章极为重要，使我们对当时编修情况增加了不少感性知识。当时他亲自为《黄志》写的几条“赘录”，现在被保留这部名志里。人物志中“瞿肇基”小传也是出于他的手笔。据清士先生后来告诉我，当时他还在大学念书，是利用寒假期抽空去帮助工作的。清士先生在这篇回忆中，以他丰富的阅历对新旧修志工作作了对比，并预料现在着手编修的新县志的质量，将远远超过旧志，这是他对党，对新社会的讴歌，也是对我们聊充编职者的鼓励，由此可见清士先生的慧眼仁术。

1982年12月，清士先生应我和王听浩同志之请，对黄炎培先生《里居主修川沙县志》六首律诗作注释。写了《试释任老的六首诗》一文。任老这六首诗，是他当时修志的感时纪事之作。清士先生回忆说，四十九年前，"当时情景，历历在目，重读诗章，益增怅望"，全神贯注地对六首诗作了详细的解释，共作了三十九条注解，精确地复述了黄任老当时作诗的意境，也使当时修志的真实情景，再现在我们眼帘前。

1982年12月，市史志研究会邬烈勋同志，要我们以黄炎培与《川沙县志》为题，在郊县编修工作会上发言，王听浩同志把这个难题压到我们头上，我对《黄志》只是稍有浏览而素无研究，这使我着急，我就找黄清士先生，请他讲这题目，清士先生慨然应允了，后来因为是编修新志交流会，与清士先生身份不符，而由我苦苦地把《黄志》翻了几昼夜，写成《略谈黄炎培与川沙县志》一稿，在交流会上应付差事，但其中不少内容是黄清士先生提供的。此稿后来先后在《上海地方史志研究通讯》和《中国地方史志通讯》上发表后，又受到清士先生的赏睐，谬承褒奖，且由他将拙稿分发给黄炎培先生生前的亲友。其实呢，在清士先生面前，我无异是班门弄斧，真使我感与愧并！三年来，清士先生保持与我们通讯，我们寄给他的《川沙县志资料》县志编修《通讯》他总是仔仔细细地读。他又多方联络在沪川沙人士，为县志征集资料，张维康先生写的《我国第一个应用化学的实业家——张新吾》一稿，就是黄清士先生寄来的。张新吾是出身本县的已故人物。《黄志》协纂张伯初先生的哲嗣张春宇先生因此也寄来了不少有关张老先生的资料，等等。我们曾设想请清士先生代为通知在沪川沙同乡开会，后来逡巡未果，实是憾事。清士先生对家乡修志的关注始终一贯，直至去年9月，他来信还说："目前，偶翻阅光绪年《川沙厅志》，其总纂赫然为河南学政翰林院编修俞樾。曲园先生，清季国学大师，著作等身，《群经平议》《诸子平议》等书，驰誉海外。光绪本既归其总纂，自亦弥足珍也。暇日当细读之。"

清士先生对编修县志提供了不少资料。其中突出的是关于黄炎培先生的有关资料，黄炎培先生出身我县，为地方办过不少事业。因此这些资料价值很高。去年初，清士先生亲自撰稿，写了《黄炎培先生二三事》，对任老的生活习惯、社会活动、政治态度的各个侧面，作了具体的记述，既有史料，且饶文采。

清士先生的私谊是我终生难忘的，我生来不肖，无才干世，工作之余，唯好读书、抄摘，拜识清士先生之时，正积年编成了《词律辑余》一稿，清士先生长于词学，就因之请教于他，承蒙不弃，他仔细阅读稿件后，接连数次来信，此稿反复修正中，曾得到同好、师友之助。及包括清士先生在内的词学家老前辈的指教，是我刻骨铭心，值得永远记取的。他多方面对我的帮助，不能尽述。

清士先生学问高深，彬彬有礼而平易近人，尤其他的一口乡音，更使我便于亲近他，他艰苦的工作精神使我深深感动，他患有白内瘴眼疾，看书作文是艰难的。他写的字，一点一笔，都是用颤抖的手在视力极差的情况下写成的，而落在纸上又那样工整而凝重。他待人诚恳，受人之托，忠人之事。去年5月，建设中的川沙公园广泛征求景物名字，我受托携带公园规划图找清士先生拟桥名、题联语，时间急迫，约以一个星期为限，但不出三天他就把拟就的桥名、联语从信中夹寄了，他拟的桥名是：四景、四美、纳景、抚景，且俱注有出处，用于桥上的联语是："东挹芳梅，西迎翠竹；南通曲沼，北枕平湖"，是按建成后的实意模拟的。我看了这些桥名、联语，感到清士先生胸中花团锦簇，充满了生机，但谁会料到清士先生不及公园建成而离开了人间。现在，川沙公园在建筑中，他对园中景物所建议的名字和联语如能采纳，这将与清士先生美名并传不朽！

一九八五年三月四日草稿

附：黄清士简历

复旦大学文学士；

华北大学政治研究所学员；

无锡国学专修学校教员；

中华工商专科学校教授。

悼念陆修澄先生逝世

川沙县政协委员、政协文史组副组长陆修澄先生，因病抢救无效，于今年2月13日逝世，终年八十岁。

陆修澄先生早年参加革命，1927年初，跟随革命烈士王剑山同志，在本县积极从事妇女运动，不久，在白色恐怖笼罩下，被迫奔赴南洋。回国后，艰苦卓绝，以其毕生精力，从事教育工作，是思敬中学（龚路中学前身）的创办人。解放后，长期担任该校的校长。

2月19日，龚路中学在新陆火葬场举行陆修澄先生追悼会，县政协、县委统战部、县教育局党、政、工有关负责人，县志办、县党史征集办公室有关负责人参加了追悼会并送了花圈。参加追悼会的还有龚路中学师生代表，陆修澄先生的生前好友与她的亲属、学生。龚路中学支部书记陈晓钟同志在会上读了悼词。他说，要学习陆修澄先生不怕困难、艰苦创业的精神，学习她对反动派不屈不挠的斗争精神，学习她忠诚于教育事业全心全意服务的精神。陆修澄先生的胞弟陆修渊同志代表亲属作答词，他代表亲属向各方面关心陆修澄先生领导、亲友、学生表示感谢。

陆修澄先生晚年归田后，继续发挥余热，做了不少有益于地方的工作，为编修县志和本县革命史料的征集工作，提供了不少资料。

陆修澄先生是我的老师，我和我的同学们都非常敬重她。她晚年多病，我们同学经常去看望她。她的逝世，大家感到十分悲痛。敬赋一律以为纪念：

　　　　攘臂几人起愚氓，飞霜六月一郡惊[1]。

　　　　南洋去后桑梓老，故国归时铁锁横。

　　　　不顾艰难开庠序，宁甘困苦育后生。

　　　　丰碑历历凭谁识，桃李成蹊却语声。

---

[1] 张说《狱箴》："匹夫结愤，六月飞霜。"

师 友 书 信

黄清士致顾炳权信

（1983年1月17日）

炳权同志：您好！

惠函奉悉。大作亦已拜读，一份已寄往北京。

大作精审详备，惟介绍任老事迹，稍有出入之处。如，一、任老诞生地不在高行镇而在川沙城关镇；二、中举（1903）在入南洋公学特班（1902）前；三、乡试（两江乡试）在南京，不在松江。这些，在任老的《八十年来》上都已载明，您如看到此书，不致失实。此书现已再版发行，北京将寄一二十本给我，收到后，我准备寄奉三本。

承属为任老修志时所作六首七律作注。兹寄奉，请您们正谬，拙稿如蒙刊出，望多给我几份单篇，是感！

专此顺致

敬礼

附拙作望转致听浩同志

弟　清士手启

一月十七日

顾炳权致黄清士信

（1983年1月25日）

清士先生：

　　一月十七日大札敬悉，迟复为歉！

　　《略谈》一文，原是我在去年年底上海市十郊县编修新志经验
交流会上的发言稿。这个题目是上海社科院历史研究所的同志出给
我们的，从接受任务到会上发言，不足一个星期。当时手头还有好些
事，我只能利用晚上时间把《黄志》重新翻阅一遍，随手作些摘录。
关于任老的生平，由于他的经历太丰富，加上我对他缺乏研究，在所
叙简历中有多处差错。关于乡试地点，诚如您及春宇先生所指正，应
在南京。但关于中试问题，错的不仅在地点，时间也有出入。据查：
任老应试前后凡三次：光绪二十四年（1898），上海县学中秀才（见
《县志·选举志》）；光绪二十五年（1899）"应松江府试，以第一
名中秀才"（许汉三《黄炎培年谱》）；光绪二十八年"壬寅补行庚
子辛丑恩正并科乡试中举"（《县志》）。以上三次《县志》、任老
《八十年来》、许汉三《黄炎培年谱》俱记述其中之二。前几天，我
走访上海社科院历史研究所周元高同志，以他掌握的史料也以为有
三次。关于任老的出生地问题，任老自述，"出生于上海川沙县城
里"，《黄谱》谓"诞生于川沙城关镇"。这似乎已确定无疑的了，

但据现在这里的一些长者如沈敬老等传说，任老诞生于高行镇，但幼小就进城的。川沙县城叫城厢镇，从无城关镇的提法。

任老主纂的《川沙县志》是民国年间方志名著，也是任老的一大业迹。我们衷心希望您和其他熟悉编纂《黄志》情况的诸位老前辈，不断提供情况，共同深入地开展研究，是适应当前正在全国蓬勃兴起的修志的形势需要的。您对任老六首修志感事诗所作的注释稿，先在今年的第一期《县志资料》上选登一首，其余的待后打印。

大作《呈南京唐圭璋先生》等七律二首，已遵嘱转给王听浩同志，书不尽言，即请

冬安

顾炳权

一月二十五日

陈金林致顾炳权信

（1983年3月22日）

炳权兄：

　　您好！第四期县志资料收悉。久闻兄才气横溢，长于辞章，果然不假。今见兄创设"铁沙艺文丛谈"一栏，欣喜之余，"强作"一篇，作响应之举，唯狗尾续貂，登不得大雅之堂。望加斧正是荷。如出格下，大可弃之，不足为惜。

　　关于"县志资料搜集与考订"讲稿，目下已成大半，只需补入若干"川邑"实际即可。力求通俗，使闻者有所得。

　　弟虽搞资料工作有年，也有一些办法，但要把个学术性较强的资料搜集和考证问题通俗化写下来，倒也不很容易。惟君子一言，有如驷马难追。如失信，岂不坏了贵县计划。当然勉力为之，如此而已，岂有他哉。不知兄几时到馆，乞告。问老王同志及其他同志好！顺颂近祺！

愚弟金林

83.3.22

沈轶刘复顾炳权信

（1983年7月13日）

炳权先生：

损书拜承命，感以少极。药榻周旋辄逾时月，未及报命，缴歉交并，《八闽记》辱照悚惕，一切维法裁。弟不敏，承命而已，病榻枯寂，为县志搜写《高桥四园林记》一篇，聊供参证。爨材无当，不足重渎轺轩耳。顺颂兴寝不将。

附《四园记》一篇共四页。

弟沈轶刘顿首

八三年七月十三日

倪所安致顾炳权信

（1985年4月6日）

炳权兄：

　　下午接到您来信，喜出望外。二年未见，变化多端，一言难尽，但告诉您一个喜讯，我终于达到了去县博物馆的愿望。张栋担任博物馆党支部书记，敝人在他麾下作一名小卒，虽然不是朝夕相处，但经常在一起，他又兼文化志编写组副组长，我倪又在他领导下，从事这个行当，深感有幸。他是今年二月份来的，我们一直在惦记您，说要写封信给您，但一拖再拖，惰性太大，还是您先来联系，实在抱歉。你们在嘉定开会期间，我一直在图书馆楼上，我不想参加这个会，原因也是一言难尽，到虽不是想隐居。春天已到，到敝处旅游，不知意下如何？我和张栋都热烈欢迎您。

弟倪所安

1985.4.6下午

姚养怡致顾炳权信

（1985年4月25日）

炳权同志：

　　日前奉教，欣甚幸甚。先后惠赐书籍亦均拜收，感谢。兹将周浦竹枝词作者简历录奉，审阅：

　　《周浦纪略诗》，《胡氏杂抄》中刊入（此为五言排律）。

　　李行南《上海竹枝词》已检得；丁宜福《申江棹歌》尚未找到；不知存在否；另有《周浦塘河工竹枝词》三十首，未悉合用否？

　　足下有便可来取去，或邮寄奉上，候示尊行。袁祖志等三人所著之竹枝词，似有见过在何书中已难记忆。此复，并颂

纂祺

弟姚养怡　拜手

指麻木，恕草之

1985.4.25. 灯下

姚养怡复顾炳权信

炳权同志：

　　惠函祇悉，承询各点，简复如下：

　　朱寿延字燮臣，周浦人，清诸生，民初从事商业，设报关行于沪上，建国前去世。

　　朱梅溪、周绍昌皆周浦人，均早逝世。周浦塘河工竹枝词为敝族伯欣木先生课余偶作，亦清庠生。开河事系光绪十六年也。

　　丁宜福《申江棹歌》已交还。

　　黄式权续娶朱氏为朱太忙姑母，故后居住周浦竹行楼夏氏屋，兹拟小传一篇以志梗概。即希郢正。贵邑出版之《编修通讯》如有余本请理齐一套最佳，否则以前所存者检赠一份为□。手此，即颂

辑安

弟姚养怡拜手

一九八五、五、五

姚养怡致顾炳权信

（1985年6月1日）

炳权同志：

　　昨具寸椷，谅达文案矣。

　　今接大教已悉，一是朱太忙小传承为打印，至感至谢。

　　上博吴贵芳兄来函，关于上海竹枝词事，特附奉台览，阅后仍请赐还。拙辑小志，遵照尊命办理，即请人代缮一份，后再定进止如何。

　　尚此

即颂

　　编安

弟　姚养怡拜手

一九八五年儿童节

柏荣致顾炳权信

（1985年7月24日）

炳权吾兄：

　　寄来的照片已收到，照得很好，非常感谢。

　　信中所托要借之书已借到，是两本极薄的小册子，光绪年刻本，字较大，因此文字不多，估计约百来首诗。诗抄好即寄上，因碍于公务在身，有所延宕，一俟了结就抄，其中有些内容我也需要就复写一份。

　　最近听说国务院有文件，强调修志工作的重要，指出全国各省市除京沪等三处没有设修志办领导修志工作，估计上海市的修志办不久会建立，这对各县修志工作也是一个促进，不知你们川沙县搞得如何？

　　近来吾兄有何成就？如需弟帮忙的尽力而为。

　　顺颂

夏安！

愚弟柏荣

一九八五年七月二十四日

孙政清致顾炳权信

（1985年10月16日）

炳权兄：您好！

接连不断地收到杰书、大作及"通讯"等资料，感谢您的关怀。

我直到今日才写好了一份东西，拟题为《关于□法与家谱问题》，仅得二千字。我已仔仔细细地复看过。现在寄上，恳求老兄在今年《通讯》上全文照登。贵处打字同志很辛苦，但有时有误植，烦老兄在校对时多多关照，以防"鲁鱼"之讹。刊出之日，请惠寄二份为荷。

其中有关如何看待家谱资料问题，贵地（川沙）一时可能会有不同意见。登出来供讨论吧。

请勿在《通讯》上提我所在单位，因为纯系个人写的，与单位无涉，更不代表单位。如写单位，反致误会，专此，即祝

近安！

有便请来畅叙。我一有机会当赴贵处拜会您，向您学习。

弟政清敬上

85—10—16

张哲永致顾炳权信

（1985年10月25日）

炳权同志：

　　大札欣读，寄赠的《词律辑余》亦收悉，谢谢。

　　我经考虑，是否请您先撰写《南汇之狱始末记》一稿，如果允许，能抓紧时间进行就更好，不知您何时可以脱稿？我意最好在明年四月份前写出，争取明年内发稿出书，不知有困难否？

　　另，《歌儿唱彻竹枝词》，是想请您谈谈竹枝词的发生流行过程，同时竹枝词谱成曲调在旧上海酒楼饭馆中演唱情况，并通过竹枝词窥探上海有关风俗情形和社会生活，不知您手头有无这方面的资料，亦望来函告知。

　　总之，请您先写《南汇之狱始末记》，余下的可放在下一步进行。下笔草草，望谅。

　　顺祝

秋安

张哲永

一九八五年十月廿五日

陈金林致顾炳权信

（1985年11月12日）

陈金林 寄
85.11.12

炳权兄：

八日手教接悉，为应付古汉语考核事，近几天来函俱未处理，（十一日）下午考核完毕，今天第一个给您复信。

任二北先生《增订词律之商榷》一文，经查馆藏报刊目录有藏，惟目下复印机正在大修（年终），故不得马上复印。弟考虑与竹枝词一起复印后即奉上，希勿念。

昨天（十一日）上午，朱国明来弟处，与弟说，第三期刊登我们合作的《竹枝词丛刊提要》，及兄县志概述一文，是为避免一期刊载二文，多有弊病也。因为此书列为书籍介绍中，故提要可能作为附录出现，想来是没有什么妨碍的。

昨接如东李明同志寄江苏古籍出版社出版《如东县志》壹册，附函希望弟帮助他搞壹套俄语自学教材，他想争取考高级职称（副编审），因为江苏省有关部门已同意他参加明年秋季江苏省统考，且他是1965年中国人大毕业，基础较好，原学俄语，惜二十余年不用，致多有荒疏。故打算从弟处谋求支援。经弟去外语系联系，已解决此事，下周望寄出，还给他配了三盒录音带。

上海书店尚未前去，想过几天再说。余不一。

　　顺颂

近祉

弟　陈金林

85.11.12

苏智良致顾炳权信

（1985年11月15日）

顾炳权先生：

　　我是上海师大历史系教师，原是华东师范大学硕士研究生，导师是刘惠吾、陈旭麓。曾在两先生指导下著写《上海近代史》，今下册亦已完成，今年初在先师追悼会上，曾有一些县志办同志出席，因琐事繁忙，招待不周。

　　今在华师大出版社张哲永先生处得识先生大作，《上海竹枝词》及《词律纂要》，颇惊诧，上海史丛书中的竹枝词一册，非先生莫属了。

　　如先生手头尚有大作，能否赐教。

　　研究上海史，必须互相交流，共同促进，望能加强联系。欢迎先生来寒舍叙叙，地址：天目中路华盛大楼×楼×室。

　　顺颂

著安

苏智良

85.11.15

苏智良致顾炳权信

（1985年11月22日）

炳权先生：

　　大示及《上海竹枝词丛刊提要》展悉，粗阅便知先生功力之深厚，望今后多联系。

　　翻及卡片，数年前曾阅清末胡祖德所撰《胡氏杂抄》（民元刻本），该书下卷有《上海竹枝词》，为胡氏所注，以后尚有《茸城竹枝词》（姚春熙好楼）《松江院试竹枝词》（屏山主人稿）《沪北竹枝词》《川沙竹枝词》（祝悦霖）《除夕竹枝词》；上卷有《海上竹枝词》，另外尚有些类似自竹枝词的杂兴之词。

　　清孙瀜所著《洋泾杂事诗》一卷（版本：花近楼丛书附存）及《申江胜景图说》等也许亦有零星竹枝词。

　　以上数则可能先生已列入《上海竹枝词汇集》，这里只是盲人瞎语。上海竹枝词得柳亚子先生及您的蒐集，有幸成集，为上海史乃至民俗学研究提供了极好的一册史料。希望能早日见到先生之大作。

　　顺颂

近祺！

苏智良　上

85.11.22

陈金林致顾炳权信

炳权吾兄：

前函谅接，今来函有一事相告。

今日上午接上海书店俞子林同志来电，将委托徐力励于下周二、三来馆与弟具体商量关于《上海竹枝词丛刊》事宜，并对我给他的批评表示虚心接受。徐是《上海地方资料考录》一书的责任编辑，是复旦大学中文系毕业的，与弟甚熟稔。紧接老俞电话之后，徐力励电告说下周二、三来馆时见见那些竹枝词本子。中午，弟打了一个电话给您，未接通，为此只得来函相告。乞兄能否下周二来馆一次，届时烦兄将那些竹枝词带来，如徐正巧周二来，那再好也没有。

估计徐将作为竹枝词一书的责任编辑——如果我没有猜错的话。如是，那么出版事大抵已有眉目。余下的我们还须做一些扫尾工作。

余不一一，即颂

时祉！

弟陈金林拜

86.2.22下午一时

姜保年致顾炳权信

（1986年5月9日）

顾炳权同志：

县志编修委员会寄来的"北洋医学校史稿"早已收到，并将转给我父姜长英、叔姜长荃。

我妹出差去北京与叔父谈了你们的要求，但其反映在家中是幼子，对祖父姜文熙情况了解甚少，且因自己心情身体不好，不愿接待任何事情的调查。

我父亲处经我再三联系，提供了以下线索：

1. 六十年代初（大概）我祖父曾到西安，由他帮写成一篇回忆天津海军医学院的文章，后送文史馆发表得稿费（120元），但底稿已找不到。

2. 祖父的学生在上海的有瞿承方（内科）、徐继和（外科），此二人是连襟关系，徐的家人是黄怀信医生，瞿最近在新民晚报上还写过文章。

另外，我处有不久前镇里送来的我祖父的照片十张左右，如有用处可以提供。

我祖父的学生现在在世的也不多，而我父、叔可以提供的情况也有限，为此，此信迟迟未复，十分抱歉。现将仅有的一些线索提供给你们供参考。此致，

敬礼。

姜保年　5.9

姚养怡致顾炳权信

（1986年6月10日）

炳权同志：

　　惠书祗悉，弟系上海户口，因拍身份照片，须赴申一行，约十三四可回周浦。兹附上竹枝词二页，请詧收。《周浦小志》承代规划，至为感谢。陈金林老师是在沪桂林路的上海师范大学否，弟之孙女姚琤在该校声学系肄业。陈函附还，即希台纳。弟撰有《浦左风俗漫谈》一帙，他日足下得暇请驾临，奉教。匆此，即颂

辑安。

弟姚养怡拜手

六月十日

姜长英复顾炳权信

（1986年7月31日）

顾炳权先生：

　　收到《北洋医学校史稿》复印件，已有多日，现在才回信，实在抱歉。

　　前次我曾写过一稿，因不见六十年代所写原稿，记忆有错，如关于何时考入北洋医学校，是第几班、何年毕业等等，都遗漏或不准确。现因已找到原稿，即可据此修改或补充。

　　寄来的《校史稿》复印件，有不少地方抄写有错，我已据原稿用红笔改正。现我将寄来的《校史稿》寄还，请查收。

　　此致，

敬礼。

姜长英

1986.7.31

沈飞德致顾炳权信

（1987年5月6日）

顾老师：

　　见信好！

　　很不巧，打电话与您，您外出了。今又来信相烦，主要是想征集南汇、金山、崇明、宝山诸县有关园林名胜的文章，原来我们有一部分文稿，但质量不佳，故想重新征稿。关于组稿一事，我已写信与南汇、金山、崇明、宝山各县县志办公室，因我与他们负责同志不相熟，只好直接寄办公室，鉴于我们编辑时间很紧，希望他们能尽快供稿。顾老师与诸县同仁甚熟，我想烦您再打声招呼，以便尽快落实到作者，免得我们再另行组稿。此事甚烦，望顾老师鼎力相助，切切，盼回信。

　　您的大作已经采用编辑，稿酬不久将汇来。

沈飞德拜上

87.5.6

徐恭时致顾炳权信

（1987年5月12日）

炳权同志：

欣奉五月十一日手翰，得悉近况，承惠赐《川沙县志》纲目两份，收到，谢谢。

初步阅读纲目，深感川志之拟目，能突出"地方特色"，这一原则很重要，因为一个县志之修，如未能闯出新路，显示本县特征，就不易引起学术界注目。另一方面，需要发掘过去未见旧志记述及未见文字记载的新材料，进行研究，写入新志。使人了解新志之修，花力功深。关于历史地理问题，旧志所记及今之专家论述，需要凭编者审选判断，即使专家之论也可以商榷另提。

再者，一部县志，以经济为重点，这是符合当前建设之需要。但对于文化志方面也宜充实。例如：文化志中前一纲目列有"建国前后著述书目"，后目却予删去，这部分材料，拙见认为颇重要，不知因何原因而删。过去各县旧志中有专列"著述"（称艺文）之卷。如果这方面材料较多，仍可列为专卷。

关于"人物传"的编写是县志中最不易下笔之卷，例如《民国平湖县志》稿成后，待印之资准备好，就由于邑人议论人物传收得太泛而不克付印。这部分收入人物的标准不易定。关于川志目中"录"一部分，只标出"烈士英名录"上条记约一千人，是否尚有其他方面人物要收，才有此数字。关于"传"的问题，以拙意"历史人物"可以单独立目。"近现代人物"再分统传、专传。关于"烈士表"与"烈士录"似可合为一目。

其他容后再告。川志办公室有否印有关资料小册，如有而方便，乞予赐掷。即颂

撰祺！

徐恭时　1987.5.12

沈飞德致顾炳权信

顾老师：

　　信悉，知北京之行收获颇大，我也为之高兴。关于您因撰文要了解郁氏生平，我尽可能详尽摘录，随信附上。又获悉您聘为《上海人名大辞典》编委，实是受之无愧。我现虽想治上海史，但只是刚起步，以后要多请顾老师指教帮助。关于您写上海烟赌娼有关竹枝词一文，完稿后，望可径奉寄来。您若来沪，欢迎到馆中一叙，匆匆草此。

　　即颂

撰安

沈飞德

87.6.3

黄万里致顾炳权信

（1988年4月30日）

炳权乡兄：

89.12.7来示奉悉，《川沙乡土志》收到。弟去年出国讲学四个月，归后病甚。入院切除胃3/4，休息半年，今已大愈。但又患他病，致稽裁答为歉！家父两照片是否寄出，请查明。

《川沙县文化志略》读毕，请转交文化局。

关于家父的传记，大都不够完全，解放后的事迹现在不便提出，且从略。在解放前，有几件大事似不可不提。

1）民初～民3（1914）任江苏教育司长（即今厅长），他在每个大县，如苏州、无锡、常州、通州、镇江、扬州等都办一个中学和师范学校，于是江苏教育大大发达。他向当权军阀手中要出教育经费的财源——全省屠宰费均归教育司办，直接收入作为教育经费。这件措施使全省教育经费宽裕，后为他省效法。

2）民3～6（1914—1917）他和沈恩孚办成：① 东南高等师范学校（一年后改为东南大学，郭秉文校长；邹秉文1984年活到九十多岁，农学院长；张子高，后为理学院长；杨铨杏佛，工学院长），当时在全国高等学府之一，毕业生在今多系85～100岁，后民17改中央大学。② 河海工程学校，今改河海大学，即华东水利学院，国内水利学家大多毕业于此，张闻天是第三班毕业生。③上海暨南大学。④同济大学。当时教学家有南黄北范之称（范：范源濂）。他是在办了大学有所发觉存在的问题之后才决心从事职业学校教育的。

3）1924年甲子年，他办人文图书馆，收集清末民初至当时的史料，并对当时时政加以评论，象《史记》一样的《列传》，他养了当时的时彦蒋维乔、沈恩孚等大批文人写作。后大资本家叶君捐款五十万银元，扩大成为东南第一文史局。他早年联系申报史量才、商务书馆张元济，是中国幕后文化的参谋主角。

希望兄重订《乡土志》时参入这些资料，公私皆感！
祝好。

黄万里

1988年4月30日

王作九致顾炳权信

（1988年9月3日）

炳权兄：

　　托小李带来的信已经收到。

　　制卡事正在进行中，工程量太大，来信说可以复印后剪贴，或可节约时间，方法很好，但实践中可能很难。一、难剪，因条目内容在内文中往往只占很小一部分，有的仅几个字，如何剪？二、内容交叉，剪亦难办。三、剪工、贴工、写长头文，同样需要工夫，很多所费的工夫，可能会比抄写要多。因此，我还是主张抄写的好，抄写一遍有好处。

　　兄编的卡片，可能时间太仓促，疏忽之处较多，主要原因是没有看到内文，因此摘录的子目多有不妥之处。

　　另外有一个字，弟在此提起您的注意，即蓝不等于兰，兰应是蘭的简化字。

　　制卡进度要快，弟一定遵嘱进行，但是业余时间有限，现在唯一的办法只能抓紧进行。制卡工作完成，就等于完成了书稿的一半。弟现在制作的卡片已达二百余张。

　　《古今茶事》一书已经借到，请勿念。

　　一切均安。顺祝

顺利。

作九
1988.9.3

仲富兰致顾炳权信

（1989年8月14日）

顾炳权先生：

　　您好！读到您的大函，惊喜万分，因电台（我是外国专题节目的负责人）和学社的琐务十分繁忙，延宕至今，才迟迟作复，心中十分不安。敬请海涵，并致歉意。

　　您研究上海风俗硕果累累，不胜敬佩。敝社发展弘扬文化、广聚贤才，以振兴中国民俗学术事业进步。我不希望名噪一时，而欢迎扎扎实实地多做实际的工作，把我们的基础打扎实，把学术事业搞得更深层一些。所以我特别赞赏您的苦干精神。我们现在已与上海、金山、奉贤、嘉定的同志多有联系，只是川沙尚无，现在认识了您，作为学社负责人，我感到高兴，又蒙不弃，加入到本社中来，我表示竭诚欢迎。

　　敝社办了一份"民俗文化研究通信"（每月一期），现在国内已有很大影响，还出版《国风》社刊，分卷出版，第一卷已出，分别是本社成立大会专号、柳诒徵与中国民俗文化、学术理论、丧葬习俗、先秦饮食以及古文字和中国民俗专号。第二卷、第三卷也即将推出。另外承担了海内外几家出版社的重点项目，只要我们认认真真、踏踏实实地去做，发展前景还是广阔的。

您的著述甚丰，倘能为本社的出版物增加新的品种，例如川沙是上海民俗十分丰富之地，可否搞川沙民俗文化专号，你的竹枝词研究也可辑一专号。好，我们以后见面再说吧！

　　奉上本社的几期通信，让我们多多联系，加强合作。

　　即颂

文安！

仲富兰

1989.8.14

完颜绍元致顾炳权信

（1989年11月26日）

顾先生惠鉴：

　　大札拜接，并已同仲富兰商议过了，非常赞成先生按地区顺序分步骤整理竹枝词的计划，是否作为一套系列（以后再按专题分别编入"汇编"中），先在《国风》上刊发起来。联谊问题，大家一起努力，借助《通信》鼓与呼的设想更好，能否就请先生如椽大笔，选用邱老等大作，亦悉听先生吩咐，就是这些文字包括的《国风》的竹枝词，最好用文稿纸和钢笔书写，以利手民且助速度。又呼吁之后，外稿即常来，竹枝词者想必不少，是否也烦先生审阅。

　　《国风》虹口专号的稿子，已陆续收到几万字，前恳先生相助者，仍盼从速进行。（我上次来信中所言河南，盖指苏州河以南），陈金林先生处，又托了胡毅华先生给他送去通信全套。先生可示其地址，今后我嘱编译部同志按期邮寄。托其撰文一事，仍请先生促驾。选题不限，惟虹口即行；字数不定，成篇即行。时间抓紧，学术有幸。还有作者介绍也不能忘记。这本东西印成后，文化局方面也要拿出去赠阅交流的。介绍先生的设想，早迟总得付诸实施，时间上宜早不宜迟（这同竹枝词的搜集整理有联系）。

仲富兰近日忙于乔迁，待定下来后，再约先生，促膝把谈。

匆匆，即颂

撰祺

完颜绍元

11.26

完颜绍元致顾炳权信

（1989年12月2日）

炳权先生惠鉴：

大札拜读，并同仲先生商议过了，关于竹枝词编撰计划双手赞同，提供稿纸和万字10元清稿费用，亦无问题，稿纸容当面交。《编例》等事，悉从尊议，并盼先生主纂。

虹口专辑之竹枝词可有50首之编，喜甚，陈先生处我当去函求义，谯先生有关日本人进租界的文字以及类似译述，我看到读过一些（《史林》）。据仲先生讲，他与谯先生亦熟，但发表在《上海研究论丛》上的大作，尚未拜读过，未知能否先复一份让我看看？此事有劳先生（最好来一篇关于日本习俗在虹口遗存的文字）。

想到竹枝词将成为《国风》一大特色，又将成为民俗资料汇编的一大骨干，仲先生和我都充满信心，至盼先生鼎力赞襄，克成其功。

（《国风》刊出竹枝词至相当篇幅后，我们再找出版社联系，陆续出书）。颂
好！

完颜

12.2

完颜绍元致顾炳权信

（1989年12月23日）

炳权先生尊鉴：

　　二十日来信及随附诸件均悉，仲富兰这些日子正在广州开学术讨论会，候回沪后即转交他。您如此认真积极地为学术和民俗文化事业筹划，太令人感动了。这更使我充满了对"竹枝词"蒐集整理事业的信心！社科院风俗诗与竹枝词冲突不会太大，除非他们把竹枝词也划在风俗诗范围内，但过去人们集风俗诗时（远如宋人纂《文苑英华》之分类，近如上海古籍出版社搞历代风俗诗选），均不收竹枝词，况且他们搞的品位相当高，似不易很快上马。保密工作，自当循君子之道，三缄其口，您可放心。

　　竹词论著，是简是繁，完全由您自己决定，三千字内，在通信上发通栏，逾此数者，可发在《国风》上。上海沿海风俗这个题目也很好。

　　谯枢铭先生大作的复印件已收到，打算辑下有关段落编入虹口专号。陈师不出"奈苍生何"，没有办法，我打算挤点时间出来，涂一篇急就章，到时，你笑话了。不过没有办法，虹口地方文化当局对我们学社甚重视，总得有所交代。社中攻地方史的人虽多，无奈虹口太小，资料又缺。

　　好，先谈到这儿，祝您新年愉快。

完颜绍元

12.23

完颜绍元致顾炳权信

（1990年1月19日）

炳权先生尊鉴：

　　来信并"邮址"及"信件"等均妥收，并马上呈仲富兰一起拜读了。仲与我均十分感动——先生如此为学社活动和民俗资料搜集奔波，应向您学习！如先生所言，这些人都是搞地方文化研究的精英，我当在呈准仲后，给予相当待遇（《通信》自不待言，争取寄赠《国风》），另外，您发出的油印件上将仲及我的通信地址开列多伦路59号，其实他和我都很少去那儿，倒是乍浦路245号学社编译部去得多一些，不过这不要紧，我准备的这些，先生一一去信，自当说明。

　　徐先生的想法（即搞民俗书刊举要）很好，不过我有些顾虑，因为我们这本刊物经济底子太薄，一般都不发稿费，只赠些刊物（今年情况可能会好一些，不过稿酬即便有，也不会很高），未知这样是否合适（如郑逸梅、苏渊雷、蔡尚思诸大佬替我们撰稿，也没有稿酬），想先同您通一下声气，自然，请各方辑集竹枝词的工作，自然又是例外。

　　赶着写上这些，等您意见。

　　春节后要开社员大会，所以两套《国风》我就不叫他们给您寄了，届时我自己拿给您。

代仲及我本人祝您节日愉快！

又：虹口竹枝词去付印，我让负责编务的同志争取用两种字号分印本文和诠释，未能知否办妥？

完颜绍元

1.19下午

张哲永致顾炳权信

（1990年2月6日）

炳权兄：新年好！

一月二十二日来函收悉。因我社在一月十八日就放假，现在还未开学，今天是到社里领工资时才看到您来信的，迟复信望谅！

《上海文化史小丛书》已出版了第一批4本，即《上海最早的种种》《沪上岁时风俗》《旧上海茶馆酒楼》《旧上海三百六十行》。先听听各方反映，效果如佳，将继续出版其余的选题。您的大作，力争在第二批时发稿。时间拖了很长，主要是出版界不景气，书市萧条所致，望多多谅解。

欢迎您到我社来玩，我们是二月十二日以后上班，您光临时，我将送你几本《上海文化史小丛书》，供参考。我们已搬到新的出版大楼办公，我的办公室是507室，直线电话是：257×××，或257××××，来前先联系一下，免得我外出不遇。

余事后叙。

即颂

马年祺安！

张哲永

1990年2月6日

仲富兰致顾炳权信

（1990年3月9日）

炳权先生惠鉴：

　　大札并所赠古书四册一并收悉。盛情美意，永铭难忘，谨致谢忱。先生于百忙之中为敝社的兴旺与发展费神，令我钦敬。现举社正在忙于编纂《图说》，工程浩大，劳时费日，但既然要干，只有咬紧牙关，坚持到底。另，我们关注已久的《上海竹枝词专辑》，不知先生有何新的考虑，这是一个潜力很大，蕴藏量十分丰富的领域，要将它一一钩沉，亦非易事，既然先生在考虑此事，盼能紧追不舍，必有成效。地方志工作十分重要，惟当前经济不兴，文化事业艰难，但我们既然要做，就得坚持下去，具体有何计划及打算，盼能及早通气，看来我们对此项工作要及早着手规划并实施起来。

　　谢您始终如一地对本社的支持！

　　即颂

大安！

弟仲富兰

九〇.三.九

完颜绍元致顾炳权信

（1990年4月17日）

炳权先生尊鉴：

来函及邱老大作已收到，仲富兰去京刚回沪，已同他谈了，他亦极盼与先生见面深谈一次，未知您来市区有否规律。我给你打过几次电话，老是不通，反正再打吧。

邱老大作已拜读，很好，俟仲看后，似最适合《国风》用，一切俟您与仲面谈时定夺（因还有先生之大稿等）。

给各地方志办的《国风》，还有一些未寄出（主要是我太忙之故，但当抓紧办完）。昨日收到贵州张先生寄来《贵州方志》，已将《国风》征订办法印于该刊，准备去信表示感谢。仲也准备同时给各位去函，表示取得协助的意思。今后诸如此类，有劳先生处亦多。

徐恭时先生系我嘱社中人送去，反正以后还有机会请教的。

此前还收到先生寄来影画数祯（印刷厂工人不慎将虹口专辑版子打翻，真糟透了），十分感谢，其中有一幅东洋奇术，用于《图说》，再妙不过。

随信寄上报纸一期，2、3期估计也将在这几天出报，限于条件，报纸老是脱期，亦是一□。

其余面谈，仲富兰嘱向您问好。

完颜绍元

4.17

连贵致顾炳权信

（1990年5月30日）

炳权兄：

多时未晤，甚念。上次言及到金林处拜访，不知您安排于何时？六月份内是否能够成行？望告。

今有一事相求，即兄所藏《国朝松江诗钞》卷四十，有张端木小传并诗若干，请务必影印寄来。我目前正在撰写《乾隆双清堂诗考略》，想看张端木的诗在《国朝松江诗钞》中的原貌，希能大力支持，越快越好。

《千古之迷》一书现已出版，本当送上一册，但书太厚重，不便寄赠，待见面时再交。在《舟山》写了一篇关于吴钧小文，也是上海人物，容一并奉上。

前段时期印了名片，今补寄二张（一张给老张）。

岁华荏苒，庸庸碌碌，惭愧得很。

不知近况如何？《川沙县志》何日发稿？

祝

著安

愚弟：连贵敬上

1990.5.30

张哲永致顾炳权信

（1990年8月17日）

炳权兄：近好！

　　来信有一事相告：因有急事，我决定在九月一日前后去厦门等地，九月十日左右回上海。因此，请您们把第一、第二部分稿件，在本月廿五日前后送到我处，便于抓紧空档时间阅看，其余稿件能在9月11日或12日全部送齐，尽量按时投寄有关出版社。望大力配合和支持！

　　余事后叙。

　　祝

近时大安！

哲永

90.8.17

葛剑雄致顾炳权信

（1992年1月3日）

炳权先生：

惠赐《竹枝纪事诗》及两本县志，敬领，周振鹤先生的□册亦已转送，深情隆谊，不胜铭感。嘉定会期得聆有关竹枝词高论，以往虽也曾翻过一些，却不料有如此之多，实际上对历史人文地理研究是极佳资料，今后开拓此一领域，先生的成果将大有用武之地。

拙著《中国人口发展史》壹册，拟奉上，请赐正。唯因明天即赴京开会，不及付邮，只能待两周后回沪时再办，乞谅。

敬颂

撰安

剑雄顷上

元月三日夜

周振鹤致顾炳权信

（1992年6月1日）

炳权先生：

　　大作《中国茶酒辞典》已收到，十分感谢，常受馈赠，无一为报，愧甚。

　　老葛近日到法国去，书已转交，放心，且代他向您表示谢意。

　　我们打算申请编辑《上海历史地图》项目，如果成功，当多有请益之处，希不吝指教。

　　日前到西安参加历史地理讨论会，故不克出席宝山县志发行仪式，颇以为憾。该志建置部分我提了点意见，但新志尚未到手，不知他们如何修改。

　　不尽匆匆，即颂
著安！

周振鹤

6.1

沈渭滨致顾炳权信

（1992年6月3日）

炳权先生：

　　承赐大著《中国茶酒词典》，曷胜荣幸。近日拜读一过，获益良多，茶为国之宝物，酒则与史同见，两者均属传统文化重要部分，历来为文人雅士所注目，撰述丰足，源远流长，先生为之编到辞典，考镜源流，辩章学术，诚嘉惠后学，便利学界之伟绩，功不可泯也。谨致衷心祝贺。并祈佳作不断。

　　弟近来足疾未愈，无法到校视事，惟闭门养疴，乘闲翻书自娱而已。上次川沙开会，得贵县领导多方关怀，至今铭感在心，原拟登门致谢，先以宅事穷忙，不及克愿，后又以足疾所致。失礼，至今愧疚不已，便中伏乞代为致意。余言不尽。顺致

大安

弟沈渭滨顿首

九二、六、三，七宝

吴仁安致顾炳权信

（1992年6月19日）

炳权兄钧鉴：您好！

分手至今，不觉已近两个月了。未知身体可健？工作可忙？甚念甚念。

《明人百家》《清人说荟》及《明清江苏文人年表》等书，我已购买到了，勿念。想来，您可能亦早已从京回沪。在京办事顺利否？此次到京想出版何书？您成果累累，书是一本一本地出，真正羡慕您有如此鸿福（当然，这也包括您的辛苦写作）也。

在尊府时，曾谈及我们合作编著上海市镇史一书。经过反复思考，认为此事可行，但要抓紧。对于此事，我个人的思路是这样的，这里提出供您参考：

（一）书名《上海地区市镇史志》，它既是每个市镇的史，亦是每个市镇的志。何谓史志，个人认为，大的市镇例如朱泾、枫泾、罗店、高桥等等，可以写得具体一些（设置市镇年代、历史沿革、地理环境等），篇幅长一些，长者5~6千字亦可。小的市镇（特别是解放后新兴的一些市镇，包括农场所在地的小镇、公社或乡政府所在地的镇，特别是有些大队所在地的镇）就可以写得简略一些。有些小镇甚至500字至1000字就可写好。

（二）这几年来，我一直在搞上海地区明清市镇史。这情况您也已了解。有鉴于此，我认为上海地区一些明清以来就已存在的历史名镇、大镇（诸如罗店、南翔、真如、黄渡、安亭、娄塘、外冈、钱门塘、方泰、月浦、练塘、朱家角、金泽、诸翟、七宝、朱泾、枫泾、法华镇、江湾、川沙城厢、高桥、洋泾、三林塘、南桥、奉城、大团镇、周浦、新场、惠南镇、东沟镇、高行镇、张江栅、北蔡镇、崇明城桥镇、堡镇、松江镇、泗泾镇、叶榭镇、张堰镇、亭林镇、吕巷镇、漕泾镇等四十二个市镇），由我个人承担编写任务，剩下来的各县市镇则由您老兄组织人员编写。

（三）本书由您（顾炳权）任主编，由我权充常务副主编。此外，您再物色几位一般副主编（人数、人选均由您主编定就是了）。

对于上述意见，尊意如何？尚祈赐复明示。不管怎么样，我个人认为：此书如果要写的话，则一定要设正、副主编，不然，就毫无意义了。另外，此书的写法，可分为"总论"和"各县市镇史志"两大部分。在"说论"这一部分，本人的拙作《论明清上海地区城镇的"勃兴"及其盛衰存废变迁》（18000字左右）、《明清时期上海邑城的社会经济结构探索》（15000字左右）和《清代上海地区的盐场、盐务与盐业城镇述论》（18000左右）等三篇文章也可忝列其中。这本书总字数大约在30万至40万左右为宜。

除了上述您任主编、我任常务副主编、您再酌情邀请几位任一般副主任外，为了出书顺利起见，您再可以邀请一些名人担任本书的"首席顾问"、"顾问"或"特约编审"之类的名誉称呼，再邀一些人任"编委"。但正、副主编我们当仁不让，决不能拱手相让，切记，切记。

"望族"我还在抓紧时间继续搞下去，市里的陶□之流又一再写信来我处干扰，为免分心起见，我现在就干脆赖得再去搭理他们了。

平时我较空闲，但自下周起，学校进入学期结束工作阶段，出试题、考试、监考、批答卷等等，将大忙特忙点。因此，要到7月6日我院放暑假之后，我才有空。届时，或者我到川沙尊府拜访阁下，或者请您大驾光临寒舍叙谈，尊意如何？

《南汇县志》我已在人民出版社门市部购买到一本，忽念。但《宝山县志》尚无，好在您说可以为我搞到一本《宝山县志》的，此事就拜托您为我搞一本了，预先谢谢了。

接阅此信，关于编写"上海地区市镇史志"一事，有何想法。请您来信明示。

尊府现在住址是66号？还是56号？并请明示。

尚此布悃。顺颂

撰安！

弟吴仁安敬呈

1992.6.19

朱宗震致顾炳权信

炳权同志：

　　去年在川，承您承□，参与黄炎培研究工作。目前申请国家基金资助已经通过，我们即将着手整理黄炎培日记，希望您明年能抽出二、三个月的时间来北京工作。不知道是否可能？望函复为盼。这件事恳望大力支持。

　　关于您的工作，我已同时致函张庆龙县长，请他予以支持。或许不急有所不便。我也请黄大能同志向县方打招呼，但不知道是否实行。

　　今年9月28日，川沙县中学校庆，我将回乡，并对黄炎培研究问题有所活动，届时，望请大力帮助，并请向有关方面打点招呼。

　　余言不赘。顺颂

夏安！

朱宗震

92.7.13

顾炳权致罗友松信

（1992年7月25日）

罗先生：

久违清诲，不期天津幸会，喜颂何之。仆不才仍承职地方志工作，目前正在编《浦东地名志》，业余时间与诸师友协作编写别的书稿。与贵校出版社张哲永同志联合的《中国茶酒辞典》（湖南出版社）已上架供应。前不久，结束了《中国饮食文化辞典》的书稿，仍由湖南出版社承印，须些小道，无足珍也。

兹奉上《浦东今古大观》乙册，成书仓促，差错甚多，敬请指正。不一。

顺请

暑安。

顾炳权

1992.7.25

顾炳权致杨震方信

（1993年2月25日）

杨先生：

　　二十三日大教敬悉：先生爱书若渴，知己之感，可胜言哉。权从事地方志编纂有年，得有余心，则从事一些研究工作，诸如地方史、文化史之类。尝从吾乡黄炎培著述中有"浦东学派"一说（权正撰写《试论浦东学派》一文），其中秦氏父子补正之《晋书》著作多种，被收入《二十五史补编》中，欲加检阅。偶从古籍书店架上发现56年之中华版售价较经济，便买了下来，请书店暂存。前天过沪顺便已取回家中。现此编有新版本，价格近400元。对你我读书人并不轻而易举的事。先生之觅此版，原因也很明白。现有两种处理方式：一、先生如急用，可奉借，时间不限，二、权经济稍宽展后，再买一套新版书，则旧版可归先生，如何！

　　先生大名，如雷贯耳，青浦会议时，并瞻光霁，道德文章，为后学所景仰。古籍出版社、文史馆，权亦有些熟人。今后愿多请赐教。权薄有著述，俱非大雅之作。附奉复印件整页，请先生哂正。此书即将面世，届时当有所奉，匆复不一。顺祝文安。

顾炳权

1993.2.25

附奉旧名片复印，望多关照，又及。

附：杨震方致顾炳权信底稿

炳权先生：

本月13日下午在古籍书店看到《二十五补编》一部，当时因手边带钱不多，又想到此书均为补史之作，较为冷门，不会马上卖出，故未嘱书店留下，待次日去购，已为足下买去，懊丧久之。

从书店工作人员老林（和我几十年相交的书友）处得悉足下您在川沙地方志办公室工作，是一个搞地方志和通俗文学的专家，恨相识之晚。

我一向在上海古籍出版社工作，近三十年之久，退休后为《青浦县志》特约审稿。现在由我负责为上海文学研究馆搞"上海通志"的旧政权志部分。在为《青浦县志》审稿期间曾在青浦开过好几次审稿会，你们川沙县方志办也有人参加，好像是一个瘦瘦的女同志，年纪约近六十岁，我曾和她通过姓名，现在忘记了。去年年底，上海方志办在天平路召开1992年上海地方志工作会议时见到过她。

我因为工作关系，很想购买一部《二十五史补编》参考，足下如不急用，是否可以相让，盼复。

顾炳权致杨震方信

（1993年3月3日）

震方先生：

　　一日管示敬悉，拙著承谬奖，愧莫敢当，清样稿错误甚多，大致几经厘正，但错漏之处尚难于免。先生学淹博，恳请随时赐教。搞文化事业之艰难，无过于当前。南汇姚养怡（已故）先生，累代书香，辑有《姚氏丛钞》，尝言斯文者、扫地者同样价值，斯文扫地也。当前社会竞相牟利，但毕竟有人为文化事业夙志无他，前不久，已与唐振常先生商量，准备建立一个区域文化研究的学会，联络同志，共同努力，以致于成。待有□约请先生鼎助，只少几件事要办，如出一本刊物，一本有关上海掌故的丛书等。权与上海师大等师友，不久前建了一个科技开发公司，启动状况颇好，略有效益后，当以一部分财力投资文化事业也。不一。盼常赐教。

　　顺颂

文安

顾炳权拜

1993.3

朱宗震致顾炳权信

（1993年3月21日）

炳权同志：

您好！一别半载，近来可忙？川沙机构改革近况如何？念念。您的工作单位通讯地址有何变化？望随时见告为盼。

黄炎培日记整理，目前稍有麻烦，略为推后，届时当请您来京帮忙。

目前，我正在同上海职教社、方志办商量召开一次"黄炎培和浦东开发"的座谈会，以弘扬任老精神。唯浦东建制变化，组织上有些困难，望能帮忙出点主意。

再者，请代为调查一下，在目前的实业界人士中，对任老特别敬仰，愿意参加座谈会、弘扬任老精神的先生（座谈会经费没有问题），任老的特点就是能从各界人士的联系中，推动教育和实业的发展。所以，很有必要使任老的研究和实业界的人士联络起来。此点务请留意。并请赐复。

顺颂

大安！

朱宗震

1993.3.21

吴仁安致顾炳权信

（1993年9月14日）

炳权兄大鉴：您好！

　　大著《上海风俗古迹考》已收阅。此作史料丰富，考证亦工，捧读之后，大有收获，万分感谢。

　　收到上述大著后的次日（9月12日，星期天），本人在妹婿家，上午、中午及晚上7:00左右数次打电话到尊府，均无人来接电话，不知何故？是否是那天您和老嫂子到川沙镇贵千金家，探望小外孙子，以至龚路镇上家中无人接电话？或是正如您在今年5月份对我所说，您可能已经乔迁至川沙镇了？再者亦有可能您家的电话号码改动了，至今可能已经不是原来的那个号码（897××××）？敬请来信说明之。

　　所借《青浦县志》已经用毕，本准备9月12日亲自将它送来龚路镇尊府，因上述之故而作罢。如果我本人时间允许的话（我指的是学校领导不要"突然袭击"地临时安排我苦力干的话），我这个星期天（即9月19日）下午来贵府拜访，一则送归《青浦县志》，二则就有些问题向仁兄请教，三则顺道去拜访老岳母。不知仁兄9月19日下午是否有空？尚祈赐复明示。

弟：仁安

93.9.14

顾炳权致沈轶刘信

（1993年9月15日）

轶老尊前：

　　近疏问候，时切慕念。

　　上月二十二日，晚在青浦出席"帮会与近代上海"学术研讨会，关于范高头实是上海帮会之重要人物，可惜史料不足。诸学者听说您老掌握不少史料，亟欲趋访候教，故可能在下月初，晚将与上海师大青年学者至拜望您，具体时间待再报告。华东师大出版社为后学出了一本《上海风俗古迹考》，现托晚友祥福先生敬奉，敬希匡正为感。

　　匆此不布。顺祝

福寿安泰

晚

顾炳权拜

1993.9.15

戴鞍钢致顾炳权信

（1993年10月8日）

炳权先生：

您好！

今日下午去系里开会，从石源华老师处喜得您惠赠的大著《上海风俗古迹考》，极为感谢。

回家即展读大著，深为折服。大著内容极丰富，资料扎实，文笔亦好，特别是那些"竹枝词"引用得极贴切，极引人入胜。我也读过一些方志资料，深知有关地方性资料搜集不易，您掌握了那么多的"竹枝词"，况且书中引述的还只是其中的一部分，可见您用力之勤奋，深为钦敬。

日前，我从杨立强老师处借阅今年8月"嘉定会议"论文，拜读了您关于"川沙学人"的专论，很感兴趣。因以往学术界常着眼于那些沪上风云人物，而对一些地方性色彩浓些的人物，则往往注意不够，大作在这方面着力开拓，令人耳目一新。

现在浦东已成世人瞩目，以您之才华、学识，当可大展宏图，衷心期待着不断听到您的佳音，读到您的新著。

敬祝

健康

戴鞍钢敬上

1993年10月8日

陈匡时致顾炳权信

（1993年11月1日）

炳权同志：

谢谢您惠赠的大著！

记得前年，川沙太平天国史学术会议时蒙告知，您对竹枝词的研究已搜集大批资料及探索，早在此前已花了很大的功夫，并已形成了部分成果。这部四十余万字巨著的出版，对上海风俗古迹作了全面、深入的考察，融考证与诗词于一体，图文并茂，丰富多彩地反映了上海社会的历史风貌。

以文证史，我想这是竹枝词研究的一个重要意义。读了大著部分内容（来不及仔细全部通读），深感竹枝词研究，正如《附录二》所提及对人文科学多学科的意义。竹枝词由于时人的记录、观察和分析，时加注解笺证，有的记录甚至是第一手的，可与原始资料相等，少数可能为档案史料所未及或遗佚。所以，很同意您强调呼吁开展竹枝词研究的意见。近代通史中对鸦片战争时期的研究（早期通商史），我注意到屈大钧竹枝词中对粤省对外贸易的描述，但对其他时期，注意使用和采集就很不够。近读新印王邦玺《释簪草》（人民教育出版社93年版）有《都门杂咏六首》亦为竹枝词，对北京市在十九世纪八十年代的一些社会杂象描绘即很有刻画、生动，可补正史所不及的某一侧面记录。

洋洋十大题，构成了上海风貌的丰富内容，从中可以获得对上海风俗古迹□详而证的认识。有的在演变中消亡了或发展了，都可寻出影踪来，如莼菜，现实中的很少听人提及，但从竹枝词中可看到它曾成为代表性的品种，可与鲈鱼齐名。"洋场"一栏，我想内容可能更丰富而未能更多采入。

有一个小问题，我想找"苏州河"在竹枝词中的反映，可惜未见到。在外文英国外交档案中，大约上世纪五十年代小刀会起义时绘制的地图上，已把吴淞江这一段称为苏州河（souchou cheelur），中文至60年中期的一张上海地图上已见，但竹枝词是否也已反映出？所附竹枝词262种细目如果能尽量列出它的写作或出版年月，则更有价值，未知这一要求是否过分？目录上每一小题如能编上顺序号，则查检更为方便，想以后修改时当为考虑之中。

以上初读后的一点感想，谢谢您惠我如此有价值的识见和材料！

浦东面貌日新月异，原有通讯址恐已无用，特向戴鞍钢同志要来新地址寄上此信

即颂

时祺！

陈匡时

1993.11.1

邹逸麟致顾炳权信

（1993年11月12日）

顾炳权同志：

　　大作《上海风俗古迹考》收到。谢之。因事务冗杂，未及时作复，望谅。

　　《古迹考》真是一本雅俗共赏的好书。说它雅，因为事之均有根据、有来历，对学术研究也有帮助，说它俗，是其文字流畅，道来颇饶兴趣，上海市民普遍都能接受，故读者是不会少的。大作对上海旅游事业的开发提供了极为丰富可信的资料，为上海市的建设作出了贡献，可喜可贺。

　　上海开发，振兴，方兴未艾，对上海地方史志还有许多工作做。地方史志会的同志当互勉之。

　　顺颂

近安

邹逸麟

93.11.12

邹明华致顾炳权信

（1993年12月8日）

顾先生：

您好！

您寄来的大作《上海风俗古迹考》一书，我们已收到，请允许我们向您表示由衷的感谢和祝贺。

我此次到湖州参加陆羽诞生1260周年纪念活动，得以借此机会结识了一些茶学界和文化界的前辈学者，真是深感荣幸。因为时间关系，没有来得及向您详细请教，希望今后能再有机会。您的大作对民俗学和史志等学界都是一本极有意义的专著，我们认真拜读后再写信向您请教。

欢迎您有机会到北京来，如果有能为您效劳的机会，我们将十分高兴，如果我们有机会到上海，一定到您府上拜访。

即颂

撰安.

邹明华

1993.12.8

沈飞德致顾炳权信

（1994年3月23日）

顾老师：

　　您好！

　　前次雨日来访，让你多走路，实在不好意思。承蒙厚爱，赠学会有关章程等，我已一一拜读。关于那张小报，我考虑再三，可否用《浦东导讯》？如不妥也就算了，当再思考。

　　至于题词，我想可否等学会批下来了再动，人选倒是先要物色。

　　好了，就这些。余再联系。

祝好！

沈飞德上

94/3/23

王作九致顾炳权信

（1994年8月5日）

炳权兄：

久未笺候，近况如何？念甚。

自拙荆过世后，因生活环境的突变，身心长期未得平衡。今年内，吾已两次住院，所幸原来身体较健，现已完全康复。

编地方志，得以认识尊颜，蒙不弃，多有赐教，甚感谢。

我近来一直居住女儿家，生活已日见恢复正常，望勿念。

顺此代问嫂夫人好。

专此祝颂

康健

作九

1994.8.5

李人渔致顾炳权信

（1994年8月30日）

顾炳权先生：

　　您好。

　　自6月中旬通电话至今已届月余，想必甚忙。今有数事要与先生联系，并请予以支持。

　　一、《南风诗报》拟在9月中再出一期，目前正在组稿，我们原打算在"原上林"栏目内增加《竹枝词》内容（参见本期2、3版本中缝），请先生提供手稿。由于我近阶段较忙，没有及早同您联系，故特来函相商，能否请拨冗为本报准备5～6首竹枝词，一篇关于"竹枝词"的史实《从形成到发展》或评说（500～800字），力争在9月5日前惠寄编辑部，向您先致谢意。

　　二、湖北黄冈地区文联上月邮来《当代诗词家大辞典》征集辞条启事，要求我会推荐十位词家入典。今寄启事一份（包括稿纸）与先生，请按要求填写。

　　三、我与友人欲购置《川沙县志》两部，想托您代办，最好先买下来捆成一扎，等我自己或觅便来取，书款面付。

　　另有一些情况奉告，孟征详老人返京后有信给我谓他儿子孟路即将代表地质矿产部组团去美国，为三峡工程聘请专家，一个月后回国。孟老本人说秋凉后还要返浦东小住。王作九兄因年逾七五，近期将被县志办退聘，今后多数住在女儿家安度晚年了。

附上《南风》一份，供先生参阅，敬请多加指正。本期第3版亦刊登王作九、王健英（已故大团镇叶秀山老师的长公子，离休后定居杭州），汪元春（老画家，女）等诗友的作品。

最后，我谨代表编辑部同仁向先生致意，渴望您常为《南风》撰稿，并惠教益，俾使这株嫩苗能绽放花蕾，为南汇诗坛作此贡献。

溽暑未尽，诸希珍重

即颂

吟安！

李人渔手上

94.8.30

邹振环致顾炳权信

（1994年11月5日）

尊敬的顾先生：

　　您好！

　　惠赐的尊著《上海风俗古迹考》已由杨先生转交于我，以往曾在朱维铮先生处读过尊著。最近拟写近代文化方面的内容，又曾多次研读，获益匪浅，能蒙惠赐，真如获至宝。

　　先生在上海文化风俗研究方面是权威，有关此类问题还望先生能多多指教。拙著《中国近代翻译史》已交付出版，明年也许可以面世，届时将请先生斧正。情切言尽不罪。专颂

金安！

邹振环　敬上

一九九四年十一月五日

顾炳权致沈飞德信

（1995年1月8日）

飞德：

　　您好。我已搬入川沙城中川北路×××弄×号×室。收拾了两间书房，暂未安装电话。便中请来舍下把晤。目前我正在编《浦东辞典》，望您能寄有关您的简况来，以便收入书中。您师友中浦东籍之有成就者请代介绍，虽有较高行政职务者，一般亦不考虑。附件请阅（麟辉亦已寄去）。匆此不一

　　顺祝

文安。

顾炳权

1995.1.8

顾炳权致陈少能信

（1995年3月12日）

少能部长：您好。

记得去年国庆时候，曾向您提出编《浦东新区地方志》的建议，后来虞顺康同志向我转达了您的批示，欣慰何如。后来市里召开上海市通志编纂会议，市编修委员会对已经完成县志的地方，要求编修续志的任务。各县闻风而动，如嘉定县友人告诉我已编造30万元的经费着手编纂，目下《纲目》亦已编就，有了实质性的启动（附来讨论通知，复印件另附）。我们新区史志编纂室亦已提出编修新区志的报告，而真巧遇上机构调整的契机，故至今未有裁复。我在前奉函中曾说此事，望有才位相隆的领导主持，您是最合适的人选。时间如白驹过隙，我从一个中年人参与地方志工作，现离退休时间已不长远。目前，我的社会工作甚多，迫使我对未来的工作早作打算，我希望能为新区志出力。以我浅见，此事当非易事，要修出无愧于当代、流传久远的良志，需要许多同仁的通力合作也。目前，编修工作在机构设置方面亦有一定不顺当之处，现全国上下各级都有修志编纂委员会，由于新区刚刚建立，加以开发工作繁忙无暇及此，但看来这由地方首长直接牵头的编修机构迟早有建立之必要。由此机构统筹、领导、协调，新区的许多有关文化建设工作可不胫而走了，浅见如此，尚望有一得之愚，不一。顺颂近安。

顾炳权拜

1995年3月12日

周振鹤致顾炳权信

（1996年5月3日）

炳权先生：

华翰数日前收到，因太忙，故迟至今日回信，请谅。

您的创作力极旺盛，大作接连问世，应该向您祝贺。

我最近连续出外考察（西藏），开会（湖南），故工作大受影响，何时能专心闭门著述数年才好。

有一本小册子想请您指正，因您信封上地址不明，不敢贸然寄出。何时您来敝校一游，当当面呈上。关于浦东地名我和敝所同人均未有深入研究，所以您的浦东地名志必是一本重要参考书。我已将征订单送到图书馆采编部，请他们预订。

我所申请的《上海历史地图集》已经上马。还请您多多支持，一旦出版有上海地区的清代或民国地图，请立即相告为要。

请多联系，并致谢意。

即颂

春祺

周振鹤

5.3

邹明华致顾炳权信

（1996年10月12日）

顾先生：

您好！

9月16日收到您的来信，我十分欣喜，因17日即赴杭州出差，故未及时回信，敬请谅解。

在您来信以前，我曾从《茶报》上看到过有关上海茶文化研究中心成立的消息，当时就十分高兴，想写信向您表示祝贺，您和上海茶文化界的同仁们经过几年的争取和努力，才促成此事，确实是不容易，您对茶文化的热心让我也颇受教益。近几年来上海同仁的茶文化的研究和宣传普及工作均有出色的表现，特别是在中小学开展的少儿茶艺知识和茶文化教育确实是有着深远的意义的。可惜在北京目前还不具备这样的环境和条件。我相信，上海茶文化研究中心成立以后一定会更好地促进上海以至于全国茶文化研究的深入和繁荣。还希望您今后赐教。

您来信中提及我在《民俗研究》杂志（山东大学出版）上发表的拙文《论茶俗的礼仪功能》系我的硕士论文《养生、修性、怡情、尊礼——论中国茶文化的内涵》中的一节，后来全文在《农业考古·中国茶文化》专号上连载（分载于7—10期），《农业考古·中国茶文化》专号系江西省社科院出版，由副院长陈文华亲自编辑，为目前中国茶学和茶文化最具规模和水平的杂志。

我想贵中心和上海茶叶学会应收有此杂志，如没有，可请陈文华老师邮寄，其中很多文章都比我的文章更有参考价值。

谢谢您寄来的书籍等物。另外，我一直不知道94年上海国际茶文化节时我带给您的书，您是否收到了，因为当时在上海停留时间太短，所托转交之人也不太熟，所以一直不放心。如没有收到，我可以请当时组委会的负责人高胜利查找，如已收到就好了。

希望您有时间能来北京，我也就有机会向您请教了。

顺颂

撰安!

高丙中请我代他向您问好。他目前正在美国访学，高所著《中华民俗志》即将由上海人民出版社出版，届时将请您指正。

邹明华

1996.10.12

刘经发致顾炳权信

（1996年11月17日）

顾炳权先生：

久未函候，想必先生身体健康，著述勤奋，取得丰收，《上海洋场竹枝词》竣工出版。

去年七月，承合肥欧阳发同志介绍，写地址与我，故得把《台湾竹枝词》拙编寄上与您，请先生教正，以求得教益。拙编，先生阅后，看有什么缺、差、误之处，希望不吝指正，以求得改进之。又，先生如有时间或条件，请写一书评。

先生赠我《上海风俗古迹考》，内容广博，资料丰富，条理分明，形象生动，有文有诗。其中附录《关于竹枝词的思考》《上海竹枝词目录》二文，扩大我的眼界、了解竹枝词情况，教益收获很大，谢谢先生。

徐恭时先生处，我已寄了一书去。丘良任、李廷锦已早寄去，均有联系。

专此　祝

撰安！

刘经发

96.11.17

顾炳权致张建明信

张老师：

    在编纂过程中，有计划、有组织地印行《浦东新区志期刊》，选择各分志（或分志有关部分）陆续形成的志稿，分期分批单独印行。有条件的可向社会发行，以及时发挥地方志的社会效益；同时也可为志稿进一步征询意见和有效地积累资料，也有利编写人员提高编写水平。

    关于陈部长的报告中，是否加以上这条内容。并非所有志稿全印出来，只是有选择地把有社会效益、经济效益的印一些，如何？

顾炳权

22日上午

陈伯海致顾炳权信

（1997年2月11日）

炳权先生：

惠赐大作《上海洋场竹枝词》拜领，十分感谢。大作收辑资料齐全，不仅显示了一代竹枝词的新变，对了解近代上海社会文化、民俗、心理的变迁尤足借鉴，甚可珍贵；对您所下的功力，深为钦佩。谨再申谢忱。

多时未见，不知忙得如何。拟议中的《上海文化通史》已于去年底列入上海市社科"九五"规划重点项目，至今已交来部分篇章。我们打算三月底将书稿集齐，您所承担的"乡镇文化"部分是否也能于此期内赐下？您的部分与陶冶同志承担的"企业文化"、"社区文化"合为一篇，有关体例请尽可能事先协调为荷。多多有劳。即祝

新春快乐！

陈伯海

97.2.11

顾炳权致施主任信

（1997年3月24日）

施主任：

兹将有关事项汇报如下：

一、关于李平书：《上海滩与上海人丛书》中的有关李平书的一种，送你参阅。另附有关资料各三份，望一并察入。

综观李平书一生，其要：一是爱国者，曾在广州湾抗御法军入侵；二是辛亥光复有奇功，他的贡献，不下于沪军都督陈其美；三是我国市政建设的先驱；四是早期浦东开发的创导者、浦东同人会的首领。在当时政府无力建设地方的情况下，集结公团财力，为浦东的建设作了许多设想，并有一部分付诸了实现。之后又有黄炎培等人的再接再励；他还当过江南造船厂提调，这在当时是为数极少的国有企业，至今尚是我国的骨干企业。他还是著名的书画家、藏书家。他是近代上海本土人中最为杰出的一个。史学界对他的评论越来越高。死后，上海市民为了纪念他，为他铸铜像，立在豫园九曲桥荷花池，解放后尚存，毁于"文革"时期。李平书葬于高南乡，至今尚有其骨殖。

今年是李书平逝世六十周年，应在适当时间，开一个学术讨论会，对之纪念，意义将是深远的。学术界早有此动议，望施主任大力推助。题目很多，如"李平书市政建设学术讨论会"、"李平书与浦东早期开发"，等等。

二、初步列出了浦东二十名人，其标准：一是对浦东历史有大的推动；二是其事迹在全国属于开创性质的；三是其事迹在全国范围也是杰出者。

三、关于"上海经济发展对浦东的影响"命题，我已与历史研究所熊月之教授联系过，他们正编《上海通史》，大家忙得不亦乐乎，目前抽不出人来，华师大上海史研究已乏人；复旦还有不少力量，将与之联系后再说。关于浦东本身的历史，也大有开发价值。十分欣喜，新区领导对浦东历史文化的十分重视，我当为之尽涓滴之力。匆此不一。顺颂

政安

顾炳权上

1997.3.24

沈渭滨致顾炳权信

（1997年6月18日）

炳权兄：

　　尊著《上海洋场竹枝词》昨日（6.17）始由夏林根持来交我，前后竟隔近二个月，实在令人遗憾。关键是我不经常到校，而夏又不在我们教研室，或者他在我不在校，或者他忘从宿舍带来，总之，阴错阳差，至今才获得老兄大作，敬请原谅。

　　老兄大作评论，我早在《文汇读书周报》上看到，所以昨夜回来，连夜拜读，果然资料齐全，解题写得详实，体例完整，确是一本难得好书。

　　老兄近几年大作不断，成果丰硕，令我辈感叹不已。今后尚希多多联系，俾得切磋之乐。

　　六月底，上海将有关于社会结构小型讨论会，估计尊驾当在邀请之列，若能屈驾光临，当可畅叙别后。匆匆，即颂
大安

弟沈渭滨拜上

97.6.18

顾炳权致张建明信

（1997年9月4日）

张老师：

　　《百题》修改完成正在打印，打印完成复印一份送陈部长，我有一封信附去，主要说明署名有些变动的原因（信在居其明处）。后期工作，我请居其明同志落实。这本书字数约增加30%，原来的字号太小，正文以用小四号为宜，这样篇幅比原先出的一本要大一些，可在书脊上印上书名。今天下午我到市里去拿去天津的车票，不再向您告别了。

顾炳权

即日

余子道致顾炳权信

（1997年10月1日）

顾炳权同志大鉴：

久未晤面，甚以为念，谅一切均好。最近市方志办重申前议，要求于年内完成通志各卷的总纂，以求实现一九九八年出书的目标。人物卷过程已明显滞后，有可能成为各卷之中的尾巴，而影响整部通志的出书计划，为此，我们必须全力以赴，快步赶上。人物卷各部，郭豫明同志和张义渔同志拟定的近代人物，中共、民国当局、党派政团和军事人物，已于今年四月完成初稿，陶俊同志承担的部分于今年6月完成了一半条目的初稿。古代人物部分不知进展如何？甚念。我先前的计划，在十月份将全部初稿发排清样，以供审阅讨论，不知您处有否可能按此计划完成编写。因为只有如此，方可能在年内召开座谈会，征求意见，完成修改。好久未有机会见面，乘国庆节在家草草写成此书。祝

节日快乐、身体健康

余子道

一九九七年国庆节

后 记

　　顾炳权先生（1936年11月—1999年12月）是上海地方志系统一名自学成才的著名史志专家，他以高度的文化自觉、文化自信和文化担当，从一名普通的县机关干部成长为江东学人。从1982年至1999年，在十八年的史志工作生涯中，他甘守清贫，刻苦钻研，不畏艰难，广泛收集史料，撰写出多种地方史志专著，把浦东地方历史的研究推向一个新的高度。与此同时，顾先生在各种刊物上发表一批富有见地的史志论文，文章中的一些学术观点，对现今的修志工作有指导价值，赢得广大史志工作者的赞同和尊敬。

　　2003年5月，顾先生的全部藏书由其家属捐献给浦东新区档案馆，当时我在档案馆工作，去顾先生家接受这批珍贵的图书资料，其中发现有顾先生的手稿和一些载有顾先生文章的刊物。而后又参与整理工作，不久编印出《顾炳权先生藏书目录》。2004年底，我调至浦东新区史志办公室工作，开始注意收集顾先生的文稿。

　　顾炳权先生逝世至今已十八年，前几年，浦东新区史志办公室曾有意向，编辑顾先生的文集，但机缘未满，未得如愿。2016年5月，在一次新书首发式上，上海书店出版社完颜绍元老师与我谈起准备再版顾先生的三种专著及汇编顾先生的文章，意向与浦东新区地方志办公室合作出版。我即表示整理出版顾先生的文集是一件有助于推进浦东史志研究工作的好事，赞同合作做此项工作。在以后的一年多时间里，在完颜老师的具体策划下，形成这一部顾先生文集。这项工作虽然难度比较大，但在顾先生爱女顾晓岚，顾先生生前好友张建明、潘建龙、沈飞德，浦东新区档案馆许芳、张柯、乔漪等同仁的鼎力支持下，完成了这一次结集。当然要汇集顾先生的全部作品一时难以达到，遗漏在文集之外的文章肯定还不少，特别是顾先生有关词律注释、浦东学派研究的文稿以及与友人的往来书信尚需进一步整理和寻访，待以后有机缘再结集。

顾先生作为浦东史志工作者的前辈和江东学人，为其编文集是浦东史志工作者的一种责任，更是一种传承。由于编者能力有限，文集中的不足之处敬请方家指教。感谢为本书出版的所有帮助者。

柴志光

2017年10月10日

图书在版编目（CIP）数据

上海史志人物风俗丛稿 / 顾炳权著 .-- 上海：上海书店出版社，2018.1
（顾炳权上海史志文献编著）
ISBN 978-7-5458-1594-8

Ⅰ.①上… Ⅱ.①顾… Ⅲ.①上海 – 地方史②历史人物 – 人物研究 –
上海③风俗习惯 – 研究 – 上海 Ⅳ.① K295.1 ② K820.851 ③ K892.451

中国版本图书馆 CIP 数据核字（2018）第 002401 号

责任编辑	顾 佳
封面设计	邮书径
技术编辑	丁 多

顾炳权上海史志文献编著
近现代上海历史文献研究出版中心 　编
上海市浦东新区地方志办公室

上海史志人物风俗丛稿
顾炳权 著

出　　版	上海世纪出版股份有限公司上海书店出版社
	（200001　上海福建中路 193 号　www.ewen.co　www.shsd.com.cn）
发　　行	上海世纪出版股份有限公司发行中心
印　　刷	上海叶大印务发展有限公司
开　　本	890 × 1240 mm　1/32
印　　张	13
字　　数	260 千字
版　　次	2018 年 1 月第 1 版
印　　次	2018 年 1 月第 1 次印刷
书　　号	ISBN 978-7-5458-1594-8/K. 306
定　　价	48. 00 元